交易成本视角下
新工科产教融合平台治理

GOVERNANCE OF
INDUSTRY-EDUCATION INTEGRATION PLATFORM
FOR NEW ENGINEERING FROM THE PERSPECTIVE OF
TRANSACTION COST

李玉倩　著

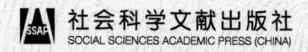

社会科学文献出版社
SOCIAL SCIENCES ACADEMIC PRESS (CHINA)

本书获教育部人文社会科学基金项目"从协同走向共生：产教融合创新生态系统构建研究"（课题批准号：22YJA880022）、江苏省社会科学基金项目"教育服务外包视角下江苏产教融合体制机制创新研究"（课题批准号：21JYB009）资助

序

  数字经济浪潮席卷而来，数据作为基础性资源正融入社会各个环节，改变着产学研主体的生产方式和治理方式。产教融合是促进教育链、人才链与产业链、创新链有机衔接的制度创新，是激活高校、科研机构和企业等主体知识、技术、资本、管理等异质性要素的制度设计。对于新工科领域的产教融合，目前在信息技术平台支撑下，涌现了一大批集实践教学、技术研发、创新创业、产业培育于一体的集成化平台。这些平台有的是高层主导，有的是政府运行，但更多的是科技型企业主导，深刻地影响着人才培养、科学研究和社会经济转型发展。

  当我们拥抱平台经济模式下新工科产教融合知识溢出效应的时候，须意识到科技资源集聚存在一个规模适度、功能互补和网络结构相对稳定的均衡状态，"大杂烩"式的汇聚并非一定会促进知识的跃迁与生成。更进一步，新工科产教融合参与主体的性质、目标诉求、治理体系等存在较大的差异，也会带来协同运作的交易成本、产权交融、利益分配、风险分担等方面的具体问题，由此可能造成集体主义困境。然而这一推断在目前产教融合研究文献中涉及不多，大多数学者依据协同创新理论分析新工科产教融合供需对接不匹配、资源配置不均衡、资源利用不充分等现状，以此解释产教融合"一头热、一头冷"问题。

  与既往研究不同，本书运用交易成本理论、创新资源理论、产权理论、教育治理理论分析新工科产教融合这一议题，跨学科、多理论研究给读者留有充分的想象空间，引导读者从产权视角剖析合作主体之间的准租金争夺与合作收益分配矛盾，从交易成本视角审视合作主体之间的机会主义行为，有助于克服教育学理论方法下产教融合研究的偏颇。

聚焦现实，新工科产教融合平台运行的稳定性是影响产教融合向更深、更广领域延伸的关键因素。本书提出两条治理路径：一是打造提升平台稳定性的创新生态系统，提高资源供给、需求匹配的对接效率；二是依据资源依赖理论、资源基础理论、资源拼凑理论，实现差异化的有效治理。此外，本书还建构了平台综合治理能力评价指标体系，虽然没有大样本数据的实证研究支持，但对于新工科产教融合平台治理具有借鉴意义。

丁晓昌

江苏省高等教育学会会长

目 录

绪 论 ·· 1

第一章 文献综述与理论基础 ··· 12
第一节 文献综述 ·· 12
第二节 文献述评与概念辨析 ··· 35
第三节 理论基础 ·· 42
小 结 ·· 55

第二章 交易成本视角下新工科产教融合平台治理概述 ············ 58
第一节 新工科产教融合现状及主要问题 ···································· 58
第二节 新工科产教融合推进的平台模式 ···································· 67
第三节 新工科产教融合平台的治理概述 ···································· 81
小 结 ·· 96

第三章 交易成本视角下新工科产教融合平台的产权分析 ······· 98
第一节 产教融合平台的产权特性 ··· 98
第二节 产权不完全下的准租金争夺 ··· 105
第三节 产权不完全下的合作收益分配 ······································· 113
第四节 产教融合平台的产权治理 ··· 122
小 结 ·· 127

1

第四章　交易成本视角下新工科产教融合平台主体的
　　　　　行为策略选择 ··· 129
　第一节　新工科产教融合平台参与主体的行为策略 ············ 129
　第二节　行为策略选择的理论分析与假设提出 ·················· 135
　第三节　行为策略选择的实证研究 ································· 145
　第四节　产教融合平台主体行为策略的治理 ····················· 153
　小　结 ··· 159

第五章　交易成本视角下新工科产教融合平台的稳定性研究 ······ 161
　第一节　产教融合平台稳定性的内涵与影响因素 ··············· 161
　第二节　产教融合平台参与主体之间的合作稳定性 ············ 167
　第三节　参与主体与产教融合平台的合作稳定性 ··············· 176
　第四节　产教融合平台的稳定性治理 ······························ 186
　小　结 ··· 195

第六章　交易成本视角下新工科产教融合平台的综合治理研究 ······ 197
　第一节　产教融合平台的综合治理维度 ···························· 197
　第二节　产教融合平台综合治理能力的评价指标体系 ········· 207
　第三节　产教融合平台综合治理能力的测度 ····················· 216
　小　结 ··· 227

第七章　交易成本视角下新工科产教融合平台综合治理能力
　　　　　提升的对策建议 ·· 228
　第一节　新工科产教融合平台综合治理能力提升的总体要求 ······ 228
　第二节　新工科产教融合平台综合治理能力提升的路径 ······ 234
　第三节　新工科产教融合平台综合治理能力提升的政策建议 ······ 251
　小　结 ··· 258

结　语 ……………………………………………… 260

附录一：调查问卷 1 ……………………………… 268

附录二：调查问卷 2 ……………………………… 271

参考文献 …………………………………………… 273

后　记 ……………………………………………… 279

图目录

图 i-1　研究思路 …………………………………………… 6
图 i-2　研究技术路线 ……………………………………… 10
图 1-1　研究议题的内在逻辑 ……………………………… 38
图 1-2　企业成本构成 ……………………………………… 43
图 2-1　企业参与产学合作协同育人项目数量分布 ……… 61
图 2-2　新工科产教融合推进模式 ………………………… 70
图 4-1　交易成本对新工科产教融合平台主体行为策略的影响 …… 131
图 4-2　交易成本影响平台参与主体行为策略的理论模型 …… 144
图 5-1　交易成本理论下新工科产教融合平台稳定性的
　　　　影响因素 ………………………………………… 165
图 5-2　产研机构与高校的演化博弈相图 ………………… 175
图 5-3　产学研主体与新工科产教融合平台的演化博弈相图 …… 184
图 6-1　资产专用性、不确定性与治理结构的关系 ……… 199
图 6-2　新工科产教融合平台的治理维度 ………………… 206

表目录

表 2-1　高校参与产学合作协同育人项目数量分布 ………… 62
表 2-2　高校参与产学合作协同育人项目类型分布 ………… 63
表 2-3　企业参与产学合作协同育人项目的行业分布 ……… 65
表 3-1　产教融合平台中参与主体 A 的收益分配矩阵 ……… 115
表 3-2　产教融合平台中参与主体 B 的收益分配矩阵 ……… 116
表 3-3　产教融合平台中参与主体 C 的收益分配矩阵 ……… 116
表 3-4　不确定条件下产教融合合作方的收益矩阵 ………… 120
表 4-1　相关变量测量条目 …………………………………… 146
表 4-2　变量的信度与效度 …………………………………… 149
表 4-3　变量的相关性分析 …………………………………… 150
表 4-4　变量的回归分析 ……………………………………… 151
表 5-1　产学研主体之间博弈的支付收益矩阵 ……………… 169
表 5-2　产研机构和高校不同条件组合下的演化博弈稳定点 … 174
表 5-3　产学研主体和新工科产教融合平台的博弈收益矩阵 … 177
表 5-4　动态演化博弈均衡点的稳定性 ……………………… 182
表 5-5　不同条件下演化博弈的局部稳定性分析 …………… 183
表 5-6　资源理论下的新工科产教融合平台比较 …………… 188
表 6-1　交易频率、资产专用性与治理结构选择关系 ……… 199
表 6-2　新工科产教融合平台治理能力评价指标体系 ……… 215
表 6-3　新工科产教融合平台治理能力评价指标值 ………… 220

表 6-4　新工科产教融合平台治理能力的主观赋权 …………… 221

表 6-5　新工科产教融合平台治理能力的组合赋权 …………… 222

表 6-6　新工科产教融合平台治理能力评价指标
　　　　灰色关联度 ………………………………………………… 224

表 6-7　新工科产教融合平台治理能力综合评价结果 ………… 226

绪 论

一 研究背景

(一) 实践背景

党的十九大报告指出，建设知识型、技能型、创新型劳动者大军，弘扬劳模精神和工匠精神，营造劳动光荣的社会风尚和精益求精的敬业风气。建设知识型、技能型、创新型劳动者大军，是中国从制造大国向制造强国转型的关键人才支撑。2017年6月，教育部发布《新工科研究与实践项目指南》（以下简称《指南》），明确要求改革与实践新工科多方协同育人模式，通过新工科研究与实践项目的组织实施，扎实推进新工科建设，加快工程教育改革创新。

2017年12月，国务院办公厅又发布了《关于深化产教融合的若干意见》（国办发〔2017〕95号），要求包括高等工程教育在内的高等教育、职业教育推进产教深度融合。2019年3月，国家发展改革委、教育部联合发布《建设产教融合型企业实施办法（试行）》（发改社会〔2019〕590号），指出要深化产教融合、校企合作，充分发挥企业在技术技能人才培养和人力资源开发中的重要主体作用。2019年9月，国家发展改革委等6部门联合印发《国家产教融合建设试点实施方案》（发改社会〔2019〕1558号），指出深化产教融合，促进教育链、人才链与产业链、创新链有机衔接，是推动教育优先发展、人才引领发展、产业创新发展、经济高质量发展相互贯通、相互协同、相互促进的战略性举措。2022年10月，党的二十大报告再次强调"加强企业主导的产学研深度融合，强化目标导向，提高科技成果转化和产业化水平"。产教融合能够促进人才培养供给侧和产业需求侧在结构、质量、水平方面协同，对于教育教学质量提高和经济转型升级具有重要意义。产教融合平台要求通过协同育人的体制机制创新，共建共管集实践教学、技术研发、创新创业、产业培育于一体的校企利益共同体；符合产教融合向"大平台+"方向的演化，有助于推动产教融合迈向新阶段。[①] 对于产教融合的推进路径，学者们普遍强调需要"提高行业企业的参与热情和参与度"，各级政府也出台了一系列配套政策进行引导和鼓励，然而整体来看"高校热、企业冷"的"两张皮"问题始终存在。产教融合平台是多方协同育人的有形载体，对于提高学生的工程创新和适应变化能力至关重要，同时也是新工科建设明确提出的难点问题。

（二）理论背景

产教融合是促进教育链、人才链与产业链、创新链有机衔接的制度设计，通过产教融合，教育机构与产业界可以建立紧密的合作关系，实现资源共享与互利共赢。教育机构可以借助产业界的实践经验、依据其需求，调整教学内容和方法，使教育更加贴近实际需要，培养具备实际工作能力的人才。同时，产业界也可以通过与教育机构合作，获得高素质的人才和创新成果，推动企业的发展和创新。产教融合还可以促进学科融合、科教融合和创新创业融合。学科融合可以培养综合素质高、跨学科能力突出的人才，满足产业发展对复合型人才的需求。科教融合可以加强科学研究和教学的互动，使科研成果更好地转化为教学资源，提升教学质量和学生的创新能力。创新创业融合可以培养学生的创新意识和创业精神，激发学生的创新创业潜力，推动社会创新和经济发展。因此，产教融合对于培养卓越工程师和技术技能人才具有重要意义。然而，产教融合存在一个规模适度、功能互补和网络结构相对稳定的均衡

---

① 李玉倩、蔡瑞林、陈万明：《面向新工科的集成化产教融合平台构建——基于不完全契约的视角》，《中国高教研究》2018年第3期，第38~43页。

状态，并非所有大杂烩式的产学研合作均能体现正外部性[①]；事实上，产教融合推进实践中还会遇到现有人才培养模式的组织边界、专业壁垒和资源依赖等问题，特别是机构属性、学科专业、制度文化等壁垒使产学研难以真正融合[②]。产教融合可以提高应用型跨界人才的培养质量，并形成产学研的协同创新效应。通过与产业界的紧密合作，教育机构可以更好地了解行业需求和趋势，调整课程设置和教学方法，培养出符合市场需求的应用型人才。同时，产学研合作也有助于将理论知识转化为实际应用，促进创新和技术进步。然而，产教融合也面临一些挑战，其中之一是可能出现集体主义困境，即合作参与者由于个人自利而无法有效合作，导致合作效果不佳；或者是教育机构和产业界可能存在利益分歧和权力平衡的问题，导致合作困难。这就需要建立有效的治理机制和协调机构，促进各方共同利益的实现，克服集体主义困境，推动合作取得更好的效果。产教融合平台的运行同样存在交易成本，交易成本是治理的关键。因此，实现产教融合的目标，需要解决集体主义困境，建立有效的治理机制，并降低交易成本，提供良好的合作平台和支持，以提升产学研合作的成效。

从微观视角看，产教融合本质是校企组建的协同创新利益共同体，产教融合的目标是通过学校和企业之间的合作与协作，实现知识、技术、资本和管理等资源要素的真正融合，以促进创新和发展。目前一些学者从产业学院、战略联盟、现代学徒制、产业技术创新联盟、应用型工程技术项目、生产性实习实训基地、集成化平台等视角探讨了不同的产教融合推进路径，认为其关键在于知识、技术、资本、管理等资源要素的"真正融合"。

[①] 史竹琴、蔡瑞林、朱先奇：《巴泽尔产权理论视域下协同创新机制研究——以常州科教城为例》，《科技进步与对策》2017年第4期，第1~6页。

[②] 李玉倩、陈万明：《产教融合的集体主义困境：交易成本理论诠释与实证检验》，《中国高教研究》2019年第9期，第67~73页。

从宏观视角看，产教融合主要涉及高等教育与产业经济两大系统，有助于实现校企双方资源共享与优势互补；更进一步，按照伯顿·克拉克提出的高等教育发展的"三角协调模式"，产教融合主要受到国家、市场和高校三种制度逻辑的影响。[①] 国家可以通过政策和法规来支持和鼓励产教融合，为高校和企业提供合作的框架和机制；市场能够促使高校和企业根据市场需求进行合作，形成有效的供需关系；高校作为教育机构，其内部的管理体制、激励机制和组织文化等因素也会对产教融合产生影响。由于三种制度逻辑交互作用影响的内核是创新资源的配置、开发与利用，所以创新资源的产权同样影响产教融合的推进。本书聚焦新工科产教融合平台，主要运用诺贝尔经济学奖获得者威廉姆森的交易成本理论，从新制度经济学视角探讨产教融合平台的成本、产权、治理等问题，丰富产教融合的研究视角，提出相应的对策建议。

二 研究意义

（一）实践意义

产教融合平台是多主体资源共享的有形载体，有助于提升学生的工程创新和适应变化能力；但资源的多方投入会导致产权交融，不可避免地会引起利益纷争，由此可能使协同育人陷入集体主义困境。本书研究从新工科内涵出发，突破现有学科、专业、校企等各种壁垒，从单一模式转向协同模式，主要从交易成本视角，针对产教融合平台存在的交易成本、收益分配与合作稳定性等问题进行研究，实践意义体现为以下三个方面。

一是新工科建设需要创新交叉融合、协同共享的人才培养模式。创新的人才培养模式需要将不同学科领域的知识和技术进行交叉融合，培养具备综合能力和创新精神的工科人才；同时还需要促进各方资源的协

[①] 白逸仙：《高水平行业特色高校"产教融合"组织发展困境——基于多重制度逻辑的分析》，《中国高教研究》2019年第4期，第86~91页。

同共享，包括学校、企业、研究机构等，共同参与培养过程，提供实践机会和资源支持。本书研究有助于通过体制机制创新，建设集实践教学、技术研发、创新创业、产业培训于一体的产教融合平台。

二是工程教育需要实现产学研资源共享与优势互补。在新工科建设中，学校、企业和研究机构具有各自的资源和优势，实现产学研资源的共享与优势的互补可以最大限度地发挥各方的专业特长和资源优势。学校可以提供丰富的教育资源和科研能力，企业可以提供实际应用场景和市场需求，研究机构可以提供前沿科技支持。各方通过合作与共享，促进知识与实践相结合，提高人才培养的质量和产学研的创新能力。本书研究有助于解决新工科产教融合平台运行中产权、主体行为策略、稳定性等方面存在的突出问题，促进打造深度融合、彼此嵌入的利益共同体。

三是产教融合平台的建设和运行需要考虑各方利益、资源整合、决策机制等方面的复杂性和困境，将涉及制度性的交易成本。因此，新工科产教融合平台不可避免地会存在制度性交易成本。本书研究有助于解决各方之间可能存在的合作难题、信息不对称、资源分配不均等问题，克服协同育人中的集体主义困境，提升平台的综合治理能力，改善产教融合平台的运行效果，促进各方共同参与、共享利益，推动产学研之间的协同创新，实现产教融合高质量发展。

（二）理论意义

构建产学研深度融合的工程教育体系对于高等工程教育人才培养至关重要。通过产学研的深度融合，学生可以接触到真实的工程实践和实际问题，学习到实用的知识和技能，培养解决问题、团队合作等能力和创新思维。同时，产学研深度融合也有助于提高教育质量和教学效果，使教育更加与产业需求紧密结合。产教融合平台的建设实现了异质性教育资源的融合，将知识、技术、资本、管理等不同类型的资源整合起来，为教育提供了更多元化和综合化的支持。资源融合可以促进教育内容的更新和实践导向的教学方法的应用，提高学生的综合素质和专业能力。然而，实现产学研深度融合需要面对一定的制度性交易成本，可能涉及利益分配、权责划分、信息不对称等方面的问题。低制度性交易成本，需要建立健全制度，明确各方的权益和责任，加强信息共享和沟通，提升合作的效率和效果。同时，政府、学校、企业等各方也需要积极参与，提供政策支持和资源保障，共同推进产学研的深度融合。

本书研究聚焦新工科产教融合平台治理，理论意义体现为以下三个方面。

一是剖析产教融合平台的内涵，分析交易成本产生的原因，揭示伙伴选择成本、运行交易成本、资产专用性成本和准租金攫取成本对平台主体合作行为的影响机理。

二是运用平台经济理论，剖析产教融合平台的产权特征，揭示产权不完全下的准租金争夺与合作收益分配的影响机理，探讨如何通过产权治理化解准租金争夺与合作收益分配纠纷。

三是分析产教融合平台稳定性的内涵及其影响因素，开展平台参与主体之间、参与主体与平台之间的演化博弈及其稳定性分析，探索培育高质量平台创新生态系统，促进平台稳健运行。

三 研究思路与研究内容

本书以新制度经济学交易成本理论为基础，结合产权理论、教育经济学、平台经济等理论，聚集"新工科产教融合平台治理"议题进行分析，核心内容的研究思路如图 i-1 所示。

现状及问题提出 → 平台的产权分析及其治理 → 平台主体行为策略及其治理 → 平台稳定性及其治理 → 平台综合治理能力模型 → 平台综合治理能力提升对策建议

图 i-1 研究思路

依据新工科产教融合平台的实践与理论背景，综合运用理论和实证研究方法，奠定新工科产教融合平台治理研究的基础，具体而言包括三个方面：一是运用大样本数据，总结新工科产教融合的现状和存在的问题；二是阐述新工科产教融合平台的内涵、主体和主要类型；三是梳理新工科产教融合平台治理的突出问题，指明交易成本和集体主义困境是平台治理的焦点问题，阐述通过平台产权、平台契约、平台稳定性、合作主体行为等平台治理的关键环节，最终实现提升平台综合治理能力的目标。至此，研究的主体内容分为以下五个方面。

1. 交易成本视角下新工科产教融合平台的产权分析

首先聚焦新工科产教融合平台的产权，对产教融合平台产权进行经济分析，剖析交易成本视角下产权的不完全性。在产教融合平台中，不完全的产权会导致信息不对称和合作风险，进而增加交易成本。其次由于产权是产学研主体参与产教融合平台的核心问题，需要动态界定平台参与主体投入的产权，对于各参与主体所投入的资源和权益进行明确和界定。由于平台涉及多个主体之间的合作和资源共享，产权的界定需要考虑不同主体的投入和贡献，以及合作过程中可能产生的权益分配问题。最后探讨产权不完全性下的合作收益分配，提出基于 Shapley 值法进行合作主体的利益分配。

2. 交易成本视角下新工科产教融合平台主体的行为策略选择

首先，基于理性人假设，分析了产教融合平台主体的合作行为和机会主义行为，包括对主体行为动机和利益追求的理性分析，以及可能存在的道德风险和合作失信问题。其次，开展理论分析，就伙伴选择成本等 4 种交易成本与行为策略的关系进行分析，并提出了相关假设。再次，进行实证研究，介绍变量测量、问卷调查与数据收集，包括确定需要观察和测量的变量、选择适当的调查工具和方法，以及收集相关数据来支持研究的实证分析；分析数据、检验假设并得到结论，即通过统计分析和模型验证来揭示交易成本对主体行为策略的影响，并验证理论分析中的假设。最后，开展产教融合平台主体行为策略的治理研究。

3. 交易成本视角下新工科产教融合平台的稳定性研究

首先，分析了产教融合平台稳定性的内涵及其影响因素。其次，采用演化博弈方法，分析了不同参与主体之间的策略选择和互动行为，通过模拟演化的过程，研究合作稳定性的形成和维持，探讨不同策略下参与主体之间的合作与竞争关系，以及最终的均衡状态，即稳定的合作关系。再次，开展参与主体与平台的合作稳定性分析，揭示平台稳定性的决定性因素，包括参与主体的资源投入情况、合作意愿和动力、合作能力等因素。通过深入研究这些因素的影响机制，提出相应的调控策略，促进平台的稳定发展。最后，以创新生态系统为切入点，提出产教融合平台稳定性治理的具体路径。

4. 交易成本视角下新工科产教融合平台的综合治理研究

首先，探讨了新工科产教融合平台的综合治理维度，构建了包括5个核心维度的治理模型。其次，就契约、交易成本、产权、合作行为、稳定性5个维度，探讨其相关评价指标，构建平台治理能力评价指标体系。再次，对产教融合平台综合治理能力进行测度，包括全国地方高校卓越工程教育校企联盟、U+平台、德慷电子、集成电路产教融合发展联盟、江苏振玥鑫智能科技有限公司校企云平台、温州产教融合校企对接平台、全国交通运输产教融合服务平台、新迈尔-产教融合的人才云平台、巨华产教融合信息服务平台、产教融合与校企合作服务平台、慧科、轩辕产教融合服务平台、广东新工科、皖江智能制造产教融合联盟等14个平台。根据测度结果，识别出平台治理中的优势和改进空间，制定相应的改进措施，提升战略规划、组织协调、资源配置、合作伙伴关系和绩效评估等方面的能力，推动平台的持续发展和优化，为进一步提升产教融合平台的综合治理能力提供依据。

5. 交易成本视角下新工科产教融合平台治理能力提升的对策建议

首先，提出平台综合治理能力提升的指导思想和秉承的四项原则。其次，给出平台综合治理能力提升的路径，包括降低平台运行的交易成本、加快以产权为核心的体制机制创新、探索"契约"与"关系"的混合治理、提高平台运行的综合效率。最后，提出对策建议，包括科学利用投融资激励政策，吸引更多的投资和资源进入产教融合平台，促进平台可持续发展；积极利用招商引智政策，引进高水平人才和优质项目，提升平台的创新能力和核心竞争力；贯彻财税用地优惠政策，为产教融合平台提供财务和土地等方面的支持和优惠，降低平台运营成本；强化产业和教育政策牵引，加快推进国家产教融合试点实施方案，充分释放扶持政策的红利等，为产教融合平台提供政策支持和示范引领，推动其良性发展。

四 主要方法与技术路线

（一）研究方法

理论研究方面，主要运用产权理论、交易成本理论、创新资源理论、教育治理理论，分析新工科产教融合平台的特性、交易成本、产权问题、不完全契约、合作主体行为策略、平台稳定性等问题，揭示新工科产教融合平台参与主体的利益博弈与集体主义困境。

数理研究方面，主要运用 Salop 模型探讨新工科产教融合平台的市场结构；利用 Shapley 值法模型及其修正，探讨产权不完全下的合作收益分配；利用数理推导论证产权不完全下的准租金争夺；运用层次回归模型检验不同类型产易成本对参与主体行为策略的影响机理；利用组合加权灰色关联模型对平台综合治理评价指标进行赋权，测度平台综合治理能力。

案例研究方面，结合"校企云"案例，开展产教融合平台治理维度与治理方式的匹配分析，构建包括契约、交易成本、产权、合作行为和稳定性5个维度的综合治理概念模型，并对交易成本治理维度进行验证。

政策研究方面，主要通过分析"产教融合、产学研协同育人、新工科建设"等方面的政策文件，结合本书的研究结论，提出科学的、可操作的对策建议。

（二）技术路线

聚焦"新工科产教融合平台治理"议题，将本书内容划分为"研究基础、治理的基础性研究、综合治理模型构建"三大部分，具体的技术路线如图 i-2 所示。

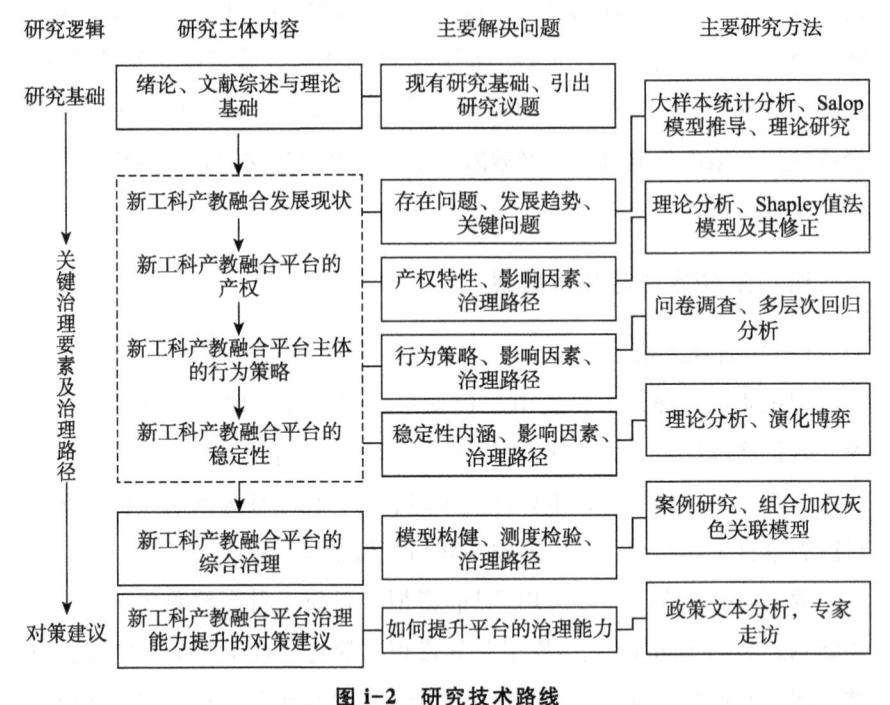

研究逻辑	研究主体内容	主要解决问题	主要研究方法
研究基础	绪论、文献综述与理论基础	现有研究基础、引出研究议题	大样本统计分析、Salop模型推导、理论研究
关键治理要素及治理路径	新工科产教融合发展现状	存在问题、发展趋势、关键问题	理论分析、Shapley值法模型及其修正
	新工科产教融合平台的产权	产权特性、影响因素、治理路径	问卷调查、多层次回归分析
	新工科产教融合平台主体的行为策略	行为策略、影响因素、治理路径	
	新工科产教融合平台的稳定性	稳定性内涵、影响因素、治理路径	理论分析、演化博弈
	新工科产教融合平台的综合治理	模型构健、测度检验、治理路径	案例研究、组合加权灰色关联模型
对策建议	新工科产教融合平台治理能力提升的对策建议	如何提升平台的治理能力	政策文本分析，专家走访

图 i-2 研究技术路线

小　结

"复旦共识"提出的新工科建设的理念和目标，强调了跨学科、跨领域的教育模式，注重学科之间的融合和创新能力的培养，以应对复杂的社会问题和产业需求。"天大行动"指出新工科建设中的行动和实践，要以培养创新型、国际化、应用型人才为目标，推动学科之间的融合与创新，加强与产业的合作，实现产教融合和产学研深度融合。"北京指南"强调了高校与企业的合作与交流，推动产教融合，培养适应新时代需求的工科人才，促进技术创新和产业发展。"复旦共识"、"天大行动"和"北京指南"三部曲，开启了新工科建设的序幕。2017年6月，教育部发布《新工科研究与实践项目指南》，强调"改革与实践新工科多方协同育人模式"，鼓励高校开展创新的教育模式和实践项目，加强学校内部的各方合作，同时也鼓励学校与企业、政府和其他社会组织合作，共同培养适应社会发展需求的新工科人才。

然而，高等工程院校与行业企业协同培养人才普遍存在动力机制不足、利益和约束机制不完善、合作激励和评价机制不健全等突出问题，这给工程教育推进产学研合作带来了现实问题。本书主要运用新制度经济学交易成本、产权成本、不完全契约等相关理论，着重从交易成本视角探讨新工科产教融合平台治理问题。本书研究跳出了从高等教育传统理论入手探讨产教融合的范式，认为产教融合平台实现了知识、技术、资本、管理等异质性资源的融合，并且横跨教育和产业两大系统，需要从产权、契约、利益博弈等深层次问题入手揭示协同育人的集体主义困境，推动产教融合的可持续发展。促进新工科产教融合进一步向广度和深度两个方向拓展，需要构建产教融合平台的治理能力模型，提出可操作的对策建议。本书研究设计了七章内容，大致可以分为以下四大部分：一是研究理论、方法和相关文献梳理；二是新工科产教融合平台治理的基础性研究，包括平台运行现状、问题的理论诠释、主体行为决策影响机理、平台的产权问题和平台的稳定性分析；三是新工科产教融合平台综合治理能力评价指标体系构建和相关提升路径；四是产教融合平台治理能力提升的对策建议。

第一章 文献综述与理论基础

随着经济和社会的快速发展，新兴产业和职业领域不断涌现，传统的教育模式往往滞后于实际需求，难以培养出符合市场需求的高素质人才。产教融合最初提出是为了解决职业教育在人才培养、学科专业建设与经济社会发展需求上存在的严重的结构性矛盾，即在原来的产学合作基础上进一步强调产业系统与职业教育系统的资源融合，更好地理解和满足经济社会发展对人才的需求，实现人才培养与市场需求的有效对接，提高协同育人效果。此后，2017年12月国务院办公厅印发了《关于深化产教融合的若干意见》，2019年3月国家发展改革委、教育部联合发布了《建设产教融合型企业实施办法（试行）》，2019年9月国家发展改革委等6部门联合印发了《国家产教融合建设试点实施方案》，产教融合从职教政策上升为国家战略。目前产教融合的相关研究集中于教育教学领域，探讨人才培养、高校治理等问题。本章梳理产教融合相关文献，阐述研究的理论基础。

第一节 文献综述

一 协同育人的相关研究

（一）协同育人内涵

产学研合作基础上的协同育人在欧美发达国家非常重要。这种模式可以帮助学生在学习期间获得实际工作经验，提高就业竞争力，并且可以为产业界提供具备实际工作经验的人才，还可以帮助产业界保持竞争力，促进技术和工艺不断进步。无论是美国的社区学院还是德国的"双元制"模式，无论是英国的现代学徒制还是澳大利亚的 TAFE 模式，都形成了协同育人的特色。美国的社区学院是典型的协同育人模式，它将教育机构、工业和社区联系在一起，以满足社区的职业培训需求。社区学院提供文凭、职业资格证书等，通常课程是以职业技能为主导，与当地企业的需求紧密结合，因此毕业生很容易找到工作。德国的"双元制"模式也是一种协同育人的典型模式。该模式将学术教育和实践教育结合在一起，学生可以同时接受公司的培训和学校的教育，这样可以确保学生具有实际工作经验和技能，并且能够将所学知识应用于实践中。这种模式已经被广泛认可，使德国的技术人才储备得以在国际市场上保持领先地位。英国的现代学徒制也是一种协同育人模式。学徒制是学生在工作的同时接受教育，这种模式下的学生可以在不同的工作场所工作，学习技术、管理等多种技能。现代学徒制强调将学生培养成为可靠的职业人才，为学生提供了与企业和行业紧密结合的工作机会。澳大利亚的 TAFE 模式也是一种协同育人的典型模式，TAFE 是技术与继续教育的缩写。它与社区学院类似，为学生提供各种职业培训课程，与企业和行业紧密联系。学生可以在实际工作环境中学习相关技能和知识，TAFE 毕业生往往被视为澳大利亚职业技能培训的佼佼者。

  Pennaforte 等认为，产学研协同育人需要政府、企业、高校等相关主体的合作，以培养具备实践能力和创新能力的高素质人才。无论采用何种形式的协同育人模式，学生都应该是中心，即教育应该以学生的发展和成长为导向。[1] 产学研协同育人的核心是学生，将实践与理论相结合，通过企业、政府、高校等相关主体的合作，为学生提供更加实用的教育和培训，从而培养出满足社会需求的高素质人才。Ramirez 等运用

---

[1] Pennaforte A., Pretti T. J., and Pretti J., "Developing the Conditions for Co-Op Students' Organizational Commitment through Cooperative Education," *Asia-Pacific Journal of Cooperative Education* 16 (2015).

六个机构的纵向数据,做了关于产学研协同育人对学生职业经历和学术能力提升的实证研究,并进行了统计分析来确定这种教育方式是否对学生职业经历和学术能力的提升产生显著的促进作用。研究结果显示,参与产学研协同育人项目的学生比未参与该项目的学生在职业经历和学术能力方面表现更为优异。具体而言,这些学生在就业、薪资、职业发展、实习经历、科研能力和论文发表等方面表现更为突出。此外,研究还表明,产学研协同育人项目可以提高学生的创新能力和实践能力,这些能力对于学生未来的职业发展非常重要。[1] Bektas 和 Tayauova 指出,校企合作协同育人能够加快知识与技术在校企之间的流动,有助于大学办学效率的提升。[2] 该合作方式可以使大学更好地了解行业需求,更好地提升学生的技能和知识水平,从而使学生更好地满足市场需求。此外,校企合作还可以为学生提供更多的实习机会,让学生更快地掌握实际应用技能。同时,企业可以更好地利用大学的研究成果和人才资源,推动技术的创新和发展。这种互利共赢的合作方式可以加快知识和技术在校企之间的流动,从而提升大学的办学效率和办学效果。显然,校企合作协同育人是一种具有潜力的合作方式,可以促进知识和技术的交流和共享,提高大学的教育质量和效率,同时也可以促进企业的技术创新和发展。

肖静和张开鹏认为,行业企业深度参与高等工程教育教学改革是必然趋势,需要鼓励行业企业参与人才培养方案制订、实践教学环节和创新创业教育。[3] 张干清等认为,行业企业深度参与高等工程教育教学改革是指行业企业与高等院校合作,共同制订人才培养方案,参与实践教

---

[1] Ramirez N. M., Main J. B., Fletcher T. L., et al., *Academic Predictors of Cooperative Education Participation* (IEEE: Frontiers in Education Conference, 2014).

[2] Bektas C., Tayauova G., "A Model Suggestion for Improving the Efficiency of Higher Education: University-Industry Cooperation," *Procedia-Social and Behavioral Sciences* 116 (2014).

[3] 肖静、张开鹏:《面向行业 协同育人 培养卓越工程人才》,《中国大学教学》2015 年第 5 期,第 42~44 页。

学环节，以及推进创新创业教育。这种合作关系可以提高人才培养的质量，使学生更好地适应行业企业的需求，提高学生就业竞争力。[①] 在当今快速变化的时代，行业企业需要不断地更新技术、提高产品质量和创新能力，因此它们需要高素质人才来支持它们的发展。与此同时，高等院校也需要培养适应社会需求的人才，而与行业企业的合作可以使教育更贴近实际应用，更具有前瞻性和实践性。在行业企业深度参与高等工程教育教学改革过程中，需要鼓励行业企业参与人才培养方案制订、实践教学环节和创新创业教育。这样可以促进高等院校与行业企业的交流与合作，提高学生的实践能力和创新创业能力，使学生更好地适应市场需求。

Sarrab 等聚焦高等工程教育改革，在总结沙特阿拉伯的经验后指出，无论是人才培养质量还是教师素养提高，工程教育改革的推进都离不开产学研协同育人。[②] 通过与企业和研究机构合作，学校学生可以接触到实际的工程项目和技术，了解最新的工程发展趋势和市场需求，掌握实际应用技能。同时，学校还可以通过与企业和研究机构的交流与合作，培养学生的创新能力和团队合作精神。这些经验和技能对于学生未来的职业发展非常重要。而对于教师来说，与企业和研究机构合作也可以提高他们的教学质量和研究水平。教师可以了解实际应用情况，将实践经验融入教学，提高教学的实用性和吸引力。同时，教师还可以与企业和研究机构合作开展科研项目，提高自己的研究能力和学术水平。孙雷认为，协同育人的本质属性是合作教育模式的创新，目的指向是提升学生的工程实践能力和发展创新能力，并强调"卓越计划"推进实施的依托就是校企协同育人。[③] 吕英等探讨了产学研结合模式在协同育人

[①] 张于清、郭磊、向阳辉：《新工科双创人才培养的实践教学范式》，《高教探索》2018年第8期，第55~60页。

[②] Sarrab M., Alzahrani A., Alwan N. A., et al., "From Traditional Learning into Mobile Learning in Education at the University Level: Undergraduate Students Perspective," *International Journal of Mobile Learning and Organisation* 8 (2014).

[③] 孙雷：《"卓越计划"理念下的校企协同育人机制探索》，《江苏高教》2016年第4期，第85~87页。

中的应用，研究认为，可通过产学研结合的方式，将创新创业教育纳入课程体系，培养学生的创新思维和实践能力。① 张婷婷和李冲强调协同育人模式的创新对于高校人才培养的重要性，提出了基于校企合作的协同育人模式，通过校企合作项目的开展，促进学生实践能力和创新能力的提升。② 在校企协同育人模式下，学校和企业可以相互合作，共同开发教育资源，为学生提供更多实践机会，使他们在实际操作中掌握更多的知识和技能。同时，学校和企业可以相互交流、互相借鉴，从而提高自身的教学水平和产品质量，实现互惠互利。可见高等工程教育的协同育人离不开行业企业的深度参与，特别是需要实现教育系统与产业系统在人才、资金、信息等方面的共享，需要探讨行业企业参与协同育人的动力机制、运行机制、保障机制、利益分配机制。

（二）协同育人模式

Chang等认为，大学与行业机构、专业组织和企业之间的深度合作，不仅是本科教育未来改革与发展的方向，而且是专业博士教育需要突破的方向。③ 开展此项合作可以帮助大学更好地了解行业和企业的需求，以便调整课程内容和教学方法，以培养符合社会实际需求的毕业生。同时，行业机构和企业也可以为学生提供实习机会和技能培训，帮助学生更好地准备就业。此外，与行业机构和企业合作还可以为专业博士提供更多的职业机会，帮助他们更快地适应工作环境。协同育人模式推进的关键是提升企业参与意愿并保持协同育人的可持续性。Al-Rahmi等认为，社会资本在协同育人中发挥积极作用，协同育人模式的构建应该围绕政府行政部门、人才培养主体部门（职业学校）和人才使用单

---

① 吕英、黎光明、郑茜：《产学研融合视域下创新型人才培养模式与优化路径——基于双案例的对比研究》，《科技管理研究》2022年第20期，第113~120页。
② 张婷婷、李冲：《关系与路径：产教融合培养卓越工程师的行动逻辑研究》，《中国高教研究》2023年第5期，第48~54页。
③ Chang H., Longman K. A., and Franco M. A., "Leadership Development through Mentoring in Higher Education: A Collaborative Autoethnography of Leaders of Color," *Mentoring & Tutoring: Partnership in Learning* 22 (2014).

位（企业）等，通过相互合作、互相配合，发挥各方优势，共同制订培养方案。① 这表明社会资本可以为协同育人提供有益的支持和资源。在这种情况下，协同育人模式的优点在于它可以更好地满足劳动市场对人才的需求，同时也可以提高学生的就业竞争力。协同育人模式的构建应该考虑各个办学主体的合作，以确保学生能够获得最佳的教育和培训，并提高他们的就业竞争力。张士强提出，在协同育人模式下，各方共同制定培养目标和人才规格，并以相对稳定的教学内容、课程体系、管理制度和评估方式来实施人才教育。该模式的实施需要各方协同合作、共同努力，以培养优质人才，满足产业发展的需要。由此可以看出，协同育人模式在市场经济条件下得到广泛应用，是培养高素质人才的一种有效途径。②

潘懋元等认为，协同育人模式是指在市场经济条件下，学校、企业和科研院所按照特定的培养目标和人才规格，以相对稳定的教学内容、课程体系、管理制度和评估方式，联合实施人才教育的过程的总和。③李玉倩和陈万明利用产教融合协同育人项目数据进行研究，发现产教融合协同育人存在参与企业数量偏少、行业分布不均衡、地域分布不均衡、不具有可持续性、高校分布不均衡、缺乏整体协调机制和缺乏配套制度供给等问题，并据此提出借助平台经济模式推进协同育人。④借助平台经济模式可以提高产教融合协同育人的效率和质量，促进各方的合作。具体来说，可以建立协同育人平台，通过这个平台实现产教融合协

---

① Al-Rahmi W. M., Zeki A. M., "A Model of Using Social Media for Collaborative Learning to Enhance Learners' Performance on Learning," *Journal of King Saud University-Computer and Information Sciences* 29 (2017).
② 张士强：《提高人才培养能力：地方高水平大学建设之要义》，《中国高教研究》2017年第11期，第30~35页。
③ 潘懋元、刘振天、王洪才等：《要勇敢面对一流本科教育这个世界性难题（笔谈）》，《教育科学》2019年第5期，第1~16页。
④ 李玉倩、陈万明：《平台经济模式推进产学合作协同育人研究》，《高等工程教育研究》2020年第1期，第100~105页。

同育人的各个环节的对接和协同,包括高校、企业、科研机构、政府等各方。同时,还可以通过平台推进相关机制的建设和完善,如人才培养机制、评价机制、激励机制等。因此,利用平台经济模式推进协同育人,可以解决当前产教融合协同育人存在的问题,提高协同育人的效率和质量,促进产业发展和高素质人才的培养。

林健和耿乐乐比较了美英两国协同育人中的政府作用,认为政府需要加强在法律法规、资金支持、税收优惠等方面的政策供给,激励企业深度融入协同育人。他们指出,在美英两国的协同育人模式中,政府起到了重要的引导和支持作用。政府可以通过制定相关法律法规和政策,引导和规范协同育人的发展,为企业提供更好的政策支持和保障。同时,政府还可以通过资金支持和税收优惠等措施,鼓励企业积极参与协同育人,加强与高校和科研机构的合作。[①] 可见,协同育人模式主要聚焦于政产学研等主体,通过科学组织,发挥优势互补、资源共享的协同效应,实现多方利益。这种模式旨在为社会培养具备实际工作能力、创新能力和实践能力的高素质人才,为社会经济发展和创新提供人才支持。在协同育人模式中,政府起到了引导和推动的作用,企业提供实践平台和就业机会,高等院校和科研机构则提供专业知识和技术支持。这些主体之间的合作,可以使教育资源得到更好的整合和利用,同时可以提高人才培养的实效性和就业质量,从而实现多方共赢的目标。

(三) 协同育人

随着大学逐渐成为社会知识生产体系的中心,大学的创新活动组织也越来越多样化。Huang 和 Chen 指出,大学应该建立便于企业参与的校企合作创新环境,鼓励教师、学生和企业一起融入创新创业活动,并

---

① 林健、耿乐乐:《美英两国多方协同育人中的政府作为及典型模式研究》,《高等工程教育研究》2019年第4期,第52~65页。

且验证了激励机制能够提高人才培养质量,促进科技成果转换。[1] 他们认为,大学应该与企业建立更紧密的联系,以促进科研成果的转化和应用,并提高人才培养的质量。这样做可以帮助大学更好地满足社会的需求,并促进经济的发展。他们建议大学鼓励教师、学生和企业一起融入创新创业活动,共同开展创新研究和项目开发。开展此项合作可以帮助大学更好地理解企业的需求,同时为学生提供更好的培训和实践机会,以便学生准备好进入职场,并且可以通过为教师、学生和企业提供奖励和鼓励,激励他们更积极地参与创新创业活动,并取得更好的成果。这样的激励机制可以帮助大学更好地实现其目标,并提高其在社会中的地位和声誉。孙雷认为,在协同育人过程中,高校需要借鉴市场机制,研判行业企业的需求,并且只有加强对合作方的需求管理,才能更好地弥补自身在实践教学场景、科研成果转换等方面的不足。[2] 高校需要加强对合作方的需求管理,建立起与行业企业的合作关系,加强与企业的沟通和合作,了解其需求,以便更好地开设课程、组织实践教学活动、引入优秀的教学资源等。此外,高校还需要在实践教学场景、科研成果转换等方面加强自身的建设,培养与行业相关的专业能力和实践能力,积极推进科研成果转化,将研究成果转化为实际的应用,以满足企业和市场的需求。因此,高校需要与行业企业进行紧密合作,建立良好的合作关系,共同推进协同育人的工作。

唐未兵等运用案例探讨"政校企"共建机制、"产教学"融合机制、"双主体"育人机制,认为只有不断深化"产教融合"理念,才能实现真正的协同育人。[3]"政校企"共建机制是指,政府、高校和企业

---

[1] Huang M. H., Chen D. Z., "How Can Academic Innovation Performance in University—Industry Collaboration Be Improved," *Technological Forecasting and Social Change* 123 (2017).
[2] 孙雷:《"卓越计划"理念下的校企协同育人机制探索》,《江苏高教》2016年第4期,第85~87页。
[3] 唐未兵、温辉、彭建平:《"产教融合"理念下的协同育人机制建设》,《中国高等教育》2018年第8期,第14~16页。

共同合作，共同承担人才培养的责任。在这样的机制下，政府出资建设职业教育基地，高校和企业共同承担人才培养的任务，通过实践教学和企业实习等方式提高学生的实践能力和实际操作技能，以更好地满足就业市场的需求。"双主体"育人机制是指，高校和企业共同承担人才培养任务，共同负责学生的职业素质培养、专业技能培养和创新创业能力培养等。学校和企业在协同育人中各司其职、相互配合，达到共同发展的目的。因此可以认为，只有不断深化"产教融合"理念，加强产业与教育、学校与企业之间的紧密联系和沟通协作，才能实现真正的协同育人，培养符合市场需求的高素质人才。谢笑珍认为，"产教融合"机制是指将产业和教育相结合，将产业需求和教育教学紧密联系在一起，使学生能够更好地掌握实用技能和拥有工作经验，提高就业竞争力。[1] 任亮和朱飞认为，产教融合背景下需要构建协同育人平台，并且需要完善平台组织运行机制、利益分配和风险分担机制，以推动高等工程教育人才供给侧改革。[2] 首先，协同育人平台需要具有良好的组织运行机制，包括建立统一的管理机构、制定明确的工作流程和标准、明确各方的责任和权利、建立良好的协作机制，以确保协同育人工作有序开展。其次，平台利益分配机制也非常重要。高校、企业和学生等协同育人主体有不同的利益需求，需要在平台上制订合理的利益分配方案，以确保各方利益得到充分保障，鼓励各方积极参与协同育人工作。最后，平台风险分担机制也需要得到完善。在协同育人的过程中，各方面临不同的风险，如教学质量风险、资金风险、法律风险等，需要建立合理的风险分担机制，将风险分散给各方，从而减少单个主体的风险承担压力，提高协同育人工作的稳定性和可持续性。彭林等开展了美国普渡大学跨学

---

[1] 谢笑珍：《"产教融合"机理及其机制设计路径研究》，《高等工程教育研究》2019年第5期，第81~87页。
[2] 任亮、朱飞：《供给侧改革下高校协同育人平台运行机制研究》，《中国高校科技》2019年第6期，第47~50页。

科工程教育体系的比较研究，并通过案例研究指出，需要加强校企供需匹配机制建设，强调采用垂直整体的管理模式才能有效融合校企优质资源，形成资源共享的合作机制。① 研究还发现，普渡大学通过与行业合作，了解企业的需求，为学生提供与市场需求匹配的教育，同时吸引企业参与教育培训，推动产业创新发展。此外，普渡大学通过整合和优化学校内部和外部资源，形成了资源共享的合作机制，从而更好地满足了学生和企业的需求。这种管理模式强调协同育人过程中学校和企业之间的紧密合作，充分发挥双方的优势，提高协同育人效果。

现实中，产学研协同育人实现了不同系统主体之间的资源对接，必须建立沟通协调、资源整合、协同育人、利益分配、人事与考核激励、综合评价等运行机制，才能稳健提升协同育人的整体质量。一是沟通协调机制。建立沟通协调机制，可使不同系统主体之间进行有效的沟通交流，了解各自的需求和资源，从而更好地实现资源对接，促进协同育人。二是资源整合机制。产学研协同育人需要整合不同系统主体的优质资源，建立资源共享机制，使各主体资源得到更好的利用，从而提高协同育人的效果。三是协同育人机制。完善的协同育人机制包括教育教学设计、实践教学方案制订、实践环节组织、导师制度建设等，可确保学生获得更加全面、实际的教育和培训。四是利益分配机制。建立合理的利益分配机制可使不同系统主体之间的利益得到合理的分配和保障，从而保证各方都能够获得合理的收益。五是人事与考核激励机制。建立一套人事与考核激励机制，可激励各方积极参与协同育人，提高协同育人的效果和质量。六是综合评价机制。建立综合评价机制，从多个角度对协同育人的效果和质量进行评价，可帮助各方及时发现问题并进行改进，从而不断提升协同育人的整体质量。

---

① 彭林、林健、Brent Jesiek：《普渡大学跨学科工程教育案例及对新工科建设的启示》，《高等工程教育研究》2019 年第 6 期，第 186~193 页。

二　产教融合的相关研究

（一）产教融合的内涵

产教融合是指，将产业界、教育界和研究界有机结合，形成一种紧密的合作关系，共同推进科学技术的发展和人才的培养。产教融合源于产学合作，而后者的实质是产学研等主体基于资源互补性，通过契约形式满足双方人才培养、技术攻关、科技成果转换等方面的需求。Geisler 从组织关系视角分析了产学合作，认为它本质上是公共产品部门（如大学或政府研究机构）与私人产品部门（如公司或企业）之间的协同。这种协同合作的目的是共同推动科技和知识的发展，并在此基础上提高产业的竞争力。[①] 他认为产学合作可以被视为一种"组织间关系"，其中参与方可以是不同的组织，例如大学、政府、企业、研究机构等。这些组织通过合作共享资源、知识和技术，以实现共同的目标和利益。在产学合作中，公共产品部门通常提供先进的科研设施、知识产权、研究成果等资源，私人产品部门则提供资金、市场渠道、商业经验等资源。这种协同合作使得双方能够在各自的领域内发挥自己的优势，实现互补互利。王文静和张卫从知识耦合视角进行研究，认为产学合作本质上是产学研等主体通过知识交易共同构建创新系统，并且验证了产学合作的知识溢出效应。[②] 知识是一种具有耦合性的资源，不同的知识要素之间相互作用形成了知识网络，而知识的利用和创新是通过知识的交流、转化和融合来实现的。在此基础上，产学合作被认为是产学研等主体通过知识交易共同构建创新系统的过程。在产学合作过程中，企业和高校等知识供给者通过技术合作、人才培养等形式交换知识和资源，实现了知识的共享和利用，从而构建了一个集成不同知识要素的创新系统。同

[①] Geisler E., "Industry-University Technology Cooperation: A Theory of Inter-Organizational Relationships," *Technology Analysis & Strategic Management* 7 (1995).

[②] 王文静、张卫：《产学知识耦合的协同创新效应——基于创新系统的视角》，《中国科技论坛》2019 年第 7 期，第 61~68 页。

时，在这个创新系统中，不同主体之间形成了紧密的联系并进行互动，从而进一步促进了知识的流动和创新的发生。同时他们还认为，产学合作不仅能够促进参与主体之间的知识共享和技术交流，还能够通过技术转移、人才培养等将产学研成果推广到社会和其他领域，实现知识的溢出和应用，从而为整个经济和社会带来更多的创新和发展机会。

产教融合是产学研相互嵌入、深入合作的结果，本质上是产学研相关主体之间的资源交易，每种资源的交易都有相应的供应方、需求方和交易合同三大要素，具有跨界流动、产权分享、主体多元、合作协同与效益分享五大特征，这也决定了产教融合必然出现产权界定、利益分成、风险分担等问题。程晓农等从新工科建设视角进行分析，认为产教融合是专业知识、工程素养、实践技能、科学思维、创新能力的"全素质链"人才培养模式。[①] 他们指出，"全素质链"的人才培养模式注重将学术教育与实践教育相结合，以实际问题为导向，培养学生的工程素养、实践技能、科学思维和创新能力等多方面素质。在这样的培养模式下，学生不仅要掌握专业知识，还要具备实践能力，能够将所学知识应用于实际项目中，解决实际问题。同时，学生还需要具备科学思维和创新能力，能够在解决问题的过程中提出新的想法和创新性的解决方案。产教融合较产学合作更能促进产学研主体之间的相互嵌入，即在资源共享基础上更易形成利益共同体，相对更能体现优势互补基础上的协同效应。Shegelman 等探讨了高等教育机构与机械制造企业的融合问题，运用案例证明了高等学校与企业的产教融合具有显著的溢出效应，能够提高科研、开发、教学、研究生的专业水平，也有助于制造企业的技术攻关。[②] 类似地，Ren 等认为，产教融合在欧洲高等教育中已经非常普遍，

[①] 程晓农、杨娟、袁志钟等：《以"产教融合"为内涵的"全素质链"人才培养模式探索与实践》，《中国高等教育》2018 年第 Z1 期，第 63~65 页。
[②] Shegelman I., Shchukin P., and Vasilev A., "Integration of Universities and Industrial Enterprises as a Factor of Higher Vocational Education Development," *Social and Behavioral Sciences* 6 (2015).

以地质专业学生培养为例,发现深度的产教融合有助于提高本科生的就业质量和创新能力。[1]

综上,新工科产教融合平台实质是新工科高校、科研院所、行业企业等主体共同搭建的创新资源交易平台,目的是借助平台实现多方共赢。在新工科产教融合平台上,高校可以借助企业的创新资源,开展更为实际的教育教学活动;企业可以借助高校的人才和技术优势,实现技术创新和产业升级;科研院所可以发挥技术支撑和研究优势,推动产学研深度合作。因此,新工科产教融合平台是促进行业企业、高校、科研机构合作的有力平台,有助于实现创新资源的共享和优化,推动高等教育改革和产业升级。

(二) 产教融合模式

产教融合是指,教育界、研究界、产业界之间紧密合作,共同推动教育教学、科学研究和产业发展,以满足社会和经济发展的需求。产教融合模式是指,在产教融合过程中,产学研主体之间所采取的具体合作形式和合作模式。Lambrechts 等认为,欧洲特别是德国大学的产教融合促进了高校的可持续发展,高校只有积极与行业企业开展专利许可、咨询与合同研究、培训以及衍生企业等方面的合作,才能持续提升学生的知识、技能水平和工作能力。[2] Lambrechts 等人的观点表明,产教融合是促进高校可持续发展的重要途径之一,高校与行业企业之间建立合作关系,共同进行研究和创新,培养具有实践能力的学生,提升学生的就业竞争力。产教融合可以通过多种形式实现,这些形式的合作有助于促进高校和企业之间的知识共享和技术转移,帮助高校更好地了解市场需求和行业趋势,从而更好地培养符合市场需求的人才。因此,产教融合

---

[1] Ren J., Wu Q., Han Z., et al., "Research on the Education of Industry-Education Integration for Geological Majors," *Educational Sciences: Theory & Practice* 18 (2018).

[2] Lambrechts W., Mulà I., Ceulemans K., et al., "The Integration of Competences for Sustainable Development in Higher Education: An Analysis of Bachelor Programs in Management," *Journal of Cleaner Production* 48 (2013).

不仅有利于提高学生的知识、技能水平和工作能力，还能增加高校的科研和教学资源，提高高校的学术水平和国际竞争力。同时，与企业合作还能为高校提供更多的经费和资源，支持高校的发展和改革。Shaidullina 等以俄罗斯高等教育为例进行研究，发现实践型教育、科学与制造一体化模式打破了封闭的高校人才培养模式。[①] 该模式中的实践型教育是指，将理论和实践相结合的教育方式，它通过让学生在实践中学习，培养学生的实践能力和解决实际问题的能力。科学与制造一体化模式是指，将科学研究和制造过程相结合，通过科学研究来推进制造过程，通过制造过程来验证和应用科学研究的成果。这种新的教育模式需要教育机构的支持和改革，包括教育项目的内容和组织形式的调整、教育教学技术的更新、财政和经济资源的整合，以及与制造过程的协调和合作。这种模式可以提升学生的实践能力和解决问题的能力，提高学生的就业竞争力，同时也可以促进科学研究和制造过程的发展。

王玲玲聚焦高职教育的产教融合，即产业和教育领域之间的合作与互动，发现采用工学交替、顶岗实习等产教融合模式可以优化高职教育的课程结构和教学过程，为学生提供更加实际和丰富的教育体验，并提出下一步需要建设以资产为纽带的产教融合利益共同体，促进产业和高职教育的深度融合。[②] 李梦卿和刘晶晶以教育生态学的意旨为逻辑起点，提出高职院校产教融合的前提在于建立健全相应的体制机制，构建相关主体协同合作的生态体系，并指出要加强企业和高职院校之间的合作，共同探索适合市场需求的教育和培训项目，同时也为学生提供更多实习机会和就业机会。[③] 由此可以认为，产教融合是提高高职教育质量

---

① Shaidullina A. R., Masalimova A. R., Vlasova V. K., et al., "Education, Science and Manufacture Integration Models Features in Continuous Professional Education System," *Life Science Journal* 11 (2014).
② 王玲玲：《现代职业教育产教融合模式构建及实施途径》，《湖北社会科学》2015年第8期，第160~164页。
③ 李梦卿、刘晶晶：《高职院校深化产教融合的教育生态学意旨、机理与保障》，《高等教育研究》2019年第3期，第71~75页。

和培养实用型人才的有效途径，而建设产教融合利益共同体则是进一步推进产教融合的必要步骤。胡昌送和张俊平从知识生产方式视角分析，认为共同生产知识产品的产品型合作将取代以特定资源获取和依赖关系形成的资源型合作，从而成为产教融合的主要合作模式。① 产品型合作是企业和高校共同合作开发和生产具有市场前景的知识产品。在这种合作模式下，企业和高校共同制订研发计划和方案，共同承担研发成本和风险，共同持有知识产权，共同营销产品。相比于传统的资源型合作，产品型合作更加注重知识的共享和创新，更加有利于推动企业的技术创新和升级，同时也有利于高校的科研成果转化和产业化。因此，未来产教融合的主要合作模式是产品型合作模式，而资源型合作模式将逐渐被取代。这将促进产教融合的深入发展，提高企业的技术创新能力和核心竞争力，同时也将促进高校的科研成果转化和社会服务能力提升。

马良分析了英国职业教育的学位学徒制度，认为中英技术合作计划有助于推进产教融合型企业发展，对于当前经济转型升级背景下的人才供给侧改革具有现实意义。② 他提出英国的学位学徒制度是一种结合学习和工作的职业教育制度，允许学生在获得必要的理论知识的同时，在实际工作中学习技能。这种制度可以帮助学生掌握实际技能，提高就业能力，同时也可以提高企业的效率和生产力，促进产教融合型企业发展，解决当前经济转型升级背景下的人才供给侧改革问题。事实上，在产教融合的基础上，形成了企业根据自身需求，向学校定制专业课程，共同培养符合企业要求的人才的订单班形式；学校在企业内设立教学点，将理论教学和实践操作结合在一起的校中厂形式；由多家企业共同组建培训机构，共同开展人才培养活动的跨企业培训中心形式；由企业与高校合作设立学院，共同承担人才培养任务的产业学院形式；由企业

---

① 胡昌送、张俊平：《高职教育产教融合：本质、模式与路径——基于知识生产方式视角》，《中国高教研究》2019年第4期，第92~97页。
② 马良：《英国"学位学徒制度"及"产教融合型企业"浅析》，《中国高等教育》2019年第10期，第63~64页。

与高校合作建设实验室，共同进行科学研究和人才培养的校企共建实验室形式。这种将生产、教学二者紧密结合起来实现人才培养目标的全新教育模式，既可以提高学生的实践能力，又可以满足产业对高素质人才的需求，因此在产学研主体中越来越受到推崇。在此教育模式下，学生可以在实践中学习理论知识，并将所学知识应用于实际工作中。同时，他们还可以在实践中发现问题，解决问题，并获得更多的职业技能和经验。这样，学生就可以更好地适应未来的职业发展需求，成为具有竞争力的人才。同时，这样的教育模式也有助于促进产学研合作，推动产业升级和创新。企业可以通过与学校和研究机构合作，获取更多的技术支持和人才储备，加快产品研发和市场推广进程。同时，学校和研究机构也可以通过与企业合作，了解产业发展的实际需求，优化教育和研究内容，提高自身的竞争力和社会影响力。

（三）产教融合机制

无论是产学合作还是产教融合，均是促进高等教育与产业之间密切联系的重要手段，可以帮助学生更好地适应社会需求，提高他们的就业竞争力。但是学校和企业在合作中仍然存在一些问题，如"学校热、企业冷"的现象，这也导致了合作效果不佳，因此必须通过机制创新进一步推进产教融合。Albina等从创新系统角度探讨了产教融合的程度，将产教融合划分为情景融入、部分融入和深度嵌入三种类型，认为利益共享、风险共担机制是关键影响因素。[1] 利益共享是指，产业和教育系统之间的合作能够使双方获得实质性的收益。风险共担是指，产业和教育系统之间的合作风险由双方共同承担。如果这两个因素得到有效解决，产教融合会更加紧密和深入，有利于推动创新和经济发展。吕海舟和杨培强以艺术设计人才为例，总结出联盟、基地、项目、团队、平台五个要素是推进地方高校与行业企业产教融合的关键所在，为此需要建立促

---

[1] Albina R. S., Pavlova N. A., Minsabirova V. N., et al., "Integration Processes in Education: Classification of Integration Types," *Review of European Studies* 7 (2015).

进创新要素流动、资源要素匹配、利益成果共享的机制。① 就高等工程教育而言，迫切需要优化产教融合机制，以解决动力机制不足、利益和约束机制不完善、合作激励和评价机制不健全等突出问题。② 刘志敏和张闯肆研究认为，引领产教融合的根本动力是建立价值创造与共享的"产业-政府-大学-社会组织"创新共同体，从培育价值连接点开始，逐步拓展资源的共享范围，并通过挖掘共同体的增生价值来增强凝聚力，逐步克服长期存在的制度逻辑冲突问题。在建立共同体的整个过程中，价值导向至关重要。只有遵循投入和产出相平衡的社会交换原则，尊重这种平衡关系，通过价值共享机制激发创新活力，才能逐步构建共同体的生态优势，为经济和社会发展提供源源不断的内生动力。③

李玉倩和陈万明研究指出，资源的多方投入导致产权交融，不可避免地会引起利益纷争，由此可能使协同育人陷入集体主义困境；因此需要通过契约、声誉、资产等纽带，持续界定产教融合共同体的产权。④ 在产教融合共同体中，产权的归属应当尊重市场规律和知识产权保护的原则。通常情况下，产权的归属应当明确、合法，并受到法律的保护。高锡荣和董文轩提出了产教融合创业型大学的新概念，并采用扎根理论方法分析了英国华威大学的成功案例，据此提出建立产教融合意识培育、实践探索、能力提升、环境营造的机制模型。⑤ 他们认为，在意识培育阶段需要加强对产教融合的宣传和教育，以提高人们对产教融合的认识，也可以开展各种形式的培训、研讨会和讲座等活动，增强师生和

---

① 吕海舟、杨培强：《应用型跨界人才培养的产教融合机制设计与模型建构》，《中国大学教学》2017年第2期，第35~39页。
② 葛继平：《高等工程院校与行业企业联合培养人才机制研究》，《现代教育管理》2014年第11期，第41~44页。
③ 刘志敏、张闯肆：《构筑创新共同体 深化产教融合的核心机制》，《中国高等教育》2019年第10期，第16~18页。
④ 李玉倩、陈万明：《集成化产教融合平台产权的经济分析与治理对策》，《高等工程教育研究》2018年第6期，第27~32页。
⑤ 高锡荣、董文轩：《创业型大学产教融合机制构建——基于英国华威大学的个案研究》，《重庆高教研究》2020年第3期，第1~14页。

企业员工的意识；在实践探索阶段需要开展一些实践性的活动，以增加师生和企业员工的产教融合实践经验；在能力提升阶段需要针对师生和企业员工的不同需求，提供有针对性的培训和课程，提升他们的专业技能；在环境营造阶段需要创造一个良好的产教融合环境，提供必要的资源和支持，以促进双方合作的深入发展。可以看出，产教融合有助于填补产学研主体之间的空白地带，实现资源共享和优势互补，提高科技成果的转化率和经济效益，对于推动经济转型升级、培养高素质人才等有着重要作用。同时，产教融合通过合作促进产业创新和教育改革，实现产学研的协同创新效应。但由于产教融合涉及的各方利益不同，不可避免地会面临公共部门、产业部门的目标诉求冲突，以及日常业务操作权的争夺，必须探索组织架构、业务操作、成果共享、风险分担、行为约束等相关的各种治理机制，以便产学研主体可以共同制定产教融合的策略和计划，协调各自的利益，促进产教融合共同体的快速发展。

三　新工科建设的相关研究

（一）新工科建设

我国产业结构和人口结构的特点决定了制造业在国民经济和社会发展中的重要地位，随着我国经济的快速发展，制造业已经成为我国经济的支柱产业之一，对于国家的经济增长和社会发展具有非常重要的作用。同时，我国拥有庞大的人口基数，这为制造业提供了充足的劳动力资源，为制造业的发展提供了有利的条件。在这样的背景下，提高工程教育人才培养质量对于我国制造业的发展至关重要。高素质的工程人才能够为制造业的技术进步和创新提供强有力的支持，使我国的制造业能够更好地适应市场和国际竞争的要求。同时，工程教育人才培养质量的提高也能为我国的经济和社会发展注入新的动力，推动我国向更高水平发展。因此，为了适应国家战略需要，必须提高工程教育人才培养质量。

在新技术革新浪潮下，高等工程教育人才培养面临许多挑战，结构、水平、质量与未来科学技术和产业变化之间依旧存在不完全适应现象，为了促进教育链、人才链与产业链、创新链有机衔接，必须培养具有高创新能力和高适应能力的卓越工程人才。学校应该与企业建立更紧密的联系，将产业需求融入教学中，让学生更好地了解产业发展的现状和未来趋势。同时，加强科学研究，为产业的发展提供技术支持。新工科人才培养更加注重专业和产业对接、学校与学科交叉、科教与产学融合、创新与创业结合，具有战略性、创新性、系统化、开放式的特征。[①] 继"复旦共识"、"天大行动"和"北京指南"拉开新工科建设的大幕以后，新工科建设步入了实质性的具体执行阶段。新工科建设是指，针对当今社会和经济发展的需求，通过推进工科教育改革和创新，培养具有全球视野和创新能力的工科人才，推进工科学科的发展和应用，实现工科教育与产业需求的有效对接。新工科建设的目的是培养适应产业发展需要的工科人才，因此需要加强与产业的合作，建立校企合作的机制，促进产学研的深度融合，推动产业需求与教学、科研和人才培养有效对接。新工科建设要求推动工科教育改革和创新，建立符合产业发展需要和国际化标准的教育体系。需要注重培养工程实践能力和创新能力，推动课程体系改革，促进跨学科交叉和综合性人才的培养。科研创新是新工科建设的核心，需要加强科研平台建设，建立符合产业发展需要的科研体系和创新机制；需要注重科研团队的建设和科研成果的转化，促进科技创新和产业升级。

2017年6月，教育部发布《新工科研究与实践项目指南》，目的是通过新工科研究与实践项目的融合实施，扎实推进新工科建设，加快工程教育改革创新。可以发现，融合是新工科人才培养模式改革的关键所在，包括科教融合、产学融合、双创融合、学科融合。科教融合即为科学研究和教学相互融合，强调理论与实践相结合，该模式鼓励学校、企

---

① 钟登华：《新工科建设的内涵与行动》，《高等工程教育研究》2017年第3期，第1~6页。

业和政府进行合作，以实现共同研究和创新；产学融合即为产业界和学术界之间的融合，该模式鼓励学校和企业之间紧密联系，以培养具有实践能力和创新精神的学生，并解决产业界的实际问题；双创融合即创新和创业的相互融合，该模式鼓励学生积极参与创业和创新活动，并提供创业支持和资源，以培养具有创业精神和创新能力的人才；学科融合即不同学科之间的相互融合，该模式强调跨学科的合作，以解决复杂的实际问题，培养具有综合能力和创新思维的人才。融合可以促进产学研合作，培养具有实践能力和创新精神的人才，提高高等教育的质量和水平。产教融合是产学研相互嵌入、深入合作的结果，本质上是产学研相关主体之间的资源交易，每种资源的交易都有相应的供应方、需求方和交易合同三大要素，具有跨界流动、产权分享、主体多元、合作协同与效益分享五大特征。[①] 这也决定了产教融合必然出现产权界定、利益分成、风险分担等问题，只有通过产学研主体协商、制定合理的合作协议，并建立有效的风险管理机制，才能实现长期合作和共赢。

（二）新工科实践育人体系

西方发达国家特别是美国在工程实践教育体系构建方面走在世界前列，其特点可以归纳为三个方面：一是课堂教学、岗位实习、国际交流三位一体的实践教育；二是课程学习、思维训练、企业孵化有机结合的创新创业教育；三是凸显美国核心价值、学生自我发展的校园文化。[②] Hamilton 等认为，高校应主动与企业合作，通过区域网络型合作工程实践教育体系，培养工程精英人才。[③] 开展校企合作可以促进企业与高校之间的知识和技术交流，高校可以提供最新的理论知识和研究成果，企

---

① 张波、谢阳群、何刚等：《跨边界信息资源共享及其在企业创业过程中的作用分析》，《情报杂志》2014 年第 11 期，第 181～187 页。
② 应中正：《美国高校的实践教育与创新创业教育考察》，《思想教育研究》2015 年第 12 期，第 93～95 页。
③ Hamilton A., Copley J., Thomas Y., et al., "Responding to the Growing Demand for Practice Education: Are We Building Sustainable Solutions," *Australian Occupational Therapy Journal* 62 (2015).

业则可以提供实际的应用场景等,从而促进双方的创新和进步。同时,合作可以帮助高校更好地了解企业的需求,更好地培养符合企业需求的人才。这样的人才在企业中更容易获得职业发展和成功。孙建国等开展了法国布列塔尼国立高等电信学校、比利时布鲁塞尔自由大学、德国亚琛工业大学与哈尔滨工程大学工程实践教育的比较研究,强调必须把校企合作的工程实践教学平台做到实处。① 张艳蕊等以《华盛顿协议》为例,分析了基于模块化、层次化、项目驱动、网络预约的工程训练开放教学体系,对开放教学的体系结构、内容、教学模式、运行模式、管理与保障、支撑平台等进行了重点研究。② 李靖从卓越工程师教育培养计划出发,认为需要构建"分散实施、区域联动、分段递进"的校企联合培养模式,构建工程实践教育基地群③,目的是提高学生的实践能力,使其更加适应未来的职业发展。通过与企业合作,学生可以更好地了解实际工作环境和需求,并且掌握更多的实践技能。建设多个工程实践教育基地,可以更好地满足学生的实践需求,同时也可以为企业提供更多的人才资源。

张干清等以新工科双创人才培养为例进行分析,认为高校的文化环境氛围不足以真正给学生烙上创新创业的印记,只有将实践教育延伸到行业企业,构建教学做一体化的创新创业实践范式,建设符合工科特点、贴近市场需求的创新创业课程,包括基础课程、拓展课程和专业课程等,培养学生的创新创业和实践能力,才能真正提高工科人才的双创素养。④ 李忠等以能源动力类流体机械及其自动控制专业实践教学为例

---

① 孙建国、胡今鸿、刘思佳等:《欧洲高等院校工程实践教育的发展现状与体会》,《实验技术与管理》2015年第8期,第190~193页。
② 张艳蕊、毕海霞、王伟等:《基于〈华盛顿协议〉的工程训练开放教学体系的构建与实践》,《实验技术与管理》2015年第3期,第199~202页。
③ 李靖:《基于"卓越计划"的工程实践教育基地群的构建》,《实验室研究与探索》2016年第10期,第200~204页。
④ 张干清、郭磊、向阳辉:《新工科双创人才培养的实践教学范式》,《高教探索》2018年第8期,第55~60页。

进行分析，发现教学内容与实践相差较大、学生满意度较低等问题，强调必须引入行业标杆企业的实践操作，将课堂与实践操作紧密结合起来。[①] 研究认为，通过与行业标杆企业合作，学生可以直接接触到真实的行业环境和实际的操作流程，使课堂学习更加贴近实际。同时，行业标杆企业通常具有先进的技术和管理经验，能够为学生提供前沿的知识和经验。学校还可以组织学生参观相关企业、进行实地调研等，让学生亲身感受企业的生产流程、管理模式等，并将所学的理论知识与实践相结合，加深学生的理解和记忆。教师可以整合课程设计，将理论知识与实践操作结合起来。例如，通过实际案例分析、模拟实验等形式，让学生将理论知识应用到实际场景中，提高学生的学习效果。新工科实践育人体系的实施需要学校、产业和政府等多方合作，建立教育、产业、政府三位一体的协同机制，共同推进工程教育的创新和发展。

四 新工科产教融合的相关研究

高等工程教育同样需要产教融合。在高等工程教育中，产教融合可以使学校与企业合作开展实际项目，帮助学生更好地理解实际工程问题，提高学生的实践能力和解决问题的能力。同时，产教融合也可以让学校更好地了解未来的工程师所需的技能和素质，从而更好地为企业培养人才。胡美丽等归纳了美国工科院校的办学经验，认为美国工程教育体系建设走在世界前列，主要原因是重视实践教学环节在课程设置中的比重，并且注重通过产学合作方式培养学生的工程实践能力。[②] Jainudin等总结了马来西亚的工程教育经验，强调必须让学生在工作场所运用所

[①] 李忠、高波、康灿:《新工科背景下卓越工程人才实践教学改革探索》,《高等工程教育研究》2019年第S1期，第36~38页。

[②] 胡美丽、黄慧、睢琳琳:《美国工科院校培养学生工程实践能力的经验及其启示》,《当代教育科学》2015年第15期，第51~53页。

学的知识与技能，通过工程项目训练提高理论联系实践的能力。[1] 类似地，Balaji 等以桥梁工程专业为例进行分析，发现运用机器人和仿真工程实践教学，能够显著提高学生的工程实践能力与创新创业能力。[2] 陈亚玲认为，高等工程教育需要设计多学科交叉融合的工程教学项目，一方面破除学科壁垒对跨学科人才培养的障碍，另一方面探索建立校企合作教学模式。[3] 可见，产学研协同参与产教融合平台已经成为国内外工程教育的共识，产教融合平台可以促进产业、高等教育机构和科研机构之间的合作，加强教育与实践之间的联系，提高教育质量和创新能力。在平台上，产业界可以为高等教育机构提供技术、设备和项目等资源支持，为教育和科研提供实践环境；高等教育机构可以通过合作开发项目、培养人才等方式与产业界互利互惠；科研机构则可以为产业界和高等教育机构提供技术支持和研究成果。产学研协同参与产教融合平台的建设和发展，可以促进产业升级、人才培养和创新，对于推动经济社会可持续发展具有重要的作用。

然而，学校和企业的目标和利益并不总是一致的，这可能会影响双方的合作意愿和动力；在合作过程中，可能会出现一些利益冲突或者合作方违反契约的情况。另外，在协同培养人才的过程中，需要考虑双方的合作贡献，以便能够更好地激励双方参与合作。葛继平认为，高等工程院校与行业企业联合培养人才普遍存在动力机制不足、利益和约束机制不完善、合作激励和评价机制不健全等突出问题[4]，这给工程教育的

---

[1] Jainudin N. A., Francis L., Tawie R., et al., "Competency of Civil Engineering Students Undergone Industrial Training: Supervisors' Perspectives," *Procedia-Social and Behavioral Sciences* 167 (2015).

[2] Balaji M., Balaji V., Chandrasekaran M., et al., "Robotic Training to Bridge School Students with Engineering," *Procedia Computer Science* 76 (2015).

[3] 陈亚玲：《论跨学科能力培养与我国工程实践教育改革——以南京理工大学为例》，《高教探索》2015 年第 10 期，第 73~76 页。

[4] 葛继平：《高等工程院校与行业企业联合培养人才机制研究》，《现代教育管理》2014 年第 11 期，第 41~44 页。

产学合作推进带来了现实困难。新工科承担培养多元化、创新型卓越工程人才的使命，必须突破学科壁垒、专业藩篱、校企隔阂等限制，促进产教融合、科教融合、学科融合、创新创业融合，着力培养学生的工程创新和适应变化能力。[①] 产教融合是产业与教育的融合，是企业、高校、科研机构之间为了共同发展，加强联系、深入合作的一种模式。它旨在基于产业需求导向，推动高等教育的改革，提高高校毕业生就业能力和企业技术创新能力，促进经济社会发展。在产教融合具体实践中，企业通过提供技术支持、实践平台等方式，为高校提供更加贴近市场、实用性更强的教学资源；同时，高校也可以通过与企业深入合作，获得更多的实践机会和研究资源，提升教学和科研水平。在新工科建设中，高校需要更加关注行业发展趋势和市场需求，通过产教融合的方式，加强与企业的联系，不断优化教学内容和教学方法，培养符合市场需求的高素质人才。因此可以认为，产教融合是产学合作、科教合作深度推进的结果，也是新工科建设背景下高等工程教育改革的重点方向。高等工程教育也需要与产业深度融合，建立产教融合机制，以适应当下快速变化的市场需求和技术发展，培养具有实际操作能力、适应市场需求的高素质工程人才。

第二节 文献述评与概念辨析

一 文献述评

就协同育人而言，产学研协同育人已经成为国内外工程教育的共识，构建产学研深度融合的工程教育体系对于高等工程教育人才培养至关重要。然而在新工业革命加速发展、全球化不断深化、经济高质量发

[①] 陆国栋、李拓宇：《新工科建设与发展的路径思考》，《高等工程教育研究》2017 年第 3 期，第 20~26 页。

展情景下，新工科的提出是对当前工程教育问题的全面反思，新工业革命的加速发展推动了工程教育的变革。随着科技的迅速发展，新兴技术如人工智能、大数据、物联网等的兴起，对工程人才提出了新的要求。工程教育需要跨学科和综合性的培养模式，以培养具备创新思维、实践能力和跨领域合作能力的工程人才。全球化的不断深化使工程教育面临新的挑战和机遇。全球范围内的交流与合作日益频繁，工程人才需要具备跨文化沟通能力和全球视野。产学研协同育人可以通过项目合作、交流学习等方式，为学生提供更广阔的国际化平台，培养具备全球竞争力的工程人才。经济高质量发展对工程教育提出了更高要求。新经济以创新和技术驱动为核心，对人才的创新思维、创业能力和实践能力提出了更高的要求。产学研协同育人可以通过与创新型企业和研究机构的合作，提供实践机会和创业支持，培养具备创新精神和实践能力的工程人才。然而现有研究没有完全站在新理念、新知识、新机会、新要求、新模式、新人才的新工科内涵上深入思考，尚需就以下问题进一步深入探讨：在政府引导下，高校、企业、科研机构、大学科技园如何突破学科壁垒、专业壁垒、校企壁垒，如何更好地协同相关主体实现产学研深度融合，实现真正的协同育人。

就产教融合而言，产教融合已经超越了高校内部的范畴，并且其职能也从原来的实践教学扩展到协同育人、技术服务、创新创业、产业培育等多个方面。产教融合的发展实现了优势互补和资源共享，有效整合和利用了多主体的异质性资源，包括知识、技术、管理和资本等。产教融合平台对于提高学生的工程创新能力和适应能力非常重要。通过与产业界的紧密合作，学校学生可以接触实际问题和项目，培养实践能力和创新思维。产教融合平台的建设和运行需要关注教师和学生两个主体，师生是直接参与产教融合平台运作的关键主体。教师在产教融合平台中扮演重要的角色，他们可以来自不同学科、不同专业、不同学校，也可以是来自企业的产业教授或技术专家，或者是科研机构的工程技术专家。教师的多样化背景和专业知识可以丰富产教融合平台的资源，提供多样化的教学和指导。然而，产教融合不仅需要考虑新工科建设的需求，还需要考虑科研院所、行业企业等其他参与主体的利益诉求。只有各方利益得到平衡和满足，才能促进多主体资源的共享和风险的共担。因此，产教融合平台需要进一步探索如何实现跨界融合，解决不同主体间的合作机制、知识产权保护、利益分配等方面的问题。

就新工科建设而言，其推进的逻辑起点是学生的学习需要。学生只有接受与新工科相关的基础理论、专业知识和创新工程实践的教学，才能真正提高工程创新和适应变化的能力。为了满足学生的学习需求，需要在工科高校加强新素养的培养，包括新工科相关的知识体系、创新思维、跨学科合作能力等。新工科高校应当优化课程设置，引入新领域的知识和技能，培养学生的综合素质和适应能力。同时，教育教学实践载体的建设也是至关重要的，例如实验室、工程实践基地、创客空间等，其为学生进行实际工程实践提供场所。在实践载体中，学生可以进行项目设计、实践操作、团队合作等，提升工程创新和适应变化的能力。学校实现教育教学的理实转化，与行业企业之间的紧密联结是必不可少的。行业企业可以提供实际的工程项目和应用场景，为学生提供实践机会和指导。同时，学校与行业企业的合作还可以促进知识和技术的共享，帮助学生更好地将理论知识应用于生产实践。因此，可以认为，产教融合是产学合作和科教合作深度推进的结果，是新工科建设背景下高等工程教育改革的重点方向。产教融合的核心目标是整合优质的实践教育资源，促进知识与技术的跨学科和跨专业融合，以及促进产学合作实现要素的融合。就校内协同而言，产教融合意味着整合校内的优质实践教育资源，使得不同学科和专业之间能够更好地合作，包括促进不同学科之间的知识和技术的交流和融合，为学生提供更全面的教育。就科教融合和产学合作而言，产教融合的目标是通过优势互补，将知识和技术要素整合在一起，实现产业界和学术界之间的相互融合。产业界将其需求和问题带入教育和研究中，学术界则通过研究和创新回应产业界的需求和问题。通过产学合作，管理和资本要素也可以进行融合，使得教育机构和产业界之间的合作更加紧密和深入。

综上，可以梳理出本书研究设计的内在逻辑，揭示文献回顾对研究主题的支撑作用，如图 1-1 所示。高端制造业向发达国家回流、中低端制造业向新兴国家分流是当前全球制造业的总体趋势。这种趋势对于中国的制造业产业升级、社会变革和人才供给侧改革产生了深远影响。工程教育与产业发展之间存在密切的联系和互相支持的关系。工程教育为产业提供了高素质、专业化的人才，而产业的发展则为工程教育提供了实践场景和需求驱动。因此，建设与发展新工科成为当前社会产业升级与发展的必然要求。新工科强调跨学科融合、创新能力培养和实践能力培养，以培养适应新时代产业需求的高素质工程技术人才为目标。工科教育模式注重培养学生的综合素质和实践能力，使其能够适应快速变化的产业环境，具备解决实际问题的能力和创新精神。尽管高等工程教育在培养工程科技人才方面取得了一定成就，但随着新技术、新业态、新

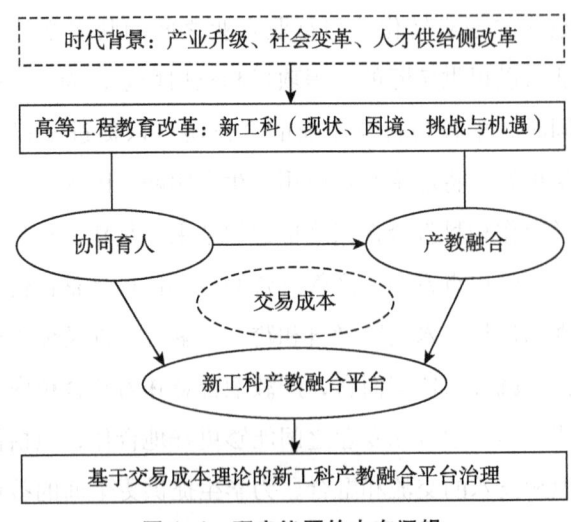

图 1-1 研究议题的内在逻辑

模式、新产业的快速发展，各方对工程科技人才的需求也在不断演变和提升。因此，无论是工科优势高校、综合性高校还是一般地方高校，都需要深化高校工程教育范式改革，积极投身新工科建设。当前的新工科建设面临一些突出问题，如学科壁垒、专业藩篱和校企隔阂，解决这些问题，需要借鉴协同育人和产教融合的成功经验，以进一步优化工程人才的知识体系，并提高工程人才与市场的匹配度。

  原来的松散型校企合作固然能够实现资源共享、优势互补，达到协同育人的效果，但其更多考虑了工科高校的目标诉求，因此难以有效解决长期存在的"高校热、企业冷"的"两张皮"问题。新工科产教融合模式的出现正是为了解决这一问题，它强调的是将工科高校、科研机构和行业企业等利益主体真正融合在一起，形成利益共同体，共同承担协同育人的职责。该模式更注重学校与企业的紧密结合，目标更加一致，合作更加紧密。新工科产教融合涉及工科类高校、科研机构和行业企业等利益主体，这些主体充分发挥各自的优势，通过资源的整合和共享，真正融合形成利益共同体，高校提供优质教育资源和专业知识，科研机构提供前沿科技研究支持，行业企业提供实践环境和市场需求，共同培养适应社会发展需要的高素质人才。同时，新工科产教融合也致力于提供技术服务，将科研成果转化为实际应用，为行业提供解决方案和创新支持。更进一步，新工科产教融合平台构建了开放式创新生态系统，涵盖产权、成本、资源、风险及市场化等所有特征要素，提供了一个可持续发展的合作模式。综上所述，新工科产教融合通过资源融合和利益共享，构建了开放式创新生态系统，完全适用于新制度经济学交易成本分析框架。由于各主体的知识、技术、人才、信息等资源的融合与交易存在合作风险，为了更好地兼顾新工科产教融合主体的差异化诉求，提高资源交换与对接的效率，需要借助平台经济模式构建新工科产教融合平台。平台经济模式可以为不同主体提供一个统一的合作平台，促进资源高效交换与对接，从而实现新工科产教融合的目标。在构建新工科产教融合平台时，可以借鉴交易成本理论，关注合作中的交易成本和合作风险。平台可以降低合作过程中的交易成本，提供信息对接、资源匹配、合作管理等服务，从而提高合作的效率和可持续性。自此形成基于交易成本理论的新工科产教融合平台治理研究。

二 概念辨析

通过上述文献梳理，结合研究主题，可以就相关概念进行辨析。

一是产学合作，即围绕人才培养目标，各级政府、高等院校、行业企业、研究机构等组织通过合作体制机制，共同制订人才培养方案，在多主体协同基础上实现优势互补、利益共享和风险共担。产学合作有助于提高教育质量和就业率，促进产业升级和创新。通过与行业企业紧密合作，教育机构能够更好地了解产业需求，及时调整培养方案，培养符合市场需求的人才。同时，行业企业也能够获得具有实践能力和创新精神的人才，推动企业发展和竞争力提升。产学合作是推动人才培养和产业发展的重要途径，通过多方合作与协同，实现各方利益的共赢，推动社会经济的可持续发展。

二是产教融合。产教融合是产学合作的一种更为深入和持久的形式，它强调不仅要在资源交换上合作，还要在组织结构上密切配合。产教融合不是简单地拼凑和利用产业和教育资源，而是通过深度交融和相互嵌入，实现资源的共享。合作主体的人才、技术、信息等资源在产教融合中相互交换、互相渗透，以取得更好的协同育人效果。资源的深度交融使得合作关系更加紧密和持久，有助于提高教育和产业的互动性和协同性。此外，产教融合还需要建立健全的组织结构来维系日常运行。相比于传统产学合作仅通过契约来维持合作关系，产教融合更加注重建立更为紧密的组织结构。这些组织结构可以是产学研合作的机构、中介平台、专门的协调机构等，它们有助于协调各方的利益和资源，推动合作顺利进行，并确保长期的合作关系能够持续发展。

三是产教融合平台。随着产教融合向广度和深度两个方向发展,众多主体共同构成协同创新系统;为了更加有效地促进资源的交换、对接和新知识的产生,需要借助信息技术搭建双边市场。产教融合平台本质上是资源需求方、资源供给方和平台共同构成的协同创新系统,大致包括六个要素:①目标要求,平台的目标是通过共享资源和协同创新,提升平台的整体协同创新和协同育人效果,各参与主体都应为实现这一目标而努力;②条件要素,即平台的参与应基于主体的自愿性,各产学研主体自愿加入并积极参与平台的合作与创新活动;③基础要素,即平台的成功建立需要各参与主体之间的相互信任和协同创新意识,共同合作推进创新活动;④前期条件要素,相关主体既拥有丰富的创新资源,又需要从外部获取创新资源;⑤支撑要素,即将信息技术,如互联网等作为平台的支撑工具,为各主体提供资源交换、信息共享和协同合作的便利;⑥保障要素,一方面通过平台的信息支撑技术实现资源的交换,另一方面保障相关主体的知识产权。

四是新工科产教融合平台。新工科是为了适应国家战略需要,针对当前高等工程教育人才培养在结构、水平、质量上与未来科学技术和产业变化之间的相对差距,培养具有高工程创新能力和高适应能力的卓越工程人才。新工科产教融合平台具有交叉网络外部性、需求差异性和用户黏性。其中,交叉网络外部性指参与创新资源交易的供需方相互影响的现象。当供应方的数量增加或减少时,会引起需求方数量的变化,这意味着平台上的不同参与主体之间的互动会对整个平台产生影响。需求差异性指,产学研主体是理性主体,在平台上参与交流和合作时,由于不同的背景和目标,会呈现出差异化的需求。平台需要满足这些不同的需求,以实现更好的协同创新和协同育人效果。用户黏性指,交易资源的内容黏性、协同育人或协同创新的功能黏性和平台发展的市场黏性。用户黏性决定了用户在平台上的持续参与程度。通过提供具有吸引力的内容和功能,以及不断改进和满足用户需求,平台可以增强用户的黏性，促进平台整体资本的优化。新工科产教融合平台通常拥有多个职能，包括教学、科研、产品开发、人才招聘、创新创业等。这些职能的综合发展可以提供更全面的服务，满足不同参与主体的需求，并促进产学研合作的深入与卓越工程人才的培养。通过关注参与主体的体验，平台可以不断优化资源配置，提升整体效能和质量。

第三节 理论基础

一 交易成本理论

（一）交易成本的内涵

交易成本的概念最早由新制度经济学奠基人科斯在他的经典论文《企业的性质》中提出。科斯认为，市场交易并不是完全自由和零成本的，而是伴随着各种交易成本的产生。他指出，在市场交易中，买卖双方需要花费时间、精力和资源来寻找信息、进行谈判、监督合约履行等，这些成本统称为交易成本。科斯强调，交易成本的存在是企业形成的一个重要原因，企业可以通过内部协调和管理来减少交易成本，相比于通过市场交易实现的经济活动，企业内部的交易成本较低。威廉姆森在科斯的基础上进一步发展了交易成本理论。他将交易成本划分为事前交易费用和事后交易费用。事前交易费用包括信息搜集、合作伙伴选择、契约谈判等在交易之前的成本。事后交易费用则包括合同监督、违约处理、争端解决等在交易之后的成本。通过对交易成本的研究，科斯和威廉姆森等学者揭示了制度安排在经济活动中的重要性，并为理解企业的性质、市场机制和制度设计提供了坚实的理论基础。这一理论框架也为后续的研究提供了广阔的发展空间。张旭昆对国内外交易成本的概念基于层次与分类进行了解析，认为在科斯、威廉姆森交易成本基础上还存在阿罗提出的使用制度成本和张五常提出的最为广义的交易成本，它们在内涵范围上存在类似于俄罗斯套娃的关系[1]，由此交易成本存在狭义和广义之分。彭向刚和周雪峰进行了交易成本的概念谱系分析，把制度性交易成本与契约性交易成本结合起来进行分析[2]，具体如图1-2所示。

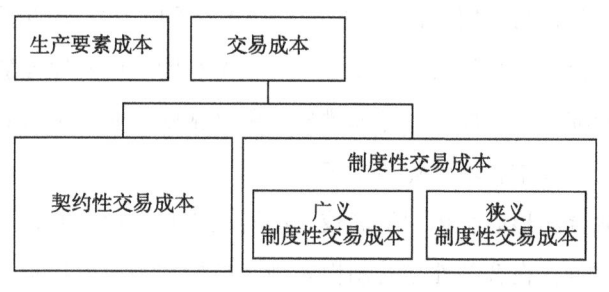

图1-2　企业成本构成

企业的成本主要由生产要素成本和交易成本（契约性交易成本、制度性交易成本）构成，前者指企业在生产过程中所使用的各种生产要素，包括原材料、劳动力、设备和设施、能源等。此外，财务成本（如利息、贷款利率）、营销成本（如广告、市场推广费用）等也属于生产要素成本的范畴。后者指交易环节发生的成本，主要包括契约性交易成本和制度性交易成本。由于交易双方之间存在不完全信息、交易存在不确定性，企业为了维系交易或协调好人与人之间的关系，需要通过契约明确相关权责关系，由此产生契约性交易成本，即为了确保交易的顺利进行，企业搜集信息、评估合作伙伴、制定契约条款、进行谈判等需要花费时间和资源。契约性交易成本主要涉及合同的签订、执行和监督等。制度性交易成本可以分为广义和狭义两类。其中，广义的制度性交易成本是指，企业在外部宏观经营环境中进行交易时所面临的成本。这些成本主要源于制度和政策的影响，如政府政策、法律法规、行业标准

---

[1]　张旭昆：《"交易成本"概念：层次、分类》，《商业经济与管理》2012年第4期，第64~70页。
[2]　彭向刚、周雪峰：《企业制度性交易成本：概念谱系的分析》，《学术研究》2017年第8期，第37~42页。

等对企业经营活动的限制和要求。例如，进出口政策中的关税和贸易壁垒会增加企业跨国交易的成本，进而影响企业的国际竞争力。狭义的制度性交易成本则更侧重于企业与其直接利益相关者之间的成本。这些成本主要是企业与合作伙伴、供应商、客户、监管部门等进行交互所产生的成本。例如，与基层职能部门（如环保、质检等）沟通所带来的交易成本。区分广义和狭义的制度性交易成本有助于更好地理解企业在交易过程中面临的不同成本来源和挑战，可以帮助企业制定有效的经营策略，降低交易成本，增强竞争优势。

产教融合的核心主体包括高校、科研机构和行业企业，这三类主体的产品与服务存在公益性与营利性差别。高校作为教育机构，主要职责是培养人才和传授知识。尽管高校可以通过一些营利性活动（如合作办学、技术转让等）获得收益，但其根本目标是提供教育和人才培养的公益性服务。高校招生计划、毕业资格审查和教学质量评估通常受到政府的监督和管理，以确保教育质量和公平性。因此，高校的人才培养可以被视为一种公共产品，服务于社会的整体发展。科研机构主要从事科学研究和创新活动，致力于推动科学进步和技术创新。科研机构的研究成果通常以知识的形式存在，例如发表的学术论文、专利技术等。这些知识具有竞争性和溢出效应。科研机构通常通过政府拨款、合作研究项目或技术转让等方式获得经费支持。虽然科研机构的创新活动可能有一定的营利性，但它们的主要目标是推动科技进步和知识创新，提供知识这一准公共产品，使社会受益。行业企业则以盈利为目标，通过提供商品和服务来满足市场需求。一些企业提供的产品或服务可能具有公益属性，例如公共事业企业提供的水、电、气、通信、交通等基础设施服务。然而，大多数企业的产品和服务是为了实现经济利益，并且它们在市场竞争中追求盈利。由此，这些不同类型主体之间的产教融合必然需要通过契约维系相对稳定的合作关系，产生契约性交易成本。同时，由于产教融合相关主体的决策具有独立性，所以必然存在事前、事中和事后的各类交易成本,以明确责任主体的职责、权利并解决相关纠纷。产教融合在相关政策环境和政府引导下开展各项活动,同样存在广义和狭义两类制度性交易成本。广义制度性交易成本指的是由于外部环境和制度规范的影响,产教融合中的各项活动必须遵守一系列法律、法规、政策要求和规范。例如,政府在产教融合方面的政策和监管要求可能需要各个主体对某个事项进行申报、报告等,从而增加了交易成本。狭义制度性交易成本则特指在产教融合过程中,由于存在信息不对称、权利关系和合作冲突等问题而产生的合作成本。这些成本与制度设计、规则执行和治理机制的有效性有关。

(二) 交易成本治理

交易成本目前已从企业领域拓展至包括公共部门等在内的其他组织领域,由于交易成本影响最终绩效,所以必须进行有效治理。结合研究主题,本书从治理机制和治理模式两个方面梳理交易成本治理的相关研究。Yang 等将交易成本理论应用于服务外包项目绩效研究,构建了关键交易成本变量、事务属性、治理机制和治理绩效之间的关系模型,发现交易成本单一的治理机制难以消除服务外包中的不确定性和机会主义行为,必须完善关系、契约、法律等综合治理机制。[1] Wacker 等进一步揭示了长期服务外包过程中交易成本的治理机制,认为契约治理机制比关系治理机制在维持合作关系方面更加有效,但这两种治理机制的有效性均受到资产专用性水平的调节。[2] 黄新华认为,政策制定过程是一个政治博弈过程,提出了包括逻辑起点、政治合同、认知假设、委托代理、治理结构和制度安排的政策制定交易成本分析框架,认为公共政策制定过程中必然存在交易成本,建议通过承诺机制、激励机制、监督机

---

[1] Yang C., Wacker J. G., and Sheu C., "What Makes Outsourcing Effective? A Transaction-Cost Economics Analysis," *International Journal of Production Research* 50 (2012).

[2] Wacker J. G., Yang C., and Sheu C., "A Transaction Cost Economics Model for Estimating Performance Effectiveness of Relational and Contractual Governance: Theory and Statistical Results," *International Journal of Operations & Production Management* 36 (2016).

制、授权机制、信誉机制进行综合治理。① 邢华以区域间政府合作为例进行研究，发现纵向职能部门通常成为旁观者，这不利于提升公共资源的横向配置效率；为此其强调垂直部门的纵向嵌入，建议通过协调机制降低政府横向合作的交易成本。② 和军和刘凤义分析了影响公私合作的交易成本、沉淀成本和自然垄断三个因素，强调需要设计相应的组织结构、规制方式和契约内容，通过法律、规制、市场、管制等机制促进公私合作。③ 可见，交易成本的治理不仅需要较为丰富的治理机制，而且与合作关系及投入的资产专用性有关。

交易成本的治理模式主要探讨通过哪些形式来降低交易的制度成本或契约成本。扎格罕以巴基斯坦建筑业为例，从不确定性视角探讨了建筑项目中的交易成本，据此提出以不确定性为抓手治理交易成本问题。④ Zylbersztajn比较了交易成本理论和计量成本理论的内在逻辑，讨论了两种理论的交叉与边界，认为交易成本理论中的产权动态界定治理模式有助于准租金的治理，因此更加有助于促进长期投资项目的稳健运行。⑤ 梁晓红基于交易成本视角，探讨了铁路运输企业与快递企业之间的合作，认为影响两者合作的关键因素是交易成本，指出资产专用性、产业组织结构和交易主体数量是影响交易成本的三大核心要素。⑥ 高杰和丁云龙则聚焦知识团队之间的知识交易，根据资产专用性、不确定性

---

① 黄新华：《政治过程、交易成本与治理机制——政策制定过程的交易成本分析理论》，《厦门大学学报》（哲学社会科学版）2012年第1期，第16~24页。
② 邢华：《我国区域合作的纵向嵌入式治理机制研究：基于交易成本的视角》，《中国行政管理》2015年第10期，第80~84页。
③ 和军、刘凤义：《交易成本、沉淀成本、自然垄断与公私合作治理机制》，《华东经济管理》2016年第11期，第150~156页。
④ Zaigham Ali（扎格罕），"The Impact of Uncertainty on Transaction Cost in Construction Projects. An Investigation of the Construction Industry of Pakistan,"博士学位论文，大连理工大学，2020，第86~87页。
⑤ Zylbersztajn D., "Measurement Costs and Governance: Bridging Perspectives of Transaction Cost Economics," *Caderno de Administração* 26 (2018).
⑥ 梁晓红：《基于交易成本视角的铁路运输企业与快递企业合作模式研究》，博士学位论文，北京交通大学，2018，第62~63页。

和交易频率的不同，针对小科学组织、创新研究群体和大科学组织，提出了市场治理、网络治理和科层治理三种模式。[①] 于君博和林丽分析了城市生活垃圾分类治理中的交易成本，提出了街道办与居民个体的行政治理模式、环保企业与居民个体的市场治理模式、环保组织与居民个体的社会治理模式三种模式。[②] 产教融合存在厂中校、校中厂、跨企业培训中心、现代学徒制、产学研协同创新平台、大学科技园等多种形式，并且产教融合的推进往往离不开政府的引导和政策激励。特别是，随着新工科产教融合的纵深推进，各主体之间的产权交融和利益共同体的形成需要协同合作。共治模式强调各主体之间共同决策和共享责任，可以通过建立共同的决策机制和治理机构，例如合作委员会或联合决策机构，确保各方的利益得到平衡。针对新工科产教融合涉及的工商注册、财税金融、法律咨询、知识产权、技术交易、人事代理等方面的生产型服务机构，可以构建平台进行整合和管理。平台提供服务和资源，协助各主体处理工商注册、法律咨询、知识产权管理等事务，并促进技术交易和人才流动。在新工科产教融合中，政府可以制定相关政策和法规，提供激励措施，鼓励各主体参与产教融合，并监督其运行情况；也可以设立专门的机构或部门，负责监管和协调产教融合活动，促进利益共享和合作发展。在涉及知识产权、技术交易等复杂事务时，政府可以引入独立的第三方中介机构来进行治理。中介机构可以提供专业的服务，协助各主体进行知识产权管理、技术交易等活动，并在纠纷解决方面发挥中介和调解的作用。以上治理模式的结合，可以更好地适应新工科产教融合的特点和需求，促进各主体的合作和协同发展。具体的治理模式选择应根据产教融合的具体形式、主体参与情况以及相关利益共同体的需求进行灵活调整。

[①] 高杰、丁云龙：《交易成本与创新治理视阈下创新群体组织性质及治理模式分析》，《科技进步与对策》2018年第12期，第17~22页。

[②] 于君博、林丽：《我国城市生活垃圾分类治理模式的交易成本分析》，《中州学刊》2019年第10期，第77~84页。

二 创新资源理论

创新资源理论主要包括资源依赖理论、资源基础理论、资源拼凑理论三个分支。首先是资源依赖理论，该理论认为任何组织都是特定资源的组合体，不可能拥有和生产全部资源，其生存和发展依赖与外部环境进行必要的资源交换。[1] 根据资源依赖理论，组织实现可持续发展和创新，需要从外部获取资源。在产教融合中，高校和企业作为两个主要创新主体，也需要开放式创新，并从外部获取创新资源。在开放式创新中，从外部获取创新资源会产生一些成本，例如知识获取成本、技术转移成本等。此外，关键的、自主可控的资源可能会受到限制，如专利技术、核心技术等。这些资源可能由于专利保护、竞争等而难以获得，对产教融合的创新活动会产生一定的影响。据此，Barney等强调组织所掌握的有价值的、稀缺的、难以模仿并能开发利用的异质性资源能够支撑持续的竞争优势，由此提出了资源基础理论。[2] 就产教融合而言，资源依赖理论强调通过外部环境获得创新资源，资源基础理论强调通过掌握的异质性创新资源维持竞争优势。但无论是对高校还是对企业而言，许多时候，一方面受资源禀赋限制难以提供有价值的可以交换的资源，另一方面不具备维系核心竞争力的异质性资源，必须寻求新的资源理论支持产教融合高质量发展。Baker和Nelson针对资源匮乏情境下创新资源的开发利用提出了资源拼凑理论，其核心要义是优化利用现有资源，通过资源将就利用和资源重构挖掘现有资源的使用价值。[3] 资源拼凑理论强调通过整合和创新现有资源来维持组织的竞争优势和创新发展。该理

---

[1] Pfeffer J., Salancik G. R., *The External Control of Organizations: A Resource Dependence Perspective* (New York: Harper and Row, 1978).

[2] Barney J. B., Ketchen D. J., and Wright M., "The Future of Resource-Based Theory: Revitalization or Decline," *Journal of Management* 37 (2011).

[3] Baker T., Nelson R. E., "Creating Something from Nothing: Resource Construction through Entrepreneurial Bricolage," *Administrative Science Quarterly* 50 (2005).

论涉及三个核心概念。一是现有资源，即组织已经拥有但未被充分挖掘或忽视的资源，可能包括技术、知识、人才、设备、资金等，但由于未被有效利用，没有发挥其价值和潜力。二是资源将就，即强调资源的即兴创新利用，它意味着将现有资源以新的方式组合或利用，以满足组织的需求和实现创新目标。这可能涉及不同资源之间的互补关系，通过资源的灵活组合和整合，实现创新和提高竞争力。三是资源重构，即重新整合和开发现有资源，它强调将现有资源重新配置和转化，以适应组织的战略目标和市场需求。资源重构包括组合不同资源、重新设计业务流程、改变组织结构等，目的是实现创新和增强竞争优势。通过资源拼凑理论，组织可以重新审视和利用现有资源，挖掘其潜力，并通过资源的灵活组合和重构，实现创新和持续发展，强调创造性地利用现有资源，以应对资源限制和缺乏核心竞争力的挑战，并在产教融合中发现和开发新的资源潜力。

从协同创新视角分析，产教融合思想源于"三螺旋"理论，即高校、政府、企业三个创新主体可以通过资源共享实现在功能和结构方面呈现"螺旋上升"的创新溢出效应。[1] 从知识生产方式视角分析，产教融合实质上是多主体协同下的知识生产制度安排，需要人力资源、技术资源、课程与培训资源、实践实训场所资源的深度交换与融合。[2] 由此延伸出两个结论，首先，资源的整合利用是产教融合实现协同创新和知识产出的基础和关键所在，产教融合的创新活动需要通过整合各种资源，包括技术、知识、人力、财务等，实现协同合作和价值创造。其次，无论是微观层面的校企利益共同体还是宏观层面的教育系统与产业系统的耦合，创新都是产教融合的基本职能。产教融合的创新活动不能仅限于点对点层面的合作，还需要将其纳入更广泛的国家创新系统。这

---

[1] 蔡翔、赵娟：《大学—企业—政府协同创新效率及其影响因素研究》，《软科学》2019年第2期，第56~60页。
[2] 胡昌送、张俊平：《高职教育产教融合：本质、模式与路径——基于知识生产方式视角》，《中国高教研究》2019年第4期，第92~97页。

意味着产教融合将成为国家创新战略的一部分，需要将其与其他创新主体和创新网络进行有机连接，构建充满活力、科学运行的复杂创新网络。产教融合创新生态系统可以被理解为政府、企业、高校等创新主体之间相互依赖和共生演进的复杂网络系统，相应地，资源的整合和创新成为系统构建的关键要素。资源的整合涉及各个主体之间的资源共享、互补和交流，而创新则是通过资源的整合和协同，实现新知识、新技术和新产业的创造和发展。

三 产权理论

产权是经济学的核心概念，科斯定理强调在交易费用为零和产权得到充分界定的理想状态下，市场机制可以实现资源配置的帕累托最优。然而，由于现实中交易费用不为零且产权界定存在问题，所以科斯定理的实际应用价值就在于其两个推论。一是交易费用的存在影响资源配置和利用效率。交易费用包括各种与交易相关的成本，如信息搜索成本、谈判成本、执行成本等，交易费用的存在会导致资源配置的效率下降。具体而言，当交易费用较高时，交易参与者可能会因为成本过高而放弃交易，或者资源配置效率会由于信息不对称和谈判困难而下降。因此，降低交易费用、提高交易效率成为重要任务。二是产权界定对资源配置和利用效率产生影响。产权界定指的是对资源归属和使用权的明确界定，如果产权界定不清晰或存在争议，可能会导致资源的浪费和低效利用，因此必须设计产权制度。产权的初始配置也需要成本，通过政府来较为准确地界定初始产权，将优于私人之间通过交易来优化产权的初始配置。[1]除科斯外，新制度经济学派学者也对产权进行了深入研究，德姆塞茨对"公地悲剧"进行了产权视角的诠释，认为公地的公有产权性质决定了个体成员使用土地的成本并非由其单独承担，而是分摊到土

---

[1] 约瑟夫·费尔德、李政军：《科斯定理1-2-3》，《经济社会体制比较》2002年第5期，第72~79页。

地所有共同者身上，由此刺激了个体成员对公地的滥用。① 威廉姆森则从交易成本的视角探讨了产权问题，认为产权保护具有外部性，即一个权利人的产权实现有时会给其他权利人产权施加负担，机会主义导致一部分产权进入公共领域，造成了成本外部化；有限理论决定了不完全契约中产权的不完全性；不确定性影响产权的保护及实现水平。由此决定了交易成本、资源配置和产权实现的关系。② 巴泽尔提出不完全产权理论，在《产权的经济分析》③和《国家理论——经济权利、法律权利与国家范围》④两本著作中，巴泽尔详细阐述了产权的相对性，商品属性、权利分割与公共领域的关系，限制产权与价值最大化，个人在产权领域的作用。马克思也提出了自己的产权理论，马克思认为产权是生产关系的核心表现，需要根据生产力变化而变化，并且产权可以划分为所有权、占有权、使用权、支配权、经营权、索取权、继承权等一系列权利，这些权利既可能集中于某一主体，也可以在不同主体之间分置，但必须置于法律保护的框架下。⑤ 产权是资源交换、商品交易的基础，深刻影响社会资源配置和利用效率。

王为民认为，产权是产学合作推进的关键，正是由于培养产权没有得到明确界定，所以有效的利益分配机制才无法建立，最终导致企业参与校企合作的积极性不高。⑥ 产学合作的多主体性质意味着涉及多方的

---

① 阿妮尔：《再谈草场承包——对德姆塞茨土地产权理论的修正》，《云南社会科学》2020年第1期，第145~150页。
② Williamson O. E., "Markets and Hierarchies: Some Elementary Considerations," *The American Economic Review* 63 (1973).
③ 〔美〕Y. 巴泽尔：《产权的经济分析》，费方域、段毅才译，上海人民出版社，1997，第6页。
④ 〔美〕约拉姆·巴泽尔：《国家理论——经济权利、法律权利与国家范围》，钱勇、曾咏梅译，上海财经大学出版社，2006，第71页。
⑤ 郭铁民：《马克思产权理论与深化供给侧结构性改革》，《福建论坛》（人文社会科学版）2018年第1期，第39~43页。
⑥ 王为民：《产权理论视角下职业教育现代学徒制建设之关键：明晰"培养产权"》，《国家教育行政学院学报》2016年第9期，第21~25页。

资源共有共享，但由于缺乏明确的产权界定，可能导致相关权利人的利益分配存在问题。在产学合作中，高校、企业和其他合作伙伴可能共同贡献资源，如知识、技术、设备、资金等，但各方在资源的拥有权、使用权和收益权等方面的权益分配往往存在不确定性和争议。蔡瑞林和徐伟对产教融合的校企共同体产业学院进行了经济学诠释，认为培养产权始终是不完全的，因此需要借助契约和非契约两种治理手段，通过持续的产权界定提高产业学院资源的配置效率。[①]

从前文新工科产教融合的内涵可以看出，一是产教融合本质上是参与主体为谋求利益进行的资源交易，高校、企业、科研院所、社会组织的使命不同，决定了产教融合构成主体的利益诉求存在显著差异。二是产教融合主要产品或服务的经济属性不同，依据竞争性和排他性，可以发现实践教学具有公共产品属性，原因在于它对学生和社会来说具有广泛的受益性。技术研发与创新创业具有准公共产品属性，因为虽然其受益对象相对有限，但对社会的创新和发展具有重要意义。产业培育则纯粹属于私人产品，其主要受益对象是参与的企业和组织。三是产教融合不是政府主导下的"拉郎配"式组合，而是注重发挥市场机制配置基本公共教育资源的作用。产教融合运行更是强调企业化运作模式，即产教融合倡导各主体间的自愿合作和市场交易，而非强制性的组合。四是由于外部环境或主体合作意愿的变化，产教融合的运行面临风险，其构建与运行存在导入期、成长期、稳定期和衰退期。据此，产教融合包含产权、交易、成本、资源、风险及市场化等特征要素，完全适用新制度经济学产权理论的分析框架，即可以通过对教育资源共享基础上的所有权、使用权、收益权、处置权进行分析，揭示产教融合协同育人的内在机理。

---

① 蔡瑞林、徐伟：《培养产权：校企共同体产业学院建设的关键》，《现代教育管理》2018年第2期，第89~93页。

四 教育治理理论

"治理"一词在中国古代论著中早已有之,《汉书·赵广汉传》中"壹切治理,威名远闻"中的"治理"可诠释为"统治或管理";对比英文"治理"(governance)"引导、控制、管理"的原意,可见内涵大致相同。因此,教育治理首先面临以制度为中心的管理范式,需要建立一套完善的教育制度和政策体系,以规范和引导教育活动,包括教育法律法规、教育计划、教育管理规章等。同时,教育治理也需要坚持教育问题导向,将教育的发展和改革与社会需求和问题紧密结合起来,从解决实际问题的角度出发,承担教育的计划、组织、领导、控制和创新等管理职能。教育治理应该聚焦于提高教育的质量和效果,解决教育中存在的问题和挑战。同时,教育治理需要不断完善和创新教育制度,设计和改进教育政策,建立有效的管理机制和流程,推动教育改革和创新。孙杰远认为,教育治理本质上首先应该归属于政治学范畴,其核心指向的是教育行动权力逻辑的合理性,教育系统内部及教育系统与其他系统的利益问题、权力问题和关系问题。[①] 由此,教育治理并非微观的教学活动组织,也非院校的日常运行,而是着重诠释教育系统与其他系统相互之间的利益、关系与权力问题。李立国和张海生总结了自新中国成立以来教育治理的变迁,认为未来中国教育治理需要置于教育的全球化背景下,着重于如何将制度优势转化为治理效能。[②] 关于教育治理的整体推进方向,王志认为教育治理应被纳入行政法纲要,这需要把握好教育立法与教育规制、教育法治与教育治理、教育法治与教育改革的平

[①] 孙杰远:《教育治理现代化的本质、逻辑与基本问题》,《复旦教育论坛》2020年第1期,第5~11页。

[②] 李立国、张海生:《国家治理视野下的高等教育治理变迁——高等教育治理的变与不变》,《大学教育科学》2020年第1期,第29~36页。

衡①，即通过将教育治理纳入行政法纲要，坚持教育治理的法制化建设，为教育体制改革和教育现代化提供法律保障和制度支持，以确保教育的公正性、质量和效果，提高教育治理的科学性、透明度和可持续性。同时，需要在法制化建设过程中，平衡法律规定的稳定性与教育改革的灵活性，确保法治与教育实践的紧密结合。

教育治理现代化离不开教育治理体系现代化与教育治理能力现代化两个支撑。教育治理体系现代化是将教育治理主体、客体、过程、方式、结果等各方面纳入教育系统，构建协同育人的新格局，使政府、学校和社会资源能够共享。在教育治理主体方面，改变单纯由政府主导的治理格局。现代化的教育治理要求多元主体参与，包括政府、学校、教师、家长、学生、社会组织等，形成合力，共同承担教育治理的责任。在教育治理客体方面，要注重满足社会的多样化需求，关注学生和家庭的个性化需求，提供多样化的教育服务和机会，使每个学生都能够得到平等和优质的教育。在教育治理过程方面，要注重教育管理的科学化、规范化和效率化，引入现代管理理念和技术手段，优化教育资源配置，提升教学质量和效果。在教育治理方式方面，要推动教育方式的创新和多样化，强调学科知识与实践能力的结合，倡导终身学习和跨学科教育，培养学生的综合素质和能力。在教育治理结果方面，要建立科学的评价和监测体系，确保评价指标客观、全面，通过质量保障机制的建立，提高教育质量和公平性，使教育产生良好的社会效益。

新工科同样以立德树人为本，必须以教育治理体系全面引领新工科教育的高质量发展，着力提高教育法治化水平。教育治理应该依法进行，强调规范和合规。各级政府应加强教育法治的建设和监管，确保教育活动符合法律法规的要求。产教融合是新工科教育的重要特点，各级政府在产教融合平台的建设中应体现"放管服相结合"的原则，即各

---

① 王志：《新时代教育治理的行政法治论纲》，《中国高等教育》2019年第22期，第43~45页。

级政府应着重做好产教融合的顶层设计、资源调配、激励政策等相关宏观管理工作。高校作为新工科教育的主要承担者,需要依法依规推进产教融合和协同育人改革,加强内部管理和组织,建立与行业企业合作的机制,推动教育资源的共享和交流,提高教育质量和效果。行业企业和科研机构是新工科教育的重要合作伙伴,应积极参与教育治理。行业企业可以提供实践机会和就业岗位,与高校合作开展教育和科研项目,为教育提供实际应用的支持。Siddiki 等认为,现代教育的多主体参与需要形成"政产学研"多元协同与"政府服务引导、院校自主办学、主体彼此受益、共同监督评价"的协同治理格局。[1]

就教育治理能力现代化而言,即探讨教育政策贯彻执行、教育资源整合利用、教育体系规范运行等层面的管理能力。由此,新工科产教融合治理现代化需要建立和完善相应的制度和政策,明确各方责任和权利。政府在顶层设计中要制定相关法规和政策,为产教融合提供规范和支持。学校和企业也需要建立内部的制度机制,明确各自的角色和责任,确保产教融合顺利推进。另外,新工科产教融合需要适应新经济要求探索大数据治理,优化资源配置,提升人才培养质量,改进协同创新等方面的决策和管理。

小 结

本章首先从协同育人、产教融合、新工科建设、新工科产教融合四个方面进行了相关文献综述。新工科建设旨在培养具有创新能力和适应能力的卓越工程人才,通过深入推进产教融合,将实践和理论相结合,为学生提供更广泛的实践机会和创新平台,培养他们的创新思维和解决

---

[1] Siddiki S. N., Carboni J. L., Koski C., et al., "How Policy Rules Shape the Structure and Performance of Collaborative Governance Arrangements," *Public Administration Review* 75 (2015).

问题的能力。新工科建设需要破除学科、专业、校企等壁垒，实现政产学研等多主体的协同办学。新工科建设也需要各参与主体之间有效合作与协调，共同制订人才培养方案和设置课程，共享资源，并实现优势互补，以提高培养质量。从产教融合视角看，新工科建设需要探索建立一个综合性平台，涵盖协同育人、技术服务、创新创业、产业培育等多个功能。这样的平台可以促进学校与企业和科研机构密切合作，共同开展项目研究和实践活动。学生可以参与真实的工程项目，获得实践经验，并与企业人员和专家进行互动和交流，培养学生的实践能力和创新创业精神。

其次在文献梳理基础上，阐述了文献回顾与研究议题之间的内在逻辑，社会经济变革背景对新工科建设的时代寓意产生了重要影响。在当前社会经济快速发展和科技创新的推动下，新工科建设具有重要的意义和使命，旨在适应和引领时代发展的需求。协同育人和产教融合作为成功经验，对于推进新工科人才培养至关重要。通过协同育人，学校、企业和科研机构等多个主体之间能够充分合作，共同制订人才培养方案和设置课程，分享资源和经验，提高培养质量。产教融合则能够将学校教育与产业需求紧密结合起来，培养符合实际需要的高素质人才。此外，交易成本是产教融合高质量推进的关键所在。在产教融合过程中，各主体之间需要进行合作和资源共享，而交易成本直接影响多主体资源配置和利用效率，降低交易成本能够促进合作顺利进行，提高资源配置和利用的效率。建立综合性平台、制定明确的合作机制和规则、加强沟通和协调等，可以有效降低交易成本，促进产教融合高质量推进。

最后介绍了本书研究所运用的交易成本理论、创新资源理论、产权理论和教育治理理论，分析了这四个理论在本书研究中的适用性。交易成本理论可以帮助分析多主体合作中的交易成本问题，促进资源的有效配置和利用，从而推动产教融合成功实施。创新资源理论关注创新活动中的资源获取和利用，有效获取和利用创新资源，可以培养学生的创新能力，推动新工科建设的创新发展。产权理论关注产权关系对资源配置和利益分配的影响，合理的产权安排，可以激励各方积极参与合作，保护知识产权，实现资源的有效配置和合作的可持续发展。教育治理理论关注教育领域中的组织与治理问题，可以为多主体合作中的组织结构、决策机制和治理模式提供指导和支持，确保合作有效实施和良好运作。综合运用这些理论，可以深入研究新工科建设和产教融合的机制、问题和推进路径，为推动高质量的新工科人才培养提供理论支持和实践指导。

第二章 交易成本视角下新工科产教融合平台治理概述

在第一章文献梳理与相关理论分析基础上,本章首先依据统计数据,总结新工科产教融合的现状和存在的主要问题;在此基础上探讨新工科产教融合推进的平台模式,阐述产教融合平台的内涵、构成主体,分析平台存在的主要问题。最后围绕平台治理,运用交易成本理论,分析新工科产教融合平台治理中交易成本产生的原因和主要构成,指出平台治理的主要问题,探讨平台治理的主要目标和具体切入点。

第一节 新工科产教融合现状及主要问题

一 新工科产教融合的现状

产教融合不仅有利于校企双方实现优势互补、资源共享,而且有利于提高新工科人才培养供给侧和产业需求侧的对接效率。目前,学者们就其影响因素[1]、典型模式[2]、比较研究[3]、绩效评估[4]等开展了深入研

---

[1] 张慧颖、连晓庆、方世杰等:《产学合作障碍:全景式解释模型》,《大学教育科学》2016年第2期,第105~111页。
[2] 赵哲、宋丹、徐琪:《工科优势高校与企业协同育人模式及深化路径——基于辽宁五所省属高校的调查》,《高等工程教育研究》2018年第6期,第65~70页。
[3] 杨九斌:《卓越中的艰难——〈拜杜法案〉后美国研究型大学产学合作关系嬗变》,《外国教育研究》2018年第7期,第3~15页。
[4] 王凯、胡赤弟:《"双一流"建设背景下创新人才培养绩效影响机制的实证分析——以学科—专业—产业链为视角》,《教育研究》2019年第2期,第85~93页。

究。然而，新工科产教融合整体而言仍处于浅层次、自发式、松散型、短期化、低水平阶段，特别是呈现"学校热、企业冷"的特点。因此，一方面需要政府发挥"看得见的手"的主导作用。政府在推动新工科产教融合方面扮演着重要角色，可以制定相关政策、提供经费支持、建立协调机制等，推动产教融合深入发展。政府的主导作用可以促使各参与主体形成合作共识，加强资源整合，推动产学研合作有效进行。另一方面需要激发行业企业参与的内生动力。行业企业应意识到产教融合对于它们自身发展的重要性，并主动参与人才培养。企业可以提供实践基地、提出实际需求、参与课程设计等，与高校共同培养适应行业需求的工程人才。同时，还可以加强与高校在合作研发、技术转移等方面的合作，实现科技创新和产业升级。教育部产学合作协同育人项目（以下简称项目）的初衷是推广校企共建、共管、共育的人才培养模式，完善校企协同育人机制，为经济转型和产业升级构建产教融合良好生态。该项目的实施有助于加大政府的扶持力度，引领高校和企业积极参与产教融合，深入推进产学研合作，为新工科人才培养提供更加适应实际需求的模式和机制。

（一）新工科产教融合现状的数据来源

本书研究数据来源于教育部 2019 年第二批产学合作协同育人项目，该项目首先由教育部高等教育司征集企业的产学合作项目需求，由行业企业进行具体的项目设计并提供配套资金；其次将项目需求公布于教育部产学合作协同育人项目平台，这是一个为高校和企业提供信息交流和合作场所的平台，并动员高校积极申报，高校根据项目需求撰写计划和方案；再次高校提交项目申请，由企业组织项目评审专家对申报项目进行评审，评审专家组根据项目的可行性、创新性和实施计划等进行评估，确定最终项目；最后组织专家团队对完成情况进行评估验收，包括对项目目标的实现、成果的产出以及对教育教学质量的影响等方面的评估。按照混合研究设计思路，本书首先将正式立项的项目信息转化为可操作的数据形式进行编码，其中企业行业参照《国民经济行业分类》（GB/T 4754—2017）进行划分，高校类型分为双一流大学、一流学科建设高校和普通高校三类；其次运用 Excel、SPSS 等统计分析软件，对 10283 项超大样本项目进行描述性统计分析，把握项目整体概况并检验项目是否均衡分布于不同的企业行业和高校类型中，是否存在某些行业或高校类型参与程度较低或较高的情况，并总结存在的问题；最后在实证研究基础上，进一步运用平台经济理论，探讨产教融合协同育人模式优化的理论依据，据此提出可行的对策建议。

（二）新工科产教融合现状的描述性统计

1. 参与企业的行业分析

《国民经济行业分类》（GB/T 4754—2017）共有 20 个门类、97 个大类、473 个中类、1380 个小类，为了简化统计分析，仅按门类进行归类。统计显示，科学研究和技术服务业企业参与度最高，这些企业主要从事研究和试验发展、专业技术服务和科技推广与应用，共计参与 3908 项，占总项目数的 38.0%；其次是教育企业，共计参与 2769 项，占比 26.9%；再次为信息传输、软件和信息技术服务业企业，共计参与 2573 项，占比 25.0%。除了上述 3 个主要行业外，立项数量超过 100 项的行业还包括制造业，租赁和商务服务业，居民、修理和其他服务业，文化、体育和娱乐业，立项数目分别为 284 项、261 项、140 项和 178 项，依次占比 2.8%、2.5%、1.4% 和 1.7%。此外涉及的行业还有电力、热力、燃气及水生产和供应业，建筑业，交通运输、仓储和邮政业，金融业，项目立项均不超过 100 项，占比较低。总体而言，参与行业峰度统计量为 44.5，说明企业分布极其不均衡，特别是农、林、牧、渔业，采矿业，批发和零售业，住宿和餐饮业，房地产业等其他行业均没有企业参与。综上，参与企业部分分布于《国民经济行业分类》（GB/T 4754—2017）门类，样本选择符合研究议题。

就具体参与企业而言，共计 355 家企业参与 10283 项项目，平均每个企业约参与29项。然而各企业参与的项目数同样差异较大，参与项目超过200项的共有2家企业，分别为广州粤嵌通信科技股份有限公司（239项）和北京千锋互联科技有限公司（220项）；参与数量在100~169项的企业包括上海卓越睿新数码科技股份有限公司等11家企业；参与项目数在50~99项的主要有江苏汇博机器人技术股份有限公司、华为技术有限公司等43家标杆企业；此外，山东贝沃信息科技有限公司、上海敏学信息技术有限公司等299家企业的参与项目数均低于50项。图2-1列出了企业参与产学合作协同育人项目的数量分布，其中9项以下的包括山东海蓝教育科技有限公司等83家企业；10~19项的包括浙江山果智能科技有限公司等92家企业；20~29项的包括烟台新天地试验技术有限公司等64家企业；30~39项的包括苏州博达特机电科技有限公司等43家企业；40~49项的包括北京中教仪人工智能科技有限公司等17家企业；50~59项的包括广州市风标电子技术有限公司等19家企业。可见企业之间的参与程度也存在较大的差异。

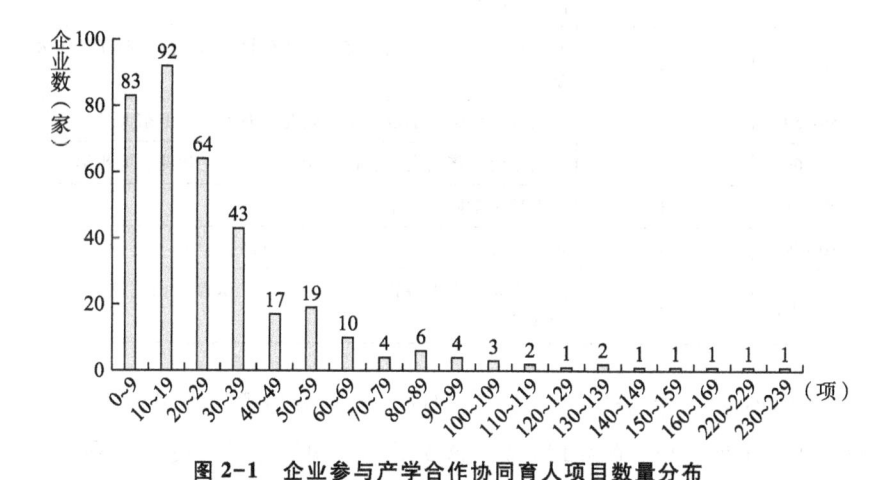

图2-1 企业参与产学合作协同育人项目数量分布

2. 参与高校的类型分析

就参与高校的类型而言，普通高校共计参与8455项，占总立项数的82.2%；一流学科建设高校共计参与948项，占比9.2%；双一流大学共计参与 880 项，占比 8.6%。整体而言，普通高校参与的数量明显多于其他两类高校。与企业相比，高校的参与相对广泛，共计 1024 所高校为 355 家企业提供了 10283 项项目，平均每个高校参与约 10 项。参与项目高校的峰度统计量为 3.072，说明高校之间参与程度同样严重偏离正态分布。换言之，项目在高校之间的分配严重不均衡。表 2-1 为高校参与项目的分布情况。

表 2-1 高校参与产学合作协同育人项目数量分布

单位：项，所

项目数量	对应高校数量	典型高校
0~9	628	苏州大学、湘南学院、燕山大学、北京工商大学、河海大学等
10~19	266	浙江大学、郑州大学、中南大学、安康学院、宁夏大学等
20~29	65	白城师范学院、渤海大学、广州大学、扬州大学、东北大学等
30~39	31	临沂大学、山东财经大学、山东农业工程学院、西华大学、菏泽学院等
40~49	15	北京邮电大学、怀化学院、大连东软信息学院、浙江理工大学等
50~59	4	河南理工大学、烟台大学、湖北工业大学、山东大学
60~69	5	德州学院、济南大学、西京学院、中原工学院、滨州学院
70~79	2	常熟理工学院、哈尔滨工业大学
80~89	3	重庆文理学院、电子科技大学、青岛大学
90 及以上	5	潍坊学院、青岛科技大学、兰州理工大学、山东科技大学、大连民族大学

潍坊学院、青岛科技大学、兰州理工大学参与项目数量位于前三，分别为 131 项、127 项和 123 项，这 3 所高校均为普通高校。95 所一流学科建设高校中共有 78 所参与，东华大学、中国地质大学、南京中医药大学等 17 所高校没有响应此批次产学合作协同育人项目，整体而言一流学科建设高校积极投身产学合作协同育人。42 所双一流大学中除了国防科技大学没有参与外，41 所大学（不包括其独立学院）均不同

程度地参与了项目,其中参与项目较多的是电子科技大学(81项)、哈尔滨工业大学(71项)、山东大学(54项)等。双一流大学共计参与880项,平均每所双一流大学参与21.5项,为所有高校参与平均数(10项)的2倍多,说明双一流大学同样积极参与产学合作协同育人项目。就高校参与产学合作协同育人项目负责人形式来看,采用单独负责人形式的共计8867项,占比86.2%;采用多人合作负责形式的共计1416项,占比13.8%。

3. 参与项目的类型分析

教育部高等教育司产学合作协同育人项目主要分为创新创业教育改革、创新创业联合基金、教学内容和课程体系改革、师资培训、实践条件与实践基地建设、卓越工程人才六种类型。表2-2是高校参与项目情况:创新创业教育改革项目共计717项,其中双一流大学参与36项、一流学科建设高校参与73项、普通高校参与608项;创新创业联合基金项目共计108项,其中双一流大学参与22项、一流学科建设高校参与7项、普通高校参与79项;教学内容和课程体系改革共计3397项,占项目总数的33.0%,其中双一流大学参与406项、一流学科建设高校参与347项、普通高校参与2644项;实践条件与实践基地建设共计3501项,占比为34.0%,其中双一流大学参与215项、一流学科建设高校参与342项、普通高校参与2944项。表2-2还列出了师资培训、卓越工程人才项目在不同高校之间的对应分布。

表2-2 高校参与产学合作协同育人项目类型分布

单位:项

项目类型	双一流大学	一流学科建设高校	普通高校	合计
创新创业教育改革	36	73	608	717
创新创业联合基金	22	7	79	108
教学内容和课程体系改革	406	347	2644	3397
师资培训	111	119	1661	1891

续表

项目类型	双一流大学	一流学科建设高校	普通高校	合计
实践条件与实践基地建设	215	342	2944	3501
卓越工程人才	90	60	519	669
合计	880	948	8455	10283

表 2-3 说明了不同行业企业参与产学合作协同育人项目存在的差异：制造业、教育等行业企业参与最多的是教学内容和课程体系改革项目；科学研究和技术服务业，信息传输、软件和信息技术服务业等行业企业参与最多的是实践条件与实践基地建设项目；创新创业联合基金项目集中于信息传输、软件和信息技术服务业（47 项），说明这一行业企业相对看中创新创业项目蕴含的市场机会；卓越工程人才项目主要集中于科学研究和技术服务业（263 项），信息传输、软件和信息技术服务业（194 项），这两类行业企业占卓越工程人才项目的 68.3%。表 2-3 还显示有 11 个交叉分布为零项，说明了行业企业与产学合作协同育人项目不匹配的情况。

二 新工科产教融合的主要问题

教育部于 2014 年开始实施产学合作协同育人项目，该项目对参与企业成立时间、经营状况、注册资本、行业地位均设置了必要门槛，目的是吸引具有一定实力和影响力的标杆企业积极参与。由于标杆企业在自身行业中具有较高的声誉和地位，其参与将为项目带来先进的技术、管理经验，对于提升项目质量和效果起到积极作用。标杆企业参与产学合作协同育人项目能够带来先进的人才培养模式和经验，也可以为其他企业和高校提供可借鉴的经验和成功模式，推动人才培养模式的改革和创新，以培养适应产业发展需要的应用型、复合型和创新型人才。行业标杆企业具有先进性、示范性和代表性，对整体的产学合作具有较强的示范引领效应。行业标杆企业的参与，可以促进整体产学合作的发展。

第二章 交易成本视角下新工科产教融合平台治理概述

表2-3 企业参与产学合作协同育人项目的行业分布

单位：项

项目类型	制造业	电力、热力、燃气及水生产和供应业	建筑业	交通运输、仓储和邮政业	信息传输、软件和信息技术服务业	金融业	租赁和商务服务业	科学研究和技术服务业	居民服务、修理和其他服务业	教育	文化、体育和娱乐业	合计
创新创业教育改革	41	5	1	0	145	0	3	349	7	159	7	717
创新创业联合基金	20	3	4	0	47	0	0	20	3	11	0	108
教学内容和课程体系改革	121	19	31	8	795	19	55	1154	17	1056	122	3397
师资培训	62	0	13	0	524	11	56	634	56	501	34	1891
实践条件与实践基地建设	37	2	25	4	868	8	119	1488	46	889	15	3501
卓建工程人才	3	6	11	0	194	0	28	263	11	153	0	669
合计	284	35	85	12	2573	38	261	3908	140	2769	178	10283

65

自项目实施以来，华为、德州仪器、艾默生等众多行业企业积极参与，这些企业在各自行业中拥有先进的技术和经验，参与项目能够为高校学生提供实践机会、实训设备和专业指导，促进学生的实践能力和专业素养提升。同时，双一流大学、一流学科建设高校和普通高校也积极响应并参与该项目，与企业合作，推动了高校人才培养与企业发展的共赢。通过行业标杆企业和高校的积极参与，产学合作协同育人项目实现了产学合作的深度融合，使教育和产业之间建立起紧密的联系。高校能够根据行业需求调整教学内容和方法，培养更符合产业需求的人才；企业也能通过与高校合作，获得具备实践能力和创新意识的毕业生，推动企业的发展。但从2019年第二批10283项产学合作协同育人项目的实证分析来看，新工科产教融合还存在以下突出问题。

一是参与的企业仍然非常有限，项目需要由企业提供必要的专项资金，但相对于全国范围内具备实力的企业而言，355家企业数量太少，反映出企业参与的内生动力不足。二是参与企业的行业分布不均，样本显示主要由科学研究和技术服务业等3个行业的企业参与，3个行业的企业参与的项目数累计达9250项，约占总项目数的90%，其余8个行业的企业参与较少，采矿业等许多行业没有企业参与。三是参与企业的地域分布极不均衡，东部沿海地区的企业占比91%以上，中部、西部地区的企业占比不足10%，区域之间存在极大的不平衡。四是参与项目不具有可持续性，即项目由企业主导提出，高校只能在备选项目中遴选，通过点对点的形式进行产学合作协同育人，项目验收即宣告合作终止，不符合可持续深度合作和高校人才成长规律。五是参与高校分布极不均衡，虽然有1024所高校对接项目，但参与项目高校的峰度统计量高达3.072，项目集中在少数高校，参与度相对较高但分布极不均衡。六是缺乏整体协调机制，虽然教育部高等教育司在项目征集、动员申请、项目立项、评审验收等环节，发挥了引导和组织作用，但没有建立有效的协调机制，需要建立参与企业、参与高校、项目对接的协调机制。七是缺乏配套制度供给，项目虽然由教育部高等教育司负责实施，但专项资金由企业自主设立，并没有明确相应的配套资金，也没有出台相应的成果转变、收益分配、风险承担等相关制度。新工科产教融合存在诸多问题，需要通过创新来激活产业系统与教育系统融合发展的内生动力，促进双方资源共享和优势互补。在推进新工科产教融合时，产业系统和教育系统都面临一些挑战：一方面，可能缺乏创新资源，如前沿技术、高级人才等，限制了项目的进一步发展，另一方面，这些系统可能存在丰富的资源，如优质教育资源、实践基地、先进设备等，但未能充分发挥其价值。

第二节　新工科产教融合推进的平台模式

一　新工科产教融合平台的需求逻辑

（一）新工科产教融合推进模式的理论依据

新工科产学合作协同育人项目的出发点是学校的人才培养，即通过教学内容和课程体系改革等六大项目推动高校人才培养改革，但同时项目也具有经济属性，原因如下。一是项目既具有公共产品属性，又具有私人产品属性。六大项目中的教学内容和课程体系改革、师资培训具有典型的公共产品属性；实践条件与实践基地建设、创新创业教育改革项目除了具有公共产品属性外，还涉及生产性实训、创客空间、项目孵化等，兼具竞争性和排他性，因此具有准公共产品属性；创新创业联合基金项目还涉及科技成果归属、转换和新产品孵化，具有私人产品属性。二是专项资金来自企业，即非公共领域的资源投入决定了项目适用于经济学分析框架。项目规定了由企业提供专项资金和软硬件支撑，规定经费投入不少于20万元/批，因此项目的资源横跨教育系统与产业系统，适用于产权、市场、交易等经济学分析框架。经济学分析框架能够解释产教融合项目中的资源配置、投入和交易等经济方面的问题，对资源进行经济分析，可以更好地评估项目的效果和可持续性，优化资源配置，促进产学合作的发展。三是项目的运作具有经济属性，项目的各个环节，包括评审、检查、验收和交流，都是由企业自主组织和主导完成，突出了企业的主体地位。首先，教育部的作用是引导和推动，具体项目的设计和立项则由企业根据其需求和战略进行决策。其次，项目的评审、检查和验收也由企业主导进行。企业组织专家评审团队对项目进行评审，并根据评审结果决定项目的立项和进一步的支持措施。同时，企业还负责对项目的执行情况进行检查和验收，确保项目按照要求完成并达到预期目标。最后，项目还强调企业与教育部、高校之间的交流和合作。通过项目的运作，企业可以与教育部、高校进行深入的交流，分享经验、共享资源，并促进产学合作的进一步发展。上述项目的各个流程均符合市场化运作的经济属性，强调双方的互利和共赢。由此，项目本质上是关注经济模式与办学模式的匹配与协同，因此不仅是教育问题，还是经济问题[①]，可以适用于经济学分析框架。

基于新工科产教融合协同育人的经济属性分析，本书提出项目的平台经济模式，其适用性体现在以下几个方面。一是平台本质上是为各方之间的交易提供一个空间或场所。平台经济模式已经在各个领域得到广泛应用，包括空间租赁、出行服务、金融服务、自媒体平台、物流配送、教育培训等。平台通过连接供需双方，促成交易和资源的共享，提供了高效、便捷的交流和合作机会。校企合作协作育人的本质是高校与企业之间资源的共享与交流。通过校企合作，高校可以将自身的专业知识、教育资源与企业的实际应用场景、行业经验相结合，为学生提供更贴近市场需求的教育培训和实践机会。同时，企业可以借助高校的人才培养体系，获取具备专业知识和实践能力的毕业生，并与高校共同开展

---

① 石伟平、郝天聪：《从校企合作到产教融合——我国职业教育办学模式改革的思维转向》，《教育发展研究》2019年第1期，第1~9页。

研发项目、技术创新等。在这个过程中，借助平台经济模式可以提高资源的共融与共享。二是项目具有开放性，教育部项目平台是为高校提供的一个自主申请项目的平台，通过该平台，高校可以提交项目申请，以获得教育部的支持和资助，开展各种教育、科研和实践项目。项目的开放性体现在高校可以自主选择项目、自主申请，并通过公开透明的评审过程来获取支持和资源。而平台经济模式则更广泛地实现了供需双方的参与和开放，通过信息技术的支持，打破了传统产业的地域和时间限制，将供应商和需求方聚集在一个平台上，允许供需双方自主选择交易对象、自主决定交易条件，并通过平台提供的功能和服务实现快速匹配和交易。因此可以认为，项目的开放性与平台经济模式具有内在的逻辑一致性。三是在校企合作项目中，双方追求互惠与共赢。高校通过与企业合作开发项目，提升师资素养、改善教学质量、培养更符合市场需求的人才。同时，企业也可以通过与高校合作开发项目，实现应用技术的开发、产品培育以及员工的成长与培训，互惠与共赢的合作关系可以促进双方优势资源互补和协同发展。平台经济模式能够促进多方共赢，通过零成本模式实现社会福利的最大化[1]，通过提供一个开放的平台，实现供需双方的快速匹配和交易。借助平台，不同的参与方可以在零成本的基础上进行交易，实现资源的最优配置和社会福利的最大化，因此项目的共赢符合平台经济模式的特征。综上，根据项目的经济属性和运行特点，采用平台经济模式可以更好地实现产学合作资源共享和提高协同育人效率，为高校和企业搭建开放、便捷的合作平台，推动双方资源的共融与共享，加大协同育人的力度，实现更加紧密的产学融合和高效的人才培养。

(二) 新工科产教融合推进的平台经济模式

依据项目介绍与平台经济模式运行特点[2]，图2-2对比了产教融合

---

[1] 〔美〕杰里米·里夫金：《零边际成本社会：一个物联网、合作共赢的新经济时代》，赛迪研究院专家组译，中信出版社，2017，第10页。

[2] 李凌：《平台经济发展与政府管制模式变革》，《经济学家》2015年第7期，第27~34页。

推进的两种模式。图2-2左侧是项目现有模式的运行流程：一是由企业对照教育部产学合作协同育人指南设计项目；二是教育部审核项目，并将项目信息公布在项目平台上；三是教育部组织高校申报，采取竞标模式实现方案的优中选优；四是企业自主组织评审，决定是否对接项目；五是教育部复审后公布项目立项；六是高校实施项目，按期完成既定产学合作项目；七是企业组织检查、验收项目。由此可见，整个项目的资金流、信息流和知识流呈现单向流动特点，项目的发起者和验收者均是企业，学校对接配合，项目按政府引导、企业主导、学校对接的模式运行。

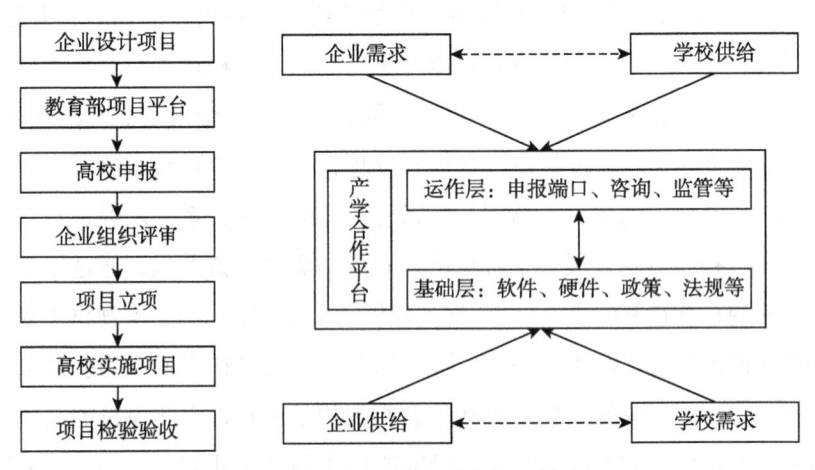

图2-2 新工科产教融合推进模式

图2-2右侧是新工科产教融合推进的平台经济模式，由政府提供的产学合作平台、校企双方共同构成双边市场。其核心是教育行政部门搭建的产学合作平台，该平台主要包括两个部分：一是由软件、硬件、政策、法规等构成的基础层；二是由项目申报端口、咨询与监管等构成的运作层。企业可以将其合作需求信息发布到产学合作平台上，而学校可以在开放的平台上自主选择企业进行对接和资源共享，由此企业需求、学校供给和产学合作平台共同构成双边市场。在这个双边市场中，企业需求的规模会影响学校供给的规模。当企业的需求规模较大时，会吸引

更多的学校参与并提供相应的资源和服务。学校会根据企业的需求规模和特点，调整自身的供给策略，提供更适配的人才培养方案和技术支持等。反之，学校供给规模扩大也会刺激企业需求规模的扩大，形成平台的交叉外部性。同理，学校可以自主在平台上发布其产学合作需求，而企业可以决定是否对接并与学校共享资源，形成由学校需求、企业供给和产学合作平台共同构成的双边市场。学校发布产学合作需求的行为，可以激发企业对合作的兴趣，并扩大企业对于合作的需求规模。通过在平台上发布需求，学校向企业展示了自身的实力、资源和合作意愿，吸引了更多企业的关注和参与。企业看到学校提供的合作机会，可以选择对接并与学校共享资源，以满足自身的需求和实现更好的发展。在这个双边市场中，学校需求和企业供给的相互影响促进了产学合作的良性循环和双方的共同发展。

（三）新工科产教融合推进模式的对比

结合上文总结的 2019 年第二批产学合作协同育人项目存在的七个问题，对现有运行模式与平台经济模式进行比较分析。一是平台经济模式中既可以由企业也可以由学校提出产学合作需求，避免了现有运行模式单纯由企业提出产学合作需求的局限性，更有利于发挥校企在产学合作中的主体作用。二是平台经济模式更容易发挥政府的引导作用，即政府可以通过法规、咨询和监管等更好地发挥引导作用；同时，政府还可以通过精准政策供给，调整产业系统与教育系统之间的融合关系。三是平台经济模式具有外部性，即任何供需一侧的规模扩大都会影响另一侧需供规模的扩大，可以有效扩大校企双方的参与规模，吸引更多的外部资源融入平台创新系统。四是平台经济模式可以引进双边市场定价机制，即可以根据双边市场供需的情况自主决定对接的参与成本，通过更为灵活的价格调整平衡双方的需求，避免了现有模式中单纯由企业提供专项资金的局限性。五是平台经济模式可以突破时间的限制，充分利用"市场看不见的手"配置校企双方资源的对接与融合。六是平台经济模式更具有可持续性，即校企双方不仅可以点对点对接，而且可以利用平台经济模式建立产学合作长效机制；双边市场的福利效应不是"帕累托改进"而是"卡尔多改进"，较现有运行模式极大地提高了协同创新效应。由此，平台经济模式可以有效克服现有运行模式带来的参与企业数量偏少、行业分布不均衡、地域分布不均衡、不具有可持续性、高校分布不均衡、缺乏整体协调机制和缺乏配套制度供给等问题。

二 新工科产教融合平台的内涵

"北京指南"明确了新工科建设的方向和目标。其中，加快建设与行业企业共建共管的产业化学院是一项重要举措，通过与行业企业的合作，提供实践性教育和培训，培养符合产业发展需要的人才。此外，"北京指南"还强调了建设区域共享型人才培养实践平台的重要性，该平台将教育、培训和研究等功能集于一体，为学生提供更丰富的实践机会和资源支持。区域共享型人才培养实践平台，不仅可以为学生提供更多实践锻炼的机会，还能促进高校之间的合作与资源共享，提高人才培养的效果和质量。这些举措旨在推动高等工程教育人才培养模式的创新。高校通过与行业企业的深度合作、实践教育的加强和资源共享，可以更好地培养适应产业发展需要的工程人才，提升学生的实践能力、创新能力和应用能力，进一步促进产学合作的发展。

类似地，《关于深化产教融合的若干意见》（简称《意见》）就新工科学科专业建设提出了方向性指引，强调新工科建设需要适应新一轮科技革命，与时俱进，紧跟科技革命、产业变革和新经济发展的步伐，健全需求导向的人才培养结构调整机制，即新工科建设要更加注重与产业需求对接，针对市场需求和行业发展趋势进行专业设置和课程设计，确保人才培养与市场需求的契合。在人才培养改革方面，《意见》强调推进产教融合协同育人，通过产教融合的方式，加强学校与行业企业、科研院所、社会组织等的合作，使其共同参与人才培养；通过建立合作机制、共享资源、共同开发课程等，促进产学研用协同发展；通过体制机制改革鼓励引入行业企业、科研院所、社会组织参与生产性实习实训基地、创新创业基地、产教融合集团（联盟）、产业学院等新型办学实体建设。在社会服务方面，《意见》要求高校将企业生产一线需求作为工程技术研究选题的重要来源，并通过研究与创新解决实际问题，为企业提供技术支持和解决方案。为了促进产学研用的协同创新，高校应该与企业、科研机构、政府部门等多个主体建立合作关系，共同组建协同创新中心，为产教融合提供一个合作的平台，促进技术交流、资源共享，开展联合研究和开发创新项目。《意见》强调企业是科技成果转化的主体，高校应该积极支持和配合企业进行技术成果的转化和商业化，包括提供专业技术、知识产权保护、市场推广等方面的支持，帮助企业将科技成果转化为实际的产品和服务，推动科技创新的落地和产业化。

至此，高校可以构建一个新工科产教融合平台，其内涵可以界定为：在学校治理结构改革基础上，吸引行业骨干企业、科研院所、社会组织等主体，投入场地、知识、技术、资本、管理等要素，共建共管集实践教学、技术研发、创新创业和产业培育等于一体的综合性平台。通过在平台上进行合作与交流，学校可以获得实践导向的教学经验，培养学生的实践能力和创新意识；科研院所和企业可以与学校共同开展技术研发、创新创业项目，并为学校提供实践机会和资源支持；社会组织可以通过平台参与社会服务和文化传承等活动，推动社会发展和文化传统的传承。由此，形成了人才培养、科学研究、社会服务和文化传承的利益共同体。

由上文可知，实践教学是新工科产教融合平台的基本职能，可通过平台实现工程理论知识与实践的结合，平台提供实践机会和实际项目，学生边学习、边实践、边思考，工程教育人才供给与产业需求的吻合度提高。技术研发与创新创业是新工科产教融合平台的重要职能，新工科产教融合平台鼓励教师和学生参与技术研发和创新创业活动，通过平台提供的资源和支持，教师和学生开展科技研究项目，培养学生的工程创新能力和适应变化的能力，确保高等工程教育的人才培养能够适应新技术、新产业、新业态和新模式的发展需求，并提高教师的综合素养。产业培育是新工科产教融合平台的延伸职能，通过平台提供的创业支持和孵化机制，师生可以将创新成果转化为实际的产业项目，推动科技成果的应用和产业发展，有助于提高师生的创新创业能力，确保新工科支撑和引领新技术、新产业发展。

三 新工科产教融合平台的市场结构

（一）新工科产教融合平台的市场特征

虽然新工科产教融合的参与主体包括政、产、学、研等，但平台的实际构建和主导运作需要由其中某一主体组织。结合实际，目前新工科产教融合平台主要有政府主导型、高校主导型和企业主导型三类。一是政府主导型产教融合平台，平台由政府主导建立，承担产教融合政策的解读与实施、信息发布以及产教融合型企业评审等职责。以山西产教融合网为例，它提供相关政策指导，推动产教融合的实施，并为产教融合型企业提供必要的支持和认证。二是高校主导型产教融合平台，平台由高校主导创办，主要负责科技成果转化、创新创业和校内外创新资源的对接，例如各大学创办的科技园、产教融合中心。它们致力于将高校的科技成果与产业需求对接，促进创新创业。三是企业主导型产教融合平台，平台由企业主导建设，旨在向高校提供教育服务外包、科技成果转化和校企协同技术攻关相关服务。例如江苏振玥鑫智能科技有限公司推出的"校企云"、广东轩辕网络科技股份有限公司打造的产教融合服务平台，平台提供与高校合作的教育服务和技术合作机会。

根据协同创新理论，新工科产教融合平台同样存在规模经济效应，并且具有以下三个特征。首先是交叉网络外部性，按照 Parry 和 Kawakami 的观点，新工科产教融合平台搭建了双边市场，其中创新资源供给方和需求方之间存在交叉网络外部性。[1] 外部性表示一方数量的变化会对另一方数量产生相应的正向或负向影响，可能会导致平台价格的不对称。在双边市场中，供给方提供创新资源（如技术、研究成果等），而需求方则需要这些资源来推动创新和发展。当供给方数量增加时，可用的创新资源增多，可能会吸引更多的需求方加入平台，形成正向的网络外部性。在此情况下，平台可能会提高价格，因为供给方增多而需求方愿意支付更高的费用来获取这些资源。相反，当供给方数量减少时，可用的创新资源减少，可能会导致需求方减少，形成负向的网络外部性。在这种情况下，平台可能会降低价格，以吸引更多的需求方参与，从而增加供给方的数量。因此，正向或负向的交叉网络外部性可能会导致平台价格的不对称，即供需双方对价格的敏感程度不同，这取决于双方的数量变化和其对创新资源的需求程度。

其次是需求差异性，平台参与主体的需求差异会影响平台的规模。如果参与主体可以借助平台双边市场快速有效实现资源的交换与对接，则有助于扩大平台规模。借鉴 Lam 和 Liu 对于平台经济的划分，新工科产教融合平台可以分为功能型和内容型两种类型。[2] 其中，功能型产教融合平台主要聚焦于产教融合科技成果转化等特定职能，平台的目标是提供一种支持机制，促进学术界或实验室的科技成果转化为实际应用。功能型产教融合平台通常提供专业的技术支持、专业知识和相关资源，以帮助产业界更好地利用科技成果，并促进产学研合作的发展。内容型产教融合平台则主要强调参与主体资源的共享共有，是交流和合作的平台，使不同参与方能够分享知识、经验和资源。内容型产教融合平台包括在线教育平台、知识共享平台等，旨在促进教育资源、研究成果和实

---

[1] Parry M. E., Kawakami T., "The Encroachment Speed of Potentially Disruptive Innovations with Indirect Network Externalities: The Case of E-Readers," *Journal of Product Innovation Management* 34 (2017).

[2] Lam C., Liu M., "Demand and Consumer Surplus in the On-Demand Economy: The Case of Ride Sharing," *Social Science Electronic Publishing* 7 (2017).

践经验的互通。无论是功能型产教融合平台还是内容型产教融合平台，需求差异都会直接影响平台的市场结构。需求差异表现为不同参与主体对平台的期望的差异，包括对特定功能或内容的需求、对资源共享的需求以及对交流合作的需求等。需求差异可能会导致平台参与主体的结构和规模不同，以及平台内部合作和交流的形式和频率不同。

最后是用户黏性，即平台参与主体对平台的依赖度或忠诚度，主要包括内容黏性、功能黏性、社交黏性和市场黏性。① 无论是哪类用户黏性，都有助于扩大新工科产教融合平台的规模，提高平台运行的稳定性。平台经营者应该关注并满足参与主体的需求，建立良好的合作关系和信任，进而增强平台的吸引力和竞争力，实现平台的可持续发展。

（二）新工科产教融合平台的市场规模与结构

由于交叉网络外部性、需求差异性和用户黏性影响新工科产教融合平台的市场规模与结构，并且多个平台的同时存在又会削弱单个平台的垄断效应，所以产教融合平台最优的市场结构可能有竞争性垄断市场结构、单寡头竞争性垄断市场结构和分层式垄断竞争市场结构几种类型。随着国家发展改革委等6部门印发《国家产教融合建设试点实施方案》（发改社会〔2019〕1558号），产教融合进入了高质量推进阶段，并明确了依靠"城市承载、行业聚合、企业主体作用"来推进产教融合。在这一背景下，探讨新工科产教融合平台的最优市场结构是非常重要的。这里借助Salop模型初步探讨产教融合平台的市场结构，理由如下。产学研主体参与新工科产教融合平台是一个自主决策过程，不同的平台可以被视为它们购买的产品和服务。产教融合平台之间存在差异，并且分布在产学研主体周围。由于信息技术高度发达，平台之间的空间距离几乎不会影响创新资源的交换和对接；相反，距离更多地体现为参与主体进入平台或在平台之间转移所支付的成本。在产教融合平台的发展过

---

① 姜琪、王璐：《平台经济市场结构决定因素、最优形式与规制启示》，《上海经济研究》2019年第11期，第18~29页。

程中,政府、企业、高校等不同主体主导着不同的平台,每个平台都追求自身的效用和利益。这种多样性和多元性是产教融合平台生态系统的一部分,不同主体主导的平台可以满足其自身的需求,产学研主体可以根据自身需求和目标选择适合的平台参与。政府主导的平台可能提供政策支持和规划指导;企业主导的平台可能提供商业化的服务和技术转化;高校主导的平台可能提供教育培训和学术研究支持。多样性的平台选择有助于满足不同主体的需求,并促进产教融合的协同发展。依据Salop模型[①],本书提出以下3个假设。

假设1:在当前产教融合向纵深推进的过程中存在$N(N \geq 2)$个新工科产教融合平台,这些平台的构建和运行主体包括政府、高校、科研机构、行业企业等;为了充分吸收创新资源,降低彼此间的竞争程度,这些平台等距离分布在一个周长为1单位的Salop圆环上,平台所处的位置用$\frac{m}{N}(m = 1, 2, \cdots, N)$表示。

假设2:新工科产教融合平台参与主体构成双边市场,用户规模用1单位计量,其中平台a侧的主体数量用n_a表示,平台b侧的主体数量用n_b表示;由于存在多个平台,不同产教融合平台上参与主体的数量用n_m^a、n_m^b表示。

假设3:由于存在交叉网络外部效应,即交叉网络外部性影响着平台规模、平台整体福利和参与主体效用,a侧的参与主体规模变化会影响b侧的参与主体规模;用γ表示交叉网络外部性强度,γ越大说明平台一侧参与主体规模对另一侧参与主体规模影响越大。

需求的差异性在新工科产教融合平台中体现为参与主体进入平台的成本和从一个平台转移到另一个平台的转移成本。参与平台是理性主体的自主决策,各参与主体会根据自身的需求和利益考虑是否加入平台,

---

① 袁文榜、赵新良、陈忠全:《基于Salop模型的厂商兼并行为分析》,《运筹与管理》2010年第3期,第161~168页。

并在不同平台之间进行转移。体现在 Salop 圆环上，产学研等主体与某个平台的距离用 d 表示，单位距离的进入成本用 c 表示，则进入平台的成本用 $d \times c$ 表示。因此，$d \times c$ 可以用来表达产学研主体参与不同新工科产教融合平台的综合成本差异。

用户黏性同样影响产学研主体从一个平台到另一个平台的转移成本和效用，用户黏性越大，说明平台在内容、功能、社交和市场等方面对特定主体的影响越大。结合 Salop 圆环，用 φ 表示用户黏性的强度，φ 越大说明平台对特定产学研主体的价值越大，主体在平台的维系就越稳定；$d \times \varphi$ 表示某一主体从一个平台转移至另一个平台所支付的转移成本。

对于在平台 m 和平台 $m+1$ 之间 a 侧的产学研主体而言，设其使用平台 m 所获得的初始效用为 u_0，加入成本为 p_m^a，由于其总效用还包括平台 m 的另一侧的交叉效用和来自平台 $m+1$ 的需求差异性和用户黏性造成的转移成本，则其使用平台 m 所获得的效用为：

$$U_m^a(d_{m,m+1}^a) = u_0 + \gamma n_m^b - p_m^a - c d_{m,m+1}^a - \varphi d_{m,m+1}^a \tag{2-1}$$

可得：

$$U_m^a(d_{m,m+1}^a) = u_0 + \gamma n_m^b - p_m^a - (c+\varphi) d_{m,m+1}^a \tag{2-2}$$

该用户使用平台 $m+1$ 所获得的效用为：

$$U_{m+1}^a(d_{m,m+1}^a) = u_0 + \gamma n_{m+1}^b - p_{m+1}^a - (c+\varphi)\left(\frac{1}{N} - d_{m,m+1}^a\right) \tag{2-3}$$

如果某个产学研主体使用平台 m 和平台 $m+1$ 的效用相等，即 $U_m^a(d_{m,m+1}^a) = U_{m+1}^a(d_{m,m+1}^a)$，可以推导出：

$$d_{m,m+1}^a = \frac{1}{2N} + \frac{\gamma n_m^b - \gamma n_{m+1}^b - p_m^a + p_{m+1}^a}{2(c+\varphi)} \tag{2-4}$$

如果 a 侧的产学研主体选择平台 m 和平台 $m-1$ 的效用相等，那么其使用平台 m 时的规模为：

$$n_m^a = d_{m,m+1}^a + d_{m,m-1}^a = \frac{1}{N} + \frac{2\gamma n_m^b - \gamma n_{m+1}^b - \gamma n_{m-1}^b - 2p_m^a + p_{m+1}^a + p_{m-1}^a}{2(c+\varphi)} \quad (2-5)$$

同理，可以求出 b 侧产学研主体使用 m 平台时的规模：

$$n_m^b = d_{m,m+1}^b + d_{m,m-1}^b = \frac{1}{N} + \frac{2\gamma n_m^a - \gamma n_{m+1}^a - \gamma n_{m-1}^a - 2p_m^b + p_{m+1}^b + p_{m-1}^b}{2(c+\varphi)} \quad (2-6)$$

由于假定特定区域中 N 个新工科产教融合平台在 Salop 圆环上等距离分布，在产教融合市场均衡下，每个平台的加入成本大致相同，即 $p_{m+1}^a = p_{m-1}^a = p^a$，$p_{m+1}^b = p_{m-1}^b = p^b$，每个平台中 a 侧的参与主体和 b 侧的参与主体的规模均为 $\frac{1}{N}$，因此，平台双边主体规模可以表示为：

$$n_m^a = \frac{1}{N} + \frac{2\gamma n_m^b - \frac{2\gamma}{N} - 2p_m^a + 2p^a}{2(c+\varphi)} \quad (2-7)$$

$$n_m^b = \frac{1}{N} + \frac{2\gamma n_m^a - \frac{2\gamma}{N} - 2p_m^b + 2p^b}{2(c+\varphi)} \quad (2-8)$$

由此，可以推导出产教融合平台双边主体规模与交叉网络外部性、需求差异性、用户黏性以及双边市场参与主体加入平台的成本之间的关系，即：

$$n_m^a = \frac{1}{N} + \frac{p^a c + p^a \varphi + p^b \gamma - p_m^b \gamma - p_m^a c - p_m^a \varphi}{(c+\varphi)^2 - \gamma^2} \quad (2-9)$$

$$n_m^b = \frac{1}{N} + \frac{p^b c + p^b \varphi + p^a \gamma - p_m^a \gamma - p_m^b c - p_m^b \varphi}{(c+\varphi)^2 - \gamma^2} \quad (2-10)$$

对于某产教融合平台 m 而言，应确定产学研主体加入平台的最优成本，以使平台 m 的效用最大化，即 $\text{MAX} \pi_m = (p_m^a - \delta)n_m^a + (p_m^b - \delta)n_m^b - f$，其中 δ 为产教融合平台为产学研主体提供服务的平均单位成本，f 为产教融合构建的固定成本。求一阶偏导数使得：

$$\frac{\partial \pi}{\partial p_m^a} = \frac{\partial \pi}{\partial p_m^b} = 0 \qquad (2\text{-}11)$$

由此，求得产教融合平台 m 设置的关于产学研主体参与平台的最优平均成本，分 a、b 两边分别表示：

$$p_m^a = \frac{\delta N + p^a N + c + \varphi - \gamma}{2N} \qquad (2\text{-}12)$$

$$p_m^b = \frac{\delta N + p^b N + c + \varphi - \gamma}{2N} \qquad (2\text{-}13)$$

由于产教融合平台对称均衡，将 $p_m^a = p^a$、$p_m^b = p^b$ 代入式（2-12）和式（2-13）得到：

$$p_m^a = p_m^b = \delta + \frac{c + \varphi - \gamma}{N} \qquad (2\text{-}14)$$

以上优化问题还需满足条件 $c + \varphi - \gamma > 0$，即产学研主体加入产教融合的单位距离成本与用户黏性强度之和大于交叉网络外部性强度，由此得到以下结论。

在产教融合平台双边市场中，产学研主体处于自由竞争状态，这些主体加入产教融合平台的成本不受潜在产学研主体总体规模的影响，只与平台为产学研主体提供服务的平均单位成本、需求差异性造成的距离成本、用户黏性和交叉网络外部性强度有关；特定区域内产教融合平台数量越多竞争越激烈，平台服务价格越低；产学研主体彼此存在资源需求；产教融合平台的主要关注点是供需关系，即产学研主体之间的相互合作与资源交换，而不仅仅是内容的传播和消费。

由于产学研主体加入平台是一个自主决策过程，在此状态下，产教融合平台 m 的利润为 $\pi_m = \frac{2(c + \varphi - \gamma)}{N^2} - f$。从理论上讲，只要存在利润，就有可能出现新的产教融合平台，直到单个平台的利润为零时平台数量达到饱和。令 $\pi_m = 0$，得到利润为零时产教融合平台的饱和数量：

$$N_{饱和} = \sqrt{\frac{2(c+\varphi-\gamma)}{f}} \qquad (2-15)$$

由此得到以下结论，产教融合平台的价值随着平台参与者的增加而增加，即平台的吸引力和影响力与平台参与者的数量相关。当双边网络外部性增强时，较大的平台可以更好地吸引和服务参与者，从而在竞争中获得优势。同时，平台的构建成本也是一个重要因素，较高的构建成本可能会限制平台数量的增加，因为平台的建设和运营需要一定的资源。此外，平台间的差异程度也会影响平台数量，不同平台在定位、服务内容、目标受众等方面的差异可以满足不同参与者的需求，从而形成多样化的平台生态系统。同时，用户黏性也是平台数量增加的推动力之一。如果用户对某个平台有较高的忠诚度和黏性，则他们更倾向于持续使用该平台，从而促进了平台的发展和规模扩大。因此，为了提高产教融合平台的质量和优化平台竞争关系，需要构建侧重点不同、主体功能差异较大的平台。产教融合平台存在合适的结构规模，这一规模是由产教融合创新生态系统的特点和需求决定，只要平台能够获得合理的利润，就自然会有新的平台出现。但是当平台利润降低到零时，可能会出现平台数量的饱和。因此，平台的数量会在适当的规模范围内稳定下来。

第三节 新工科产教融合平台的治理概述

一 新工科产教融合平台的交易成本

（一）新工科产教融合平台交易成本产生的原因

威廉姆森认为，一切社会制度均存在成本，产教融合平台虽然是资源集聚与交换利用的有效制度设计，但同样会产生平台生产运作之外的直接或间接制度运行费用，大致原因包括以下六个。一是平台存在信息不对称，即平台主体之间可能存在信息的不平衡分布。这可能是由于对协同育人、技术服务、创新创业和产业培育等业务活动存在认知差异，也可能是由于平台主体有意隐瞒、歪曲、封锁、掩盖等。这种信息不对称可能导致资源分配不公平，影响参与者之间的合作和协调。二是平台参与主体的有限理性。平台参与主体由于无法掌握所有信息，往往只能基于有限的信息和相对满意原则进行决策。这意味着它们可能无法做出最优决策，从而可能会面临信息不完全和决策风险。这可能会对平台的效率和决策质量产生影响。三是平台运行存在不确定性，即平台运行时受到内外环境变化的影响，面临各种不确定性和风险。例如，经济的波动、政策的变化以及竞争的加剧都可能给平台的发展和运营带来不确定性。这可能会导致平台的计划和预期无法实现，需要灵活应对和调整。四是平台参与主体存在机会主义行为，即相关主体可能出于保护或增加自身利益的考虑，采取一些不诚信的行为，如专利剽窃、偷税漏税、欺诈隐瞒等。这些行为会损害平台的合作和信任关系，可能会导致资源的浪费和效率的降低。五是权限界定不清晰。虽然平台实现了资源的相互融合，但不同主体对于投入的知识、技术、管理等要素的数量和未来价值可能存在异议，这可能会导致权限的争夺和界定不清，影响主体的合作和决策。解决这一问题需要平台建立明确的规则和机制，对资源的归属和权益进行界定和保护。六是资源整合利用技术水平限制。平台对于异质性资源的整合利用技术水平有限，可能无法实现完全理想状态下的优势互补，导致资源的浪费和效率的损失。

（二）新工科产教融合平台交易成本的类型

新制度经济学的理论认为，任何制度设计都会伴随成本，并且成本的高低将影响制度的效率。产教融合平台作为一种制度设计，也面临成本的考量和影响。作为理性主体，产教融合平台的相关参与方会根据预期收益来决定它们参与产学研合作的水平、规模和具体形式。如果预期收益小于预期成本，它们可能会考虑中止合作。这是基于理性的考虑，参与方会权衡成本与收益之间的关系，追求最大化自身利益。在产教融合平台中，成本包括直接成本和间接成本。直接成本包括平台管理费用、维护费用、技术更新费用等，而间接成本可能涉及信息不对称、机会主义行为、权限界定不清晰等问题所带来的经济和合作效率的损失。为了提高产教融合平台的效率，平台管理者和相关参与方可以采取一些措施来降低成本并增加收益。例如，建立监管机制以减少信息不对称，加强合作方之间的信任和合作；优化合同和协议的设计，防范机会主义行为；明确界定各方的权益和责任，减少权限界定不清晰的问题。参考威廉姆森根据交易发生时间对交易成本进行的划分，新工科产教融合平台的交易成本主要包括以下四个。

一是事前交易成本，即参与产学研合作的相关主体为了搭建产教融合平台，对相关合作伙伴进行信息搜索与选择的成本。由于产学研合作伙伴的关系异质性显著负向影响合作绩效[1]，所以无论是产学研等核心主体还是各类中介服务机构，甚至是政府，存在组织目标使命的异质性，都会导致产学研合作存在较高的交易成本。由于各个主体追求的目标和利益不尽相同，所以合作伙伴的选择变得至关重要。为了实现预期的合作效果并规避合作风险，各主体需要进行谨慎的选择，这就产生了信息搜索与选择成本。信息搜索与选择成本包括寻找、筛选和评估合作伙伴所需的成本。不同主体之间可能存在信息不对称，需要花费大量的时间和资源来获取、整理和评估潜在合作伙伴的相关信息。同时，由于异质性的存在，选择最适合的合作伙伴需要进行深入的分析和比较，这也增加了选择成本。

二是事中交易成本。事中交易成本主要包括两个方面的成本，首先是产教融合平台相关主体之间进行信息交流和沟通所需的成本。随着参与主体增多和融合深度的拓展，各个主体之间的沟通成本也会相应增加。这是因为不同主体之间可能存在信息不对称、语言障碍、文化差异等，需要投入较多的时间、资源和精力来进行有效的沟通。此外，沟通

---

[1] 戴勇、胡明溥：《产学研伙伴异质性对合作创新绩效的影响研究——基于组织学习视角》，《高教探索》2016年第1期，第5~10页。

成本还包括组织会议、进行协调和协商等所需的成本。其次是决策成本，即在产学研合作过程中做出决策所需的成本。除投入的直接资本外，相关主体投入的知识、技术、管理等资源往往难以准确定量计算，且利用这些资源存在较大的不确定性。因此，在合作决策时，相关主体需要考虑预期的风险和不确定性，对资源的投入进行合理的评估和决策，这涉及专业知识、经验和决策能力等，这些均增加了事中交易成本。

三是事后交易成本。产教融合平台的运行需要有健全的组织机构、明确的职责划分、科学的激励机制和必要的监督制约。特别是，相关主体可能在信息不对称情景下选择机会主义行为，损害合作方的正当权益，必须进行必要的监督、惩罚和制约。产教融合平台本身需要建立监督机制，规避相关主体攫取不当利益导致的合作诚信体系的破坏，包括监测和评估合作方的行为，确保其遵守合作协议和规范。对于违反合作规定或利用不对称信息谋取私利的行为，可以采取相应的惩罚措施，以确保合作的公平和诚信。此外，政府在产教融合领域也扮演着重要角色，政府出台财税、知识产权等相关政策法规，旨在规范和引导合作的进行。这些政策法规可以提供公共品、建立市场准入门槛、保护知识产权等，从而减少机会主义行为的发生。然而，制定这些政策法规也会产生公共政策成本，包括资源投入、执行监管等方面的成本。

四是其他交易成本。产教融合平台运行中还会产生其他交易成本，首先是寻租成本。在信息不对称下，产学研相关主体均有可能利用权力谋取私利。由于平台存在多重委托代理关系，相关主体可能会滥用职权或违背合作协议，以获取不当的利益。这种行为不仅会导致资源的浪费和分配不公平，还会破坏平台的合作环境和信任关系。其次是违约成本，即在合作过程中，由于各种因素导致合作方提前中止合作而产生的成本。在产教融合平台的构建期、成长期、成熟期和衰退期，合作方均会面临预期收益递减、资源投入无法收回等情况，导致它们选择终止合作。这种违约行为会导致合作方之间的信任受损，使合作关系不稳定，产生额外的交易成本。最后是机会主义成本。机会主义主要指平台相关主体不当行为所带来的损失和交易成本。尽管存在监督制约，某些主体仍然可能采取不当行为，试图从合作中获得个人私利。机会主义行为不仅会对其他合作方造成损害，还会破坏合作的诚信和稳定性，进一步增加交易成本。

二 新工科产教融合平台的集体主义困境

新工科产教融合平台促进教育链、人才链与产业链、创新链的有机衔接，因此产教融合不仅是教育问题，而且是关系产业转型升级和创新发展的经济问题。[①] 新工科产教融合平台的发展突破了传统的校企合作模式，并转向了虚实相融的多边平台经济模式。然而，这样的转变也带来了一些问题。首先，一些机构或个体参与产教融合平台并不是为了推动共同发展，而是为了谋取自身利益，可能存在一些不诚实的行为。这些机构或个体可能只是表面上参与平台，并没有为平台的发展做出实质性贡献，甚至可能通过不正当手段获取平台资源，这对于整个产教融合平台的发展是不利的。其次，一些参与个体存在短视化和浅层次思维，它们可能只注重眼前的利益，而忽视了长期发展和集体利益。这种短视行为可能导致产教融合平台的长期发展受到限制，无法实现可持续发展。此外，由于产教融合涉及多个利益相关方，个体与集体之间的利益纠葛是难以避免的。每个参与方都有自己的诉求和利益追求，很难找到一个兼顾各方利益的协调机制，这可能导致协作过程中存在矛盾和冲突，进而影响平台的整体运作效果。据此，本书将新工科产教融合平台运行中"搭便车"式的机会主义、有限理性主体的产权纷争和个体与集体的利益平衡矛盾三重影响下的多主体协同负面因素概括为集体主义

[①] 石伟平、郝天聪：《从校企合作到产教融合：我国职业教育办学模式改革的思维转向》，《教育发展研究》2019年第1期，第1~9页。

困境，其主要表现为以下三个方面。

第一，机会主义下的虚幻化合作困境。目前三螺旋理论通常被用来解释多主体协作下产教融合的知识溢出效应，但理论应用的前提是产学研主体之间能够真正相互促进并实现知识的对等高效衔接。[①] 换言之，如果产学研中的某一方对其他合作方没有真正的协作价值，那么三螺旋理论所期望的溢出效应就难以实现。这可能会导致合作方之间的能力和利益失衡，影响合作的效果和动力。对于许多高校而言，学科专业建设、人才培养质量和技术攻关能力需要与行业企业需求和产业转型升级要求相适应，所以高校要及时了解行业发展趋势和需求变化，并相应地调整专业设置和课程体系，以培养符合行业要求的人才。如果高校不能及时适应变化，可能会导致合作能力失衡，使行业企业参与产教融合的内在驱动力减弱。此外，即使在政府的主导下实现的产学研合作，也难以形成真正的利益共同体，这可能是因为各合作方之间存在不同的目标、利益和动机，导致合作过程中的利益分配和权力平衡存在问题。政府的角色是协调各方的利益，但在实践中，解决这些问题并不容易，需要各方共同努力，建立有效的沟通和协商机制。事实上，协同创新需要能动的地方政府、宽松的系统耦合、去中心化和制度化的治理过程作为保障，特别是要化解政府内置规则对创新的抑制影响。[②] 真正的产教融合利益共同体存在两个关键因素，一是充分体现个体的真实参与意愿。真实的参与意愿意味着各参与方自愿参与合作，并对合作过程和结果有真正的兴趣。如果有参与方被迫参与，或者参与方对合作没有真实的动力和承诺，那么建立起来的合作关系可能是虚幻的，难以实现真正的利益共享和持续的合作。二是尊重参与方的利益和情感。不同的参与方有

[①] 许长青：《三螺旋模型的政策运用、理论反思与结构调整》，《高等工程教育研究》2019年第1期，第121~128页。
[②] 戴祥玉：《地方政府治理创新自我推进机制研究——基于复杂适应系统理论视角》，博士学位论文，南京农业大学，2019，第85页。

着各自的利益诉求和情感需求，这些需要得到尊重和平衡。在多主体利益博弈、信息不对称和体制机制不健全的情况下，合作存在道德风险、逆向选择、敲竹杠和违约等机会主义行为。这些行为会导致合作关系破裂，损害参与方的利益和情感，导致虚幻化的合作困境。

第二，产权纷争下的形式化合作困境。产教融合需要产学研主体投入知识、技术、管理等异质性资源，实现资源共有、利益共享和风险共担。产教融合蕴含产权、交易、成本、资源及市场化等所有特征要素，使得产权问题成为推进建设的关键。由于参与主体投入的资源要素的产权很难清晰界定，且难以准确测算投入资源要素产生的预期价值，所以产权往往是不完全的；虽然产教融合推进中进行了相关体制机制创新，但产权的不完全必然带来公正内涵的偏离，无法避免实际控制权的争夺，由此决定了主体通常是在"不公正的自我感知"中彼此妥协或迁就。产教融合中，资源的共有、利益的共享和风险的共担是基于合作方之间的互动和协商。然而，由于资源要素产权的不完全，合作方在资源配置和利益分配方面可能出现争夺和不公正的情况，这可能会导致主体之间的妥协或迁就，以维持合作的进行，但也可能会带来利益分配的不公和合作动力的减弱。此外，教育、科技、国资、税务等产教融合政府管理部门均按照各自的规范要求履行相应的监管职责，这些规范要求甚至并不一致，加剧了参与主体的不公正感。产权的纷争造成产教融合的短视化或浅层次，最终导致形式化的合作困境。

第三，个体利益与集体利益纷争下的功利化合作困境。产教融合主要由教育系统、产业系统两大系统构成，教育系统以"以学生为中心"为育人目标，注重培养学生的全面素质和挖掘学生的潜能，并以"以公平为主导"为行动准则，强调个体的发展和机会公平。而产业系统则以盈利和获得竞争优势为发展目标，更关注实际技能和市场需求，注重效率和经济效益，并以效率优先的行动准则为导向。产教融合参与主体在产权属性、运行机制、行为准则、价值观念、目标使命等方面均存在显著差异，导致对功利使命的理解存在差异①，造成个体利益与集体利益的冲突。特别是，产教融合主体原本各自秉持的功利使命会受到异己力量的支配而产生偏离，处于弱势地位的主体可能难以有效主张自身的利益，因为它们可能缺乏谈判能力、资源优势或相应的权力地位，导致它们更容易受到强势主体的支配和利益分配的不公平。在这样的情况下，弱势主体可能会失去对产教融合的初始目标和诉求的控制，从而导致合作的偏离和失衡。相对而言，处于强势地位的主体可能会利用其优势地位，获取更多的利益，甚至获取超出合作契约所明确的范围的利益。由此，功利化目标冲突和功利化方向偏离带来了产教融合的合作困境。

综上，新工科产教融合平台有助于提高异质性资源存量、资源流量的对接效率，产教融合正从单一校企合作项目、单一职能平台向创新生态转变。传统的校企合作往往以单一项目为基础，而新工科产教融合平台则更加注重创新生态的构建和协同创新的实现。但虚幻化、形式化和功利化的集体主义困境使得目前的产教融合平台没有发挥出应有的协同效应。一些学者从产业体系与教育体系内在矛盾、产权属性与利益分割等视角进行了深度剖析，对于促进产教融合的"真融"与"真合"具有积极意义。新制度经济学交易成本理论被广泛应用于多主体合作的社会经济问题研究，本书将产教融合置于交易成本理论的分析框架下，进行理论诠释和实证检验，可以帮助我们识别和解决产教融合中存在的合作困境，制定相应的政策和措施，提高产教融合的整体效益，推动产教融合的发展和实现真正的协同效应。

三 新工科产教融合平台治理的现实依据

（一）新工科产教融合平台治理的主体

新工科建设强调"以学生为中心、关注教师和学生两个主体"的

---

① 庄西真：《产教融合的内在矛盾与解决策略》，《中国高教研究》2018年第9期，第81~86页。

原则，通过跨专业、跨校、跨产学研构建产教融合平台，可以促进工程人才培养与市场需求的匹配，优化工程人才的知识体系。在产教融合平台中，优化课程体系、采用现代信息技术、改革教学方法与手段是重要的措施。优化课程体系可以使课程更贴近实际需求，培养学生的实践能力和创新意识，采用现代信息技术可以为学生提供更多的学习资源和更广阔的交流平台，促进跨界合作与创新；改革教学方法与手段可以激发学生的学习兴趣，培养学生的解决问题的能力和团队合作能力。此外，产教融合平台还应注重培养学生的创新创业能力，关注学生的实际需求和发展潜力，通过聚焦学生的"动手"能力，鼓励学生参与实践项目、创新竞赛等活动，培养他们的实际操作和创新能力，为他们的可持续发展奠定基础。新工科产教融合平台的核心主体包括高校、科研院所、行业企业等，高校在平台中发挥着教育和培养人才的作用，科研院所负责科研和技术支持，行业企业则提供实践场景和市场需求。此外，由于平台的构建往往离不开政府的引导，并且政府有时也为平台投入科研经费等公共资源，所以政府通常也是平台的构成主体。不仅如此，平台的运行离不开工商注册、财税金融、法律咨询、知识产权、技术交易、人事代理等相关服务机构的参与，这些服务机构同样构成平台的外围主体。据此，平台集聚了不同性质的创新资源，主体之间相互形成网络型创新组织结构，共同聚集和整合各种创新资源。

  过往多主体协同育人强调突出"教师"和"学生"两个主体[1]，然而既有的教育教学"双主体论"在新工科产教融合平台中并不适用，原因有以下两个。一是"双主体论"弱化了教育的主体和被教育的主体，容易导致教育教学主体作用的异化。二是"双主体论"多运用在教育教学领域，而新工科产教融合平台实现了教育系统与产业系统甚至科研系统的融合，必须突出各系统的主体地位。为了凸显各主体地位，

---

[1] 向文波：《校企双主体育人模式探究与实践》，《中国高等教育》2019年第10期，第19~21页。

同时保证其彼此协同和平台稳健运行，新工科产教融合平台需要建立较为稳定的治理体系，董事会、理事会、监事会以及其他相关职能部门的设立可以提供一种稳定的治理结构，协调各个主体的利益，并负责管理资源、监督运行等任务，从而实现平台的有效运作。实践证明，借鉴现代企业治理模式是一个行之有效的方法，可以帮助平台管理主体之间的权责关系。这种模式强调透明度、责任和合作，有助于平衡各主体之间的利益，避免权力滥用和冲突，并促进协同合作和共同发展。然而，新工科产教融合平台并非完美无缺，随着平台规模的扩大和合作的深入，可能会出现一系列问题，包括合作制度成本的增加、合作主体之间的利益纷争、合作主体的退出，甚至可能出现平台解散和清算等情况。这些问题源于合作的复杂性和多样性，涉及不同主体之间的利益关系、权力分配、合作机制等。在实践中，合作主体之间可能存在信息不对称、合作成本不均衡、合作目标不同等问题，可能会导致集体主义困境的产生。

（二）新工科产教融合平台的产权交融

根据《民法通则》，新工科产教融合平台作为具有法人资格的组织，在法律上享有独立的权利和应承担相应的义务。实践教学是平台最根本的职能，它通过将理论知识与实际应用相结合，为学生提供实践机会和实际操作的平台，培养他们的解决实际问题的能力和创新能力。除了实践教学，技术研发与创新创业也是新工科产教融合平台的重要职能。平台致力于开展技术研发和创新创业活动，主要关注产业的关键技术、核心工艺和共性需求，在与产业界紧密合作的基础上，推动技术的创新和应用，为产业发展提供支持和引领。此外，产业培育也是新工科产教融合平台的延伸职能。通过与市场的深度对接，平台进一步接近实际产业需求，通过培育新兴产业和支持创业企业的发展，促进创业链和产业链的形成和发展，推动地方产业升级和经济发展。新工科产教融合平台需要设立董事会、理事会和相关职能部门，将高校治理模式与企业化运行有机结合，以有效强化企业主体作用和提升平台的管理效能。为此，平台需要坚持"高校主体、企业运营"模式，以高校为主体，充分利用高校的教育资源和学术力量，同时引入企业运营的管理机制和经验，实现高校与企业的良好合作与协同发展；坚持多主体共同努力，使高校、企业、科研院所等形成合力，共同推动平台的发展和运行；坚持服务与发展相结合，充分满足产业的需求，同时促进平台自身的不断发展和提升；坚持硬软件建设同步推进，包括基础设施建设、技术装备的引进和更新，以及人员培训、管理机制等软件方面的建设，确保平台全面运作；坚持"产学研用"相结合，将产业、学校、科研机构和应用领域紧密结合起来，实现产学研用的有机融合，促进科研成果的转化和应用，推动创新和产业发展；坚持资源共享和示范辐射，鼓励各参与主体之间进行资源共享和协作，形成合力，同时通过示范效应辐射带动周边地区和产业链发展。然而正如上文所言，产学研合作平台作为创新资源的集成、交换和对接的载体，涉及产权的分配和管理，不同主体在合作过程中投入了各自的资源，包括知识、技术、资金等，因此产权问题成为合作中关键的议题之一。

新工科产教融合平台需要建立科学的运行机制，即通过组织结构、职责划分、业务流程、激励约束等相关制度设计，保障平台的稳健运行。制度经济学强调制度对经济行为的影响和约束作用，将制度视为规则和规范的集合，认为一切制度都可以放置在产权分析框架内。在新工科产教融合平台的情境中，利用产权分析框架可以理解和解决平台运行中涉及的产权问题，通过明确各主体在平台中的权利和责任，可以建立清晰的合作关系和约束机制，促进平台稳健运行。这里的产权，可以理解为人们支配某种有价值的资源的权利，是决定人们获得或使用诸种资源所必须遵循的规则。[1] 无论是高校还是科研院所，无论是企业还是社会组织，虽然其彼此的使命存在差异，但都追求资源利用预期产权的最

---

[1] 卢现祥、朱巧玲主编《新制度经济学》（第二版），北京大学出版社，2007，第87页。

大化，从这个意义上讲，新工科产教融合平台的构建主体均符合理性主体假设。新工科产教融合平台是多主体资源共享基础上的利益共同体，在融合之前，各主体拥有相互分置的产权，且它们在平台上的资源彼此独立。然而，由于各主体之间存在优势互补的情况，它们会寻求通过资源整合来实现预期效用的最大化。新工科产教融合平台为知识、技术、资本、管理等异质性资源的融合提供了机会，碎片化的异质性资源通过复杂的非线性作用产生协同效应，从而创造出更大的价值。也就是说，正是新工科产教融合平台有效填补了各主体之间的空白地带，借助产教融合实现了资源共享的正外部性，促进了产权的相互交融。

四 新工科产教融合平台治理的主要目标

(一) 新工科产教融合平台的治理范式

范式是指某一学科或领域在特定历史阶段下形成的共同信念、共同研究范围以及共同理论框架[1]；由此，范式具有历史阶段性、相对稳定性和持续性。在工业发展的资本雇佣劳动阶段，财务资本在公司治理范式中扮演核心角色，即财务资本所有者可以对公司的决策进行直接影响和控制，对公司的经营决策和战略方向产生重要影响；围绕内部人控制、委托代理困境和经理人与股东激励等难点，形成了财务资本掌握控制权、股东利益最大化、同股同权等共同遵守的信念与原则。财务资本主导的治理范式具有广泛的实践与理论支撑，包括"财务资本—监督地位—控制权"逻辑、"财务资本—资产专用性—剩余控制权"逻辑、"财务资本—不完全契约—剩余控制权"逻辑等。[2] 随着工业经济向知识经济过渡，传统的财务资本治理范式受到一些挑战。一是资本雇佣劳动信念受到了质疑。这是因为智力资本的稀缺性日益凸显，智力资本成

---

[1] Kuhn T. S., *The Structure of Scientific Revolutions* (Chicago: University of Chicago Press, 1962).
[2] Hart O. D., Moore J., "Property Rights and the Nature of the Firm," *Journal of Political Economy* 98 (1990).

为创造和创新的驱动力，并且在许多行业和领域中具有稀缺性。相比之下，财务资本风险承担能力明显降低，虽然财务资本在过去的经济发展中扮演了重要角色，但在当前的经济环境中，财务资本的风险承担能力可能受到限制，智力资本的价值贡献逐渐高于财务资本。[①] 二是股东利益最大化目标被质疑。这是因为股东有其无法摆脱的自利性和短视性缺陷，一方面，股东通常关注的是他们在公司中的投资回报，可能更倾向于追求短期的利润最大化，以获取即时的经济回报。这种短期主义可能导致他们忽视了公司的长期发展、可持续性和其他利益相关者的影响。另一方面，股东之间的利益可能存在冲突。例如，大股东可能会追求自身利益最大化，而小股东则可能受到较少的关注，导致公司决策偏向于满足少数股东的利益，而不是全体利益相关者的利益。利益相关者共同利益最大化相对更为优先，因此利益相关者参与治理越来越得到认可和支持。三是同股同权原则受到了质疑。这是因为同股同权原则在某些情况下可能损害利益相关者的权益，特别是在兼并、收购和清算等情况下。该原则认为，不同股东所持有的相同股份应享有相同的权益和治理权力，但这可能导致少数股东的权益被忽视，从而损害他们的利益。

与此同时，随着知识经济和人工智能时代的到来，知识资本（知识、技能、创新能力）的价值和话语权日益受到重视，成为推动经济增长和创新的关键因素，智力资本治理范式也越来越适应时代发展。需要指出的是，要从"人"的角度而非诸如技术、产品等"物"的角度去认识智力资本，智力资本逐渐替代财务资本掌握组织的控制权。新工科产教融合平台创新资源交换和对接的性质，协同育人、科技成果转化、创新创业、产业培育等职能，共同决定了必须坚持智力资本治理范式。在智力资本治理范式下，平台的控制权不仅仅由所有权决定，还需要从知识权威、创新资源、社会资本等多个方面综合考虑。这意味着掌握平

---

① Nuryaman N., "The Influence of Intellectual Capital on the Firm's Value with the Financial Performance as Intervening Variable," *Procedia-Social and Behavioral Sciences* 211 (2015).

台的控制权需要依赖智力资本或知识权威，而不仅仅是资本。这种控制权的重新定义和重新分配可以更好地适应平台的性质和需求。此外，平台的治理结构也需要考虑控制权、监督权、收益权、分配权等一系列产权的设计。这样的设计可以确保平台的各个利益相关者能够参与决策和权益分配，并且接受治理结构。平台治理结构的设计应该平衡各方的权益，并为各利益相关者提供适当的参与和监督机制。

（二）治理范式转变下平台治理的主要目标

智力资本治理范式取代财务资本治理范式的根本动力是科学技术的发展，然而这并非意味着财务资本治理范式的消失，事实上，两种治理范式是相互作用、相互影响的，只是在知识经济时代智力资本的地位和影响更加突出。在治理范式转变下，新工科产教融合平台治理目标可以归结为平台价值的最大化，不仅包括平台参与者自身价值，还包括平台利益相关者的社会价值，具体包括以下几个方面。

一是降低平台的交易成本。平台的存在有效地填补了产学研主体之间的空白地带，提供了资源整合和交换的机会。作为理性主体，参与主体间的合作是为了谋求自身的价值和利益。在这个过程中，交易成本起着关键的作用，因为高交易成本会限制合作的效率和范围，不利于利益的实现。降低交易成本是实现产学研等主体的价值和利益的重要途径。降低信息不对称、减少合作障碍、简化合作流程等方式，可以有效降低交易成本。平台可以提供信息共享、信任建立、合作协调等支持，以减少主体间的谈判和协商成本。

二是平台的产权治理。在平台实现知识、技术、资本和管理等异质性资源的融合过程中，产权的安排和控制权的归属起着关键作用。在财务资本治理范式下，资本所有权通常决定了对平台的控制权。资本所有者拥有投入资本的权利，其价值利益与平台的发展和盈利紧密相关。资本所有者通过资本投入获得股权，并享有根据股权比例参与决策和分配收益的权利。财务资本治理范式强调股东利益最大化，并以股权作为决定控制权的主要依据。在智力资本治理范式下，控制权的归属可能更加复杂，不仅仅由资本所有权所决定，智力资本的贡献和创新能力在平台的价值创造中也发挥着重要作用，因此智力资本的掌握者，如知识权威和创新资源提供者，也可能在平台的控制权决定中扮演重要角色。在智力资本治理范式下，控制权的归属需要从更广泛的角度考虑，包括知识权威、创新资源、社会资本等综合因素。无论是在财务资本治理范式下还是在智力资本治理范式下，产权所有者的价值利益都是重要的。其对平台的控制权决定了资源的配置，直接影响平台的发展和绩效。根据前文平台的产权交融理论基础，必须动态界定相关主体的产权，把产权治理作为平台的主要目标。

三是平台参与者的行为决策。智力资本治理范式秉承"以人为本"的治理思想，一方面需要"以人为中心"建立智力资本控制权的实现机制。平台需要将人的因素置于核心位置，充分重视智力资本的贡献和创新能力，建立合理的激励机制，以激发参与者的积极性和创造力。同时，平台还应提供良好的工作环境和发展机会，支持参与者的成长，以促进协同创新和协同育人的实现。另一方面需要建立智力资本控制权的监督机制，避免机会主义行为和不当行为对平台和参与者利益的负向影响。监督机制包括建立有效的内部监控和管理体系，确保参与者的行为符合规范和道德标准。此外，外部监督和评估机制也可以起到监督的作用，例如独立审计、第三方评估等，以确保参与者的行为透明和合规。

四是平台的稳定性。平台利益相关者的社会价值的实现需要稳健和可持续的产教融合，新工科产教融合平台的成功与发展离不开产学研各方的紧密合作与协同创新。平台的产教融合，可以促进知识、技术和实践的共享，培养具备创新能力和实践能力的人才，推动科技成果的转化和产业发展。这种稳健和可持续的产教融合需要建立良好的合作机制、协调机制和长期的合作关系，以确保各利益相关者能够共同追求社会价值的实现。此外，智力资本治理范式确实需要建立延续和传承机制、激励和约束机制。延续和传承机制可以确保智力资本的持续发展和传承，使平台能够持续吸引和留住具有高水平智力资本的参与者。同时，激励和约束机制可以有效激发智力资本拥有者的积极性和创造力，同时避免机会主义和不当行为对平台的负面影响。

小　结

首先利用教育部2019年第二批10283项产学合作协同育人项目的大样本数据，描述新工科产教融合推进现状，总结存在的主要问题。为了更好更快地推进产教融合，需要借助平台经济模式，构建集实践教学、技术研发、创新创业、产业培育于一体的综合性平台。新工科产教融合平台包括政、产、学、研等主体，这些主体根据自身利益诉求和资源优势，选择加入产教融合平台以获取协同效应和共享资源的机会。平台的构建与发展需要各主体的积极参与和合作，以实现产教融合的目标和效益。

此外，新工科产教融合平台也具备规模经济效应、交叉网络外部性、需求差异性和用户黏性等特点。规模经济效应指的是，随着参与者和资源的增加，平台可以实现成本的降低和效益的增加。交叉网络外部性意味着平台上的不同主体之间的互动和合作可以带来额外的价值和效益，形成正向的网络效应。需求差异性指的是，平台吸引不同领域、不同专业的参与者，形成多样化的资源和能力，增强平台的综合竞争力。用户黏性表示平台能够吸引和留住参与者，形成稳定的用户群体，进一步增强平台的影响力和可持续发展能力。借助Salop模型进行分析，发现产教融合主体加入平台的成本受平台为产学研主体提供服务的平均单位成本、需求差异性造成的距离成本、用户黏性和交叉网络外部性强度共同影响；产教融合平台存在合适的规模，双边网络外部性的增强和平台构建固定成本的增加均会导致平台数量的减少，而平台间的差异程度和用户黏性则会正向影响平台数量。

当前，平台主要面临降低交易成本和化解集体主义困境两大治理难题，综合考虑平台性质、平台职能、平台主体、平台产权等理论基础，需要摒弃传统的财务资本治理范式，将智力资本治理范式作为平台治理的主导范式。智力资本治理范式注重以人为本，以知识和创新为核心，强调协同创新和协同育人。在智力资本治理范式下，平台的控制权不仅仅由财务资本所有权来决定，还需要考虑知识权威、创新资源、社会资本等方面的综合因素。此外，为了实现平台价值最大化的治理目标，需要解决交易成本治理、产权治理、合作主体行为治理和平台稳定性治理等具体问题。

第三章 交易成本视角下新工科产教融合平台的产权分析

第二章阐述了新工科产教融合的现状及主要问题、平台的内涵及市场结构，剖析了平台治理面临的两大问题，提出了平台智力资本的治理范式，明确了平台治理目标。本章在第二章基础上，聚焦新工科产教融合平台的产权，剖析交易成本视角下产权的不完全性，探讨产权不完全性对交易成本、准租金争夺的负面影响。此外，由于产权是产学研主体参与产教融合平台的核心问题，根据平台参与主体投入的产权，探讨合作收益分配，并且提出通过产权治理，提高平台运行效能。

第一节 产教融合平台的产权特性

一 产教融合平台产权的不完全性

（一）巴泽尔产权不完全理论的内涵

新制度经济学的创始人科斯强调，产权需要清晰界定，并且初始权利的配置应该寻求有利于提升社会总福利水平的配置方式。[1] 从这个意义上看，新工科产教融合平台的产权需要界定，一些学者也认为明确产权是产学研协同育人的关键。[2] 然而，产权理论的另一位学术泰斗经济

---

[1] Coase R. H., "The Problem of Social Cost," *The Journal of Law and Economics* 56 (2013).
[2] 王为民：《产权理论视角下职业教育现代学徒制建设之关键：明晰"培养产权"》，《国家教育行政学院学报》2016年第9期，第21~25页。

学家巴泽尔认为，产权是相对的且不完全的，他在《产权的经济分析》和《国家理论》两本著作中详细探讨了产权的性质和特征。根据巴泽尔的观点，产权可以分为经济权利和法律权利两种类型。经济权利是指个体或组织对经济获利的预测性术语，即拥有和控制资源所能获得的收益。法律权利则是指在法律意义上对资产的索取权，即拥有和使用财产的法律规定和保护。然而，巴泽尔认为，由于权利的转让、获取和保持都需要承担一定的交易成本，所以产权是相对的和不完全的。产权的相对性指的是不同个体或组织之间对资源的所有权存在差异，而产权的不完全性则强调了权利的不确定性和限制。巴泽尔还利用商品（资源）的多属性分割论证其不完全产权理论。他认为，商品具有多种属性，而每个属性都可以被认为是一种可以被分割的权利。然而，商品的属性是无限的，且拥有者无法预知当前或未来不同情境下的全部信息，只能掌握特定时间、特定情境下的部分分割属性，多属性分割导致了产权的不完全性。产权的完全性意味着拥有者对资源的所有属性具有完全的控制和所有权，但在现实中，由于信息的不完全和不可预测性，拥有者只能掌握特定情境下的一部分属性权利。这意味着产权无法涵盖商品的所有属性，产权是不完全的、相对的。洪名勇认为巴泽尔这一独特产权思想诠释了"商品部分拥有"的状态，即除了"商品要么被拥有，要么不被拥有"这两种极端情形外的中间状态。[①] 巴泽尔对"商品部分拥有"的论断说明了产权是一种相对的概念，它可以在特定的环境和合作关系中被部分地界定，这意味着不同主体对于资源或财产的控制和支配权可能存在不同程度的界定，且在不同情况下可能发生变化。

（二）新工科产教融合平台产权不完全的原因

新工科产教融合平台的产权是不完全的，可从八个方面进行论证。

一是平台存在制度交易成本。制度交易成本涉及合作伙伴的甄别与

---

① 洪名勇：《巴泽尔产权不完全理论探析》，《河北经贸大学学报》2016年第1期，第33~36页。

选择以及平台运行中产权的使用、处置和维持等，导致产权具有不完全性。首先，合作伙伴的甄别与选择过程涉及信息获取、评估和比较的成本。平台需要选择合适的合作伙伴来参与平台的经营和交易活动，甄别和选择过程中的信息不完全性和不确定性会增加交易成本，从而导致产权的不完全性。其次，平台运行过程中产权的使用、处置和维持也会产生制度交易成本。平台作为中介，需要确保各方遵守合同和产权规定，并处理潜在的冲突和纠纷。由于制度交易成本的存在，平台无法实现对产权的完全控制和保护，因此产权是不完全的。

二是平台投入资源属性的无限性。在平台经济中，平台投入的资源往往是复杂而多样的。例如，平台可能投入了专有的技术、创新的知识、独特的管理方法以及大量的资金等。这些资源的价值不仅取决于它们本身的属性，还取决于市场的需求、竞争环境、技术进步和法律规定等多种因素。因此，同一资源在不同情境下可能具有不同的价值和产权特征。由于资源属性具有无限性，即资源具有多样性和多维性，所以无法认知全部的产权。

三是平台主体认知的有限性。在平台经济中，由于资源属性具有多样性和变化性，平台参与主体无法完全了解和预测投入资源的全部价值。信息不对称和不完全性会导致主体无法准确把握资源的潜在价值和未来变化，从而影响它们对产权的认知和理解。由于主体认知的有限性，平台参与者可能只能局限于当前或特定情境下的部分认知，即使它们有意识地进行资源投入和产权约定，也无法全面了解资源的全部价值和潜在变化，从而可能存在产权认知的缺陷和不完全性。

四是产权属性的多主体分割。在传统经济中，资源的产权通常由单个或少数个体所有和控制。然而，在平台经济中，平台资源往往是由多个参与者投入和共享，平台资源的产权也呈现多主体的分割特征。

五是平台无法对投资收益权进行明确界定。因为平台在融合实践教学、技术研发、创新创业、产业培育等多种功能时，涉及的业务往往具有很大的不确定性，而且难以用传统的会计方法进行准确的绩效评估。传统的会计方法主要关注企业的财务报表和财务指标，用于衡量和评估企业的经济状况和盈利能力。然而，对于平台经济中的创新创业活动，这些传统的会计方法可能存在一定的局限性。平台经济中投资收益权的界定和绩效评估，需要综合考虑各种因素，并结合非财务指标进行界定和评估。

六是环境变化性。平台的产学研合作受到内部条件和外部环境等因素影响，如参与主体的退出、机会主义行为和科技创新政策等因素均会影响平台的经济权利和法律权利。首先，在平台中，参与主体共同参与平台的运营和发展，如果某个重要参与主体退出平台，可能会导致资源的流失、合作关系的破裂，从而对平台的经济权利和法律权利产生不利影响。其次，在平台中，各个参与主体之间存在合作与竞争的关系，有些参与主体可能出于自身利益的考虑，采取不当的行为，损害其他参与主体的权益，影响平台的经济权利和法律权利。最后，政府在促进科技创新和平台发展方面可能会出台各种政策和措施，影响平台的经济权利和法律权利，并对平台的发展和竞争力产生积极或消极的影响。

七是监督成本。在平台中，存在多个参与主体和资源的多主体分割，为了确保平台的正常运行和防止权力滥用，需要建立相应的监督机构和制度。监督机构和制度可能会增加平台的运营成本，并对平台的效率和灵活性产生一定影响。

八是技术能力和治理水平限制。如果平台的技术能力和治理水平受限，可能会导致资源的浪费。例如，平台可能无法充分发挥资源的协同效应，导致资源配合不当或冗余使用。另外，技术能力和治理水平的不足也可能导致资源的低效分配、信息不对称以及合作关系的不稳定，进而影响平台的发展和竞争力。

可见，新工科产教融合平台的产权只能是相对的且不完全的，不同参与主体对资源的所有权和控制权存在不对称和相对性。一方面，参与主体可能不愿意全力投入资源，或者出于自身利益考虑不愿意共享资源，导致资源利用不充分或冗余使用，进而影响平台的绩效和发展。另一方面，在产教融合平台中，各个参与主体面临的风险可能不同，建立公平和有效的风险共担机制需要考虑不同参与主体的贡献和风险承受能力，但由于产权的不完全性和相对性，难以建立明确的产权界定和权益分配机制。

二 产教融合平台产权不完全的理论诠释

（一）不完全契约理论的适用性分析

科斯的经典论文《企业的本质》孕育了契约理论，此后契约理论沿着完全契约理论和不完全契约理论两个方向演进，并且被应用于所有交易和制度领域的研究。不完全契约理论的集大成者哈特教授认为，由于合作当事人无法对未来合作的所有或然事件进行预测，或者即使预见也无法在合作签约时达成一致，或者"双方可观察但无法向第三方证实"，所以契约总是不完全的。[①] 上文依据巴泽尔不完全产权理论论证了新工科产教融合平台产权的不完全性。在交易成本理论下，资源交易的过程中存在各种成本，包括信息搜索和获取成本、谈判和协商成本、监督和执行成本等，为了降低这些成本并确保资源交易有效进行，契约保证是必要的。

本书选择不完全契约理论研究面向新工科的产教融合平台构建，原因有四个。一是在产教融合平台中，涉及不同参与主体的决策和合作，这些决策可能涉及资源投入、合作方式、人才培养方案等方面。由于未来的情况难以预测，参与主体往往只能根据当前的信息进行判断，采取相对满意而非绝对满意的决策原则。二是高校、行业企业和科研机构作为平台构建的参与主体，都是理性主体，在平台构建和运行过程中，相互之间可能存在信息不对称的情况，即某些主体拥有更多的信息或对信

---

① Hart O., *Firms, Contracts, and Financial Structure* (USA, Oxford University Press, 1995).

息的掌握程度更高，而其他主体相对缺乏相同的信息。这种信息不对称可能会导致某些主体利用信息优势，采取损人利己的行为，追求个体利益而不考虑整体利益。三是平台构建过程中不仅存在实训场地、科研仪器等固定资产的专用性，也包括各种合作创新创业中的单边和双边资产专用性[①]，在多主体利益博弈的情况下，这些专用性资产可能会引发一系列问题，包括道德风险、逆向选择、敲竹杠和违约等。四是《新工科研究与实践项目指南》明确提出"在政府引导下建设区域共享型人才培养实践平台"，因此除了物质资产的专用性，平台之中还存在关系资产的专用性。平台构建和运营过程中，各参与主体之间的合作关系和信任关系非常重要，这些关系资产具有专用性，即参与主体在平台合作中所建立的关系和信任往往难以直接转移或复制到其他合作伙伴之间。

（二）新工科产教融合平台交易契约的不完全性

从教育管理视角分析，新工科产教融合平台中，主体的多样性和互补性是关键因素，可以实现协同育人。虽然各主体的使命存在差异，但通过整合利用知识、技术、管理和资本要素，它们可以相互支持、互相补充，实现共同的目标。高校作为教育机构，主要承担人才培养、科学研究、社会服务和文化传承的使命。它们在产教融合平台中可以提供教育资源、专业知识和教学经验，培养学生的综合素质和专业技能，并为产业提供人才支持。科研机构在产教融合平台中主要承担科学研究和社会服务职能。它们具有深厚的科研实力和较强的创新能力，可以与高校合作开展科研项目，推动科技成果的转化和应用，为产业提供技术支持和解决方案。行业企业作为经济主体，主要追求经济利益并承担社会责任。它们在产教融合平台中可以提供实际的生产环境和市场需求，为教育和科研提供应用场景和实践基础，同时也可以从高校和科研机构获取最新的科技成果和人才资源，推动自身的创新和发展。不同利益诉求主

---

① 王节祥、盛亚、蔡宁：《合作创新中资产专用性与机会主义行为的关系》，《科学学研究》2015年第8期，第1251~1260页。

体之间的协同育人，本质上是资源的彼此交易。就产教融合平台而言，主要涉及资源供应方、资源需求方和资源交易平台三大要素。

进一步分析，根据产品的竞争性和排他性，平台的职能产品可以被划分为四类，它们具有不同的经济属性。实践教学具有公共产品属性。实践教学是为学生提供实践机会和教育资源。它具有公共性，因为一次提供给一个学生并不会减少其他学生的获得机会。产品通常由高校提供，旨在培养学生的实践能力和综合素质。技术研发与创新创业具有准公共产品属性。技术研发和创新创业活动涉及知识和技术的创造与应用，在一定程度上具有公共性，因为一个人或组织的创新成果可以为其他人或组织所借鉴和应用。产品主要由科研机构和高校提供，旨在促进科技创新和创业。产业培育是纯私人产品。产业培育涉及企业的发展和成长，它的供给和受益主体是具体的企业。产品主要由行业企业提供，旨在推动企业的发展和提高企业竞争力。不同产品的经济属性决定了平台运行中可能出现的问题，如产权界定、利益分配和风险分担等。契约可以被理解为双方或多方当事人之间达成的各种协议或约定，它规定了交易的权利、义务和责任，为各方提供一种相互约束和互信的机制。契约理论可以为新工科产教融合平台的构建提供有益的分析框架。事实上，契约理论应用的广泛性使该研究领域出现了一大批学术泰斗，其中包括科斯（1991年）、威廉姆森（2009年）、哈特和霍姆斯特姆（2016年）四位诺贝尔奖获得者。

新工科建设面对未来战略性新兴产业的人才需求，需要预判未来的新知识和新技术，探索协同育人新模式，强调用新理念把握新机会。但就产教融合平台构建而言，无论是合作伙伴的选择还是平台运行中的协调沟通，无论是利益分配还是风险分担，建设方都无法事前就所有协同育人事项达成一致，因此契约总是不完全的。在不完全契约下，一旦合作方进行了实训场地、科研仪器、创新项目、产业培育等专用性投资，这些投资被重新配置于其他替代用途的程度就会大幅降低，相应投资就存在被套牢的风险，形成"投资的根本性转变"。进一步可以理解为平台构建方面临的挑战就是平衡利益和风险：一方面，合作方进行专用性投资可能会存在一定的风险，因为投资可能无法轻易转移到其他用途，导致投资出现损失；另一方面，合作方可能利用已经进行的投资敲竹杠，要求更多的利益，或者采取不利于平台构建方的行动，降低合作意愿。

第二节 产权不完全下的准租金争夺

一 产教融合平台的准租金

（一）新工科产教融合平台的准租金

巴泽尔认为，无论是市场、企业、政府还是非营利性组织，一切组织形式均可以归结为合同，合同是产权界定、处置、保持关系的核心。[①] 按照巴泽尔的思想，在新工科产教融合平台中，不同主体之间的合作关系，包括高校、科研机构、行业企业等，可以被视为一系列合同的组合，涉及资源的供给、需求、交换和协同育人等方面。通过合同组合的设计，可以明确各方的产权，规定资源的使用和收益分配，以促进协同育人和资源交易的顺利进行。巴泽尔的思想强调产权在组织形式和制度设计中的重要性，将其应用于新工科产教融合平台的构建可以帮助理解和解决合作关系中的产权问题，为平台的协同育人提供合理的组织框架和制度安排。然而，正如上文论述的平台产权具有不完全性，由于产权关系涉及资源的所有权、使用权和收益权等方面，关系到各方的权益和利益分配，所以合同中无法涵盖所有可能的产权关系，对那些不能完全认同或没有预见的产权关系只能进行搁置或暂时性处理。在不完全

---

① 〔美〕Y. 巴泽尔：《产权的经济分析》，费方域、段毅才译，上海人民出版社，1997，第62~63页。

契约下，平台的合同必然存在局限性和不完整性，无法事先就所有的产权关系达成一致，因此新工科产教融合平台的合同也是不完全的。巴泽尔同时认为，合作主体"求同存异"的目的是寻求资源利用预期效用最大化，这一原则通常被用于描述多方合作或共同利益的情境，其中各方可能存在意见分歧或不同的利益诉求。通过"求同存异"，合作主体寻求一致的目标，并容忍或接受彼此的差异。在合作中，如果合同没有明确规定某些资源的产权归属，这些资源就被置于合作的"公共领域"，即这些资源不属于任何一个特定的合作主体，而是供合作主体共同使用。在这个"公共领域"中，这些资源的所有权归属不明确，因此被称为"准租金"。下文运用算例论证平台准租金的产生。

设新工科产教融合平台由 n 个主体构成，由于不仅包括高校、科研院所、行业企业三类核心主体，而且包括科技金融、政务服务、后勤服务、法律咨询、知识产权等相关生产性服务机构，故一般 $n>5$。将平台的运行时间划分为初始运行（T_0）和准租金生成（T_1）两个阶段。在 T_0 时期，平台主体投入场地、知识、技术、资本、管理等要素，为了便于计量，将这些要素划分为物质资本 F_i 和人力资本 H 两大类，即 T_0 时期，平台的总资本 F 表示为：

$$F = F_i + H(i = 1,2,\cdots,n) \tag{3-1}$$

式（3-1）中物质资本 F_i 可以用货币进行计量，取决于平台各主体投入的可以用货币计量的资本 a_i；人力资本 H 无法进行简单累加，其大小取决于两个因素，一是平台所投入的知识、技术和管理等要素的相对总量 b，二是平台利用这些异质性资源的综合技术水平 t，即：

$$F_i = \sum_{i=1}^{n} a_i, H = f(b,t) \tag{3-2}$$

在 T_1 时期产生准租金，即投入平台的物质资本、人力资本在平台治理和环境影响下产生资本的溢出效应，形成了未被合同明确归属的准

租金 R_q，可以表示为：

$$R_q = R_{F_i} + R_H + \pi_t \qquad (3-3)$$

式（3-3）表示准租金 R_q 来自三个方面：一是物质资本产生的准租金 R_{F_i}，可以用货币计量；二是人力资本产生的准租金 R_H，难以用货币直接计量的新知识、新技术、新创业机会、新管理要素等；三是平台产生的经济利润 π_t，即平台履行技术研发、社会服务、创新创业、产业培训等职能时获得的经济收益，受到投入平台的物质资本 F_i、人力资本 H 和外部环境 E 的综合影响，即 $\pi_t = \pi_t f(F_i, H, E)$。

（二）产权不完全性对准租金配置的负面影响

一是导致产权界定成本增加。培养产权是校企共同体产业学院推进的关键所在，在合作过程中，由于各方资源的交融和共享，产权的归属并不明确或固定。这种模糊性可能会导致合作主体对自身权益的不确定，从而抑制合作的积极性和资源投入。为了激发校企合作的积极性，必须通过持续界定模糊产权来解决相关问题。然而，正如前文不完全契约理论的分析，新工科产教融合平台的培养产权是不完全的，也无法明确界定。由于异质性资源的多样性和复杂性，对它们进行准确评估和界定需要投入相应的人力、物力和时间成本，因而对它们的界定存在一些挑战和困难。特别是在数字化时代，大量的信息可以迅速流动和共享，使得确定信息资源的具体范围和价值变得困难。在构建平台时，相关主体只能将无法界定的培养产权置于公共领域，即在"求同存异"下推进协同育人。随着平台运行深入推进，原本置于公共领域的未被事前界定的培养产权可能会产生价值，需要重新界定产权的归属，因为随着合作的推进和资源利用的实际效果逐渐显现，各方可能希望明确培养产权的归属。重新界定培养产权的归属是为了持续优化利益分配机制，确保各方能够公平地分享资源的价值。然而，这一过程可能面临一些挑战和成本，涉及资源价值的评估和分配。确定特定资源对于培养产权的贡献以及各方的权益份额可能需要进行详细的分析和评估，涉及对资源的贡献度、使用情况、市场价值等进行综合考量。在重新界定产权的过程中，可能会涉及多个合作主体之间的交互作用和关系调整，会对合作的稳定性和协同创新绩效产生一定的影响。

二是导致合作主体之间敲竹杠。不完全契约理论的一个分支是交易成本理论，其代表人物威廉姆森认为，资产的专用性不仅增加了交易成本，而且决定了事后机会主义行为，合作主体之间的敲竹杠就是典型的情境。[1] 在构建新工科产教融合平台时，高校、科研机构和企业等各方投入的资源，如资金、设备、人力、知识产权等，可能存在无法转移或转移后使用价值大幅降低的风险，即存在投入资源被套牢的风险。例如，高校投入的特定实验室设备可能在其他场所无法得到充分利用、科研机构的专有技术可能在其他平台无法有效应用、企业的专有经验和商业模式可能在其他合作伙伴中难以复制等。这种情况下，投入的资源可能会被限制在特定平台中，无法转移到其他地方发挥更大的价值。此外，即使资源能够转移，其使用价值也可能会大幅降低。在转移过程中，资源可能会面临适应新环境的困难和成本，以及与新环境中其他资源的兼容性问题，导致投入的资源在转移后无法发挥原有的效益，使用价值大幅降低。特别是，如果一方投入的资源具有较大的专用性，并且投入资源的数量相对较多，则其可能会处于不利地位；原因在于资源的专用性意味着它更难以替代或转移，因此该资源的供应方在谈判中可能更加依赖需求方。而如果投入资源的数量较少，供应方在数量上的限制可能进一步削弱了其谈判地位。在这样的情况下，处于谈判优势地位的主体就可能利用其强大的议价能力来获取更多的利益或优惠条件，甚至可以通过威胁中止谈判或寻找替代资源供应方来施加压力，或者通过诱惑、承诺以及其他手段来引导交易条件的制定。资源或财产的所有权和控制权存在不确定性或模糊性，在这样的情况下，处于谈判优势地位的

---

[1] Williamson O. E., "The Theory of the Firm as Governance Structure: From Choice to Contract," *Journal of Economic Perspectives* 16 (2002).

主体可以在培养产权的再分配方面行使更大的自由裁量权，无视习惯或契约的限制，甚至会以不公平或不合理的方式重新分配产权，进而实施敲竹杠行为。显然，敲竹杠行为会诱发协同育人的合作纠纷并导致合作效率下降，造成协同育人集体主义的现实困境[①]，最终影响协同创新绩效。

　　三是导致产易成本增加。在推进新工科建设中，高校需要与产业界密切合作，秉承协同育人的原则，构建集成化的产教融合平台，以促进产教深度融合。随着协同主体数量的增加和产教融合深度的不断拓展，交易成本可能呈现由低到高的演进趋势。原因如下，其一，平台构建主体的有限理性，即在平台构建过程中，无论是高校、科研机构还是行业企业，都可能面临多个因素和变量，并且存在信息不对称或不完全的情况，导致其在做出决策时依赖经验、直觉或有限的信息，从而无法全面评估所有可能的选择和后果。由于有限理性，决策者可能无法准确估计资源的价值、需求的变化以及未来发展的趋势，导致资源在分配和利用中出现偏差，使资源分配不够理性和高效。其二，平台运行中存在信息不对称的情况，即构建主体由于职责划分和信息能力的差异，无法平等地获取和掌握共有的信息，这种信息不对称可能导致逆向选择问题的发生。举例来说，高校作为构建主体之一，可能无法充分了解企业在技术需求、市场趋势等方面的具体情况，而企业也可能无法完全了解高校的教育教学资源和科研实力。这种信息不对称可能导致双方在合作时存在风险和不确定性，使得合作难以达到最佳效果。其三，平台运行的绩效通常具有一定的不确定性，尤其是在技术研发、创新创业和产业培育等领域，未来的市场需求、技术趋势和竞争态势往往难以准确预测。这使得决策者在制定战略、进行资源配置和制订合作方案时面临很高的不确定性。决策者需要考虑众多的变量和风险，评估不同选择的潜在结果和

---

① 韩玉胜、杨明：《当代集体主义的现实困境及其主体性重塑》，《探索》2013年第4期，第166～171页。

可能带来的收益,这种不确定性和复杂性增加了决策的难度,也增加了决策的成本。其四,平台投入的资产具有专用性。资产一旦投入平台建设中,其用途通常就会被锁定,并且很难再改变用途。如果尝试改变用途,可能会导致资产的使用价值大幅降低甚至毫无价值。例如,建立实训平台需要投入场地、实训设备和工具,而这些资产在特定的实训环境下才能发挥作用,如果试图改变平台的用途,将其转变为其他类型的实训或教学活动,可能需要更多的资源和成本来适应新的需求,同时旧有的资产可能无法发挥相同的价值。其五,存在合作技术水平的局限性。在平台构建中,不同主体之间可能存在技术水平的差异。如果某些主体在特定领域的技术水平较低,如技术交流困难、技术不配套、技术整合困难等,可能会增加协同合作的难度和成本,从而需要更多的时间、资源和沟通来克服技术上的障碍,导致交易成本增加。此外,不完全产权也可能会对平台交易成本产生负面影响,不完全产权可以认为是构建主体对资源的所有权和控制权不完全,可能存在资源使用权和分配权的不确定性,导致合作中的谈判和协商成本增加,最终对多主体协同创新的绩效产生负面影响。

二 产教融合平台的准租金争夺

在新工科产教融合平台中,各个主体都追求预期效用最大化,根据经济学中的理性选择假设,它们被视为"经济人"。在信息和地位不对称的情况下,受合同约束的主体可能会成为潜在的寻租者,它们可能试图在已经享有产权的基础上寻求额外的收益或资源。潜在的寻租行为的边际成本等于该主体在已经享有产权的情况下能够得到的租金的边际增量。换句话说,它们将权衡寻租行为所带来的额外收益与其产权所能提供的现有收益之间的差异。新工科产教融合平台同样存在"准租金",即未被事前合同约定分配规则的潜在经济利益,"准租金"的存在可能诱发潜在的寻租行为,并且一旦潜在的寻租行为被暴露出来,其他合作主体可能会感到不公平或不满，并采取反制措施，例如降低合作意愿、加强监督或解除合作关系，从而对平台的协同创新绩效和可持续发展产生不利影响。更进一步，由于"准租金"是合同未明确的产权，属于不完全产权，无论是高校、企业、科研院所还是社会组织，均会为获得更多产权开展再次谈判，以最大化自身的利益。由于合作主体之间对"准租金"的争夺，当潜在的经济利益无法明确分配时，各个主体可能会为了获取更多的利益而产生分歧和争议，导致合作关系的破裂，主体之间的信任和合作意愿下降，最终导致协同育人陷入集体主义困境。本书用算例揭示平台准租金的配置。

在初始 T_0 期，主要是各主体将资源要素投入新工科产教融合平台，平台的运行存在成本，其物质投资运行为：

$$C(f_1, f_2, \cdots, f_n) = \sum c(f_i) \tag{3-4}$$

同时，平台的运行需要人力资本成本，即平台运行需要知识、技术、管理等难以用货币计量的运行成本，这些成本内化为人力资本运行成本，表示为：

$$C(h_1, h_2, \cdots, h_n) = \sum c(h_i) \tag{3-5}$$

平台本身是集实践教学、科学研究、创业创新、产业培育等功能于一体的复杂系统，在产生优势互补的协同效应的同时，系统交易成本随系统的不断演进呈递增趋势，资源的集聚存在一个规模适度、功能互补和网络结构相对稳定的均衡状态[①]，即资源的投入呈现从规模经济向规模不经济演变，决定了平台在理论上存在最优的资源规模。

在 T_1 期，平台运行产生了准租金 R_q，由于平台产生的准租金可以在各主体间全部分配完毕，故可设 $R_q = \sum r_{qi}$。如果平台的合同是完全

[①] 史竹琴、蔡瑞林、朱先奇：《巴泽尔产权理论视域下协同创新机制研究——以常州科教城为例》，《科技进步与对策》2017年第4期，第1~6页。

的，即准租金按照边际收益等于边际成本分配，则可得到：

$$R'_{qi} = \sum r'_{qi} = \sum c(f_i)' + \sum c(h_i)' \tag{3-6}$$

对于参与平台的每一个主体而言，有：

$$r'_{qi} = c(f_i)' + c(h_i)' \tag{3-7}$$

式（3-7）表示，每一个平台构建主体在平台中分配到准租金的边际量都等于初期投入的物质资本和人力资本的边际量之和。然而，虽然物质资本可以用货币计量，但由于平台的产权和合同均是不完全的，所以 $c(f_i)$ 只能是一个模糊值；知识、技术、创新等要素内化的人力资本难以用货币计量，在产权与合同不完全情形下，$c(h_i)$ 更是无法在合同中准确表示。由此决定了式（3-6）、式（3-7）在新工科产教融合平台的实际运行中不可能存在。按照巴泽尔合作主体理性人假设，各主体一方面会争取准租金分配的更多谈判权，以争取更多的分配份额；另一方面可能会采取机会主义行为，攫取合同没有约定的本该属于其他主体的产权。将式（3-3）代入式（3-6），可得：

$$\begin{aligned} R'_{qi} = \sum r'_{qi} &= \sum c(f_i)' + \sum c(h_i)' = R'_{Fi} + R'_H + \pi'_i \\ &= R'_{Fi} + R'_H + \pi'_i f(F_i, H, E) \end{aligned} \tag{3-8}$$

由式（3-8）可知，新工科产教融合平台各主体准租金的分配取决于各主体对合作初期投入的物质资本、人力资本的主观判定以及产生的经济利润。显然，由于物质资本、人力资本以及经济利润难以预知而且无法完全界定，所以难以明确地写入事前合同；对此，巴泽尔提出了"准租金"的配置原则，根据这一原则，如果一个主体的投入对于整体产出和效益的影响更大，那么该主体应该获得更大的"准租金"份额。显然，这样的分配方式可以激励投入主体继续增加其投入，并进一步增加整体的产出和效益。通过这种方式，合作主体会被激励在合作中持续努力，以获取更多的经济利益。

第三节　产权不完全下的合作收益分配

一　基于 Shapley 值法的合作收益分配

（一）Shapley 值法适用性分析

由上文论证可知，在新工科产教融合平台中，多个主体通过资源的共享、对接和交易实现协同效应，提高在协同育人、技术研发、创新创业、成果转化和产业培育等方面的合作效果。然而，由于交易成本的存在和契约的不完全性，产权不完全成为一个问题。产权不完全意味着在合作关系中，某些资源的所有权和控制权没有得到明确的界定或约定，可能导致资源的不充分利用、潜在的争议和合作收益的分配问题。为了确保多主体资源的共享，必须妥善处理不完全产权下的合作收益分配问题。Robert 等在研究英国大学的商业合作时强调，无论是本地化、区域化还是全球化范围，产学研合作均是一个利益博弈过程，必然以资源产权为基础，建立合理的收益分配制度。[1] 由于 Shapley 值法被广泛应用于合作联盟的收益分配，并且无论是在国外还是在国内均被证实能够有效解决因利益分配不公导致的合作不稳定性问题[2]，所以本书选择 Shapley 法探讨新工科产教融合平台主体之间的利益分配，并就模型适用性进行分析。

对照 Shapley 值法模型[3]，设产学研主体共同构成产教融合集合 $I = \{1, 2, \cdots, n\}$，对于 I 的任一子集 S 都对应着一个实值函数 $v(s)$，且

---

[1] Robert T., Wouter V., and Alfredo Y., "Localisation, Regionalisation and Globalisation of University-Business Research Cooperation in the United Kingdom," *Regional Science Association International* 21 (2020).

[2] McQuillin B., Sugden R., "Backward Induction Foundations of the Shapley Value," *Econometric* 84 (2016); 王雪、张培文、孙宏：《基于资源投入的供应链联盟利益分配方案研究》，《统计与决策》2018 年第 11 期，第 55~59 页。

[3] Shapley L. S., "A Value for No-Persons Games," *Anuals of Mathematics Studies* 28 (1953).

$v(s)$ 均满足：① $v(\varphi)=0$；② $v(s_1 \cup s_2) > v(s_1) + v(s_2)$，$s_1 \cap s_2 = \varphi(s_1 \subseteq I, s_2 \subseteq I)$，即产学研主体之间存在协同创新效应，不同子集之间不存在共同的主体；③ $v(I) > \sum v(n)$，即产学研既有主体形成的产教融合集体产生的收益大于各主体独立运行的收益之和。满足上述3个条件时，称 $[I, v]$ 为 n 个产学研主体的协同对策，v 为对策的特征函数。

通常用 x_i 表示 I 中 i 主体应从合作中最大收益 $v(I)$ 中得到的一份收入。在合作 I 的基础下，应满足如下条件：$\sum_{i=1}^{n} x_i = v(I)$，并且 $x_i \geq v(i)$。

在 Shapley 值法中，特定产学研主体共同合作下 I 中各个主体所得的利益分配被称为 Shapley 值，并记作：$\varphi(v) = [\varphi_1(v), \varphi_2(v), \cdots, \varphi_n(v)]$。其中，$\varphi_i(v)$ 表示在合作 I 下 i 主体所得的利益，可用式（3-9）测算：

$$\varphi_i(v) = \sum_{s \in s_i} w(|s|)[v(s) - v(s/i)] \qquad (3-9)$$

其中，$w(|s|) = \dfrac{(n-|s|)!\,(|s|-1)!}{n!}$，$s_i$ 是产教融合集合 I 中包含 i 主体的所有子集，$|s|$ 是子集 S 中的主体个数，n 为参与产教融合的所有主体的数量，$w(|s|)$ 是加权因子，$v(s)$ 为子集 S 的收益，$v(s/i)$ 为子集 S 中除去主体 i 后可获得的收益。

（二）Shapley 值法在产教融合利益分配中的应用

产学研主体原本是相互独立的，各自承担着不同的职责，为了实现创新资源的共享，通过产教融合平台的建立，这些主体汇集在一起，形成了一个动态演进的合作创新组织。通过合作创新组织，产学研主体互相补充，充分发挥各自的优势，加快创新进程，提高创新效率和质量。据此，新工科产教融合平台的协同育人、技术研发、创新创业、成果转换、产业培育等活动可视作多主体合作下的协同创新活动,可以运用 Shapley 值法进行利益的分配,现运用算例进行分析。

假设 A、B、C 分别代表产、学、研主体,在单独运作下,三个主体独自运用创新资源,每个主体可获得 6 单位的创新收益;如 A、B 开展产教融合,则可获得 37 单位的创新收益;如 A、C 进行产教融合,则可获得 25 单位的创新收益;如 B、C 进行产教融合,则可获得 21 单位的创新收益;如果 A、B、C 共同开展产教融合,则可获得 51 单位的创新收益。显然,产教融合下形成了创新资源的溢出效应,但带来了创新收益分配的难题。就三个主体共同开展产教融合而言,如果进行平均分配,则每个主体可获得 17 单位创新收益,虽然这一收益大于彼此单独运行下的收益,但不利于调动各主体的积极性。由于投入产教融合平台的资源的产权很难清晰界定,并且资源之间存在不同的匹配、协同效应,所以必须考虑主体投入产教融合平台资源的产权特性。

依据 Shapley 值法模型,将 A、B、C 三个主体构成的产教融合平台记为 $I = \{1, 2, 3\}$,并且各主体运用创新资源获得的收益记为 $v(1) = v(2) = v(3) = 6$。根据假设,得到不同主体参与下产教融合的收益:$v(1 \cup 2) = 37$,$v(1 \cup 3) = 25$,$v(2 \cup 3) = 21$;三个主体共同参与产教融合平台时的收益 $v(1 \cup 2 \cup 3) = 51$。按照 Shapley 值法,计算主体 A 在三个主体共同参与产教融合平台时的收益,计算过程如表 3-1 所示。

表 3-1 产教融合平台中参与主体 A 的收益分配矩阵

S_1	1	1∪2	1∪3	1∪2∪3
$v(s)$	6	37	25	51
$v(s\setminus 1)$	0	6	6	21
$v(s) - v(s\setminus 1)$	6	31	19	30
$\|s\|$	1	2	2	3
$w(\|s\|)$	1/3	1/6	1/6	1/3
$w(\|s\|)[v(s) - v(s\setminus 1)]$	2	31/6	19/6	10

将表 3-1 最后一栏相加得到主体 A 的收益 $\varphi(1) = 2+31/6+19/6+10 = 20.33$。同理可得主体 B 的收益 $\varphi(2) = 2+31/6+15/6+26/3 = 18.33$（见表 3-2）；主体 C 的收益分配为 $\varphi(3) = 2+19/6+15/6+14/3 = 12.33$（见表 3-3）。现进行如下协同创新效应的验证。

表 3-2　产教融合平台中参与主体 B 的收益分配矩阵

S_2	2	2∪1	2∪3	1∪2∪3
$v(s)$	6	37	21	51
$v(s\backslash 2)$	0	6	6	25
$v(s) - v(s\backslash 2)$	6	31	15	26
$\|s\|$	1	2	2	3
$w(\|s\|)$	1/3	1/6	1/6	1/3
$w(\|s\|)[v(s) - v(s\backslash 2)]$	2	31/6	15/6	26/3

表 3-3　产教融合平台中参与主体 C 的收益分配矩阵

S_3	3	3∪1	3∪2	1∪2∪3
$v(s)$	6	25	21	51
$v(s\backslash 3)$	0	6	6	37
$v(s) - v(s\backslash 3)$	6	19	15	14
$\|s\|$	1	2	2	3
$w(\|s\|)$	1/3	1/6	1/6	1/3
$w(\|s\|)[v(s) - v(s\backslash 3)]$	2	19/6	15/6	14/3

首先：$\varphi(1) > v(1)$，$\varphi(2) > v(2)$，$\varphi(3) > v(3)$。

其次：$\varphi(1) + \varphi(2) + \varphi(3) = v(1 \cup 2 \cup 3) = 50.99$。

再次：$\varphi(1) + \varphi(2) = 20.33 + 18.33 = 38.66$，$v(1 \cup 2) = 37$，因此 $\varphi(1) + \varphi(2) > v(1 \cup 2)$；同理，$\varphi(1) + \varphi(3) > v(1 \cup 3)$，$\varphi(2) + \varphi(3) > v(2 \cup 3)$。

综上，无论是从单一主体，还是从两两主体层面，产学研主体参与新工科产教融合平台均能产生协同创新效应。在单一主体层面，产学研主体通过参与产教融合平台可以实现内部资源的整合和优化利用；在两两主体层面，产学研主体之间的合作能够实现资源的共享和优势互补；在多个主体参与的产教融合平台中，各主体之间的协作和互动能够进一步促进创新能力的提升和创新效益的增加。采用 Shapley 值法模型进行收益分配，充分考虑了产学研主体投入产教融合平台资源的产权属性，这种属性不仅考虑了主体投入的资源数量，还考虑了该资源与其他主体资源的互补性和协同效应。计算每个主体对于合作的边际贡献，评估其对创新收益的贡献程度，能够较好地解决产权不完全下的创新收益分配问题。使用这种模型，可以实现相对公平的收益分配，激励产学研主体继续投入和合作，推动创新和协同效应的持续增加。

二　Shapley 值法合作收益分配的算法修正

（一）基于产教融合风险的算法修正

上文基于 Shapley 值法探讨了新工科产教融合平台的收益分配，其主要依据是相关主体投入平台的创新资源的重要程度，以解决产权不完全下的产教融合困境。显然，这种协同创新收益分配方法突出了产学研主体投入产教融合平台资源的数量和质量，这意味着参与方对于产学研合作的资源投入，包括技术、人力、资金等，会直接影响它们在收益分配中所占的比例。投入的资源数量越多和质量越高，参与方在收益分配中所获得的份额可能越大。协同创新收益分配方法能够有效解决创新资源产权不完全和产教融合契约不完全导致的机会主义问题，提高协同创新的效率，有效调动各方的积极性，促进创新活动的展开和推进。但是，产学研主体的组织规模、属性、职能以及追求的利益和目标不同，各自的监管主体和监管要求同样存在巨大差异，使得各主体对合作风险有不同的理解。因此，如果能够在考虑投入资源重要程度基础上兼顾资源投入风险，较高风险的投入得到较高的回报，以激励参与主体承担更大的风险并推动创新的发展，而较低风险的投入对应着较低的收益份额，则相对更能科学合理地解决收益分配难题。

经典 Shapley 值法认为产教融合参与主体的风险是均等的，对于参与产教融合平台主体的集合 $I = \{1, 2, \cdots, n\}$，相关产学研主体的风险均为 $\overline{R} = 1/n$。假设在产教融合中主体实际承担的风险为 R_i ($i = 1, 2, \cdots, n$)，R_i 与均担风险之间的差值为 $\Delta R_i = R_i - \dfrac{1}{n}$，则 $\sum\limits_{i=1}^{n} R_i = 1$，并且 $\sum\limits_{i=1}^{n} \Delta R_i = 0$。这里 ΔR_i 表示产学研主体在实际产教融合过程中承担的风险与均值风险之间的差异。据此根据实际产教融合风险测算实际收益分配修正量 $\Delta \varphi(i) = v(I) \times \Delta R_i$，从而产教融合平台实际的收益应为 $\varphi(i)' = \varphi(i) + \Delta \varphi(i)$。

当 $\Delta R_i \geqslant 0$ 时，产学研参与主体在新工科产教融合平台合作中承担的风险比均值风险高，故应该给予一定的收益补偿，并将收益补偿计为 $\Delta \varphi(i) = v(I) \times |\Delta R_i|$，即该主体实际应得的收益为 $\varphi(i)' = \varphi(i) + \Delta \varphi(i)$。当 $\Delta R_i \leqslant 0$ 时，该主体承担的风险比均值风险低，故应该扣除一定的收益，得到 $\varphi(i)' = \varphi(i) - |\Delta \varphi(i)|$。显然有：

$$\sum_{i=1}^{n} \varphi(i)' = \sum_{i=1}^{n} [\varphi(i) + v(I) \times \Delta R_i] = \sum_{i=1}^{n} \varphi(i) + v(I) \times \sum_{i=1}^{n} \Delta R_i$$

$$= \sum_{i=1}^{n} \varphi(i) = v(I) \quad (3-10)$$

在上例中，理想状态下产学研主体参与新工科产教融合平台的风险为 1/3。假设实际运行风险为 $R_1 = 0.28$、$R_2 = 0.41$、$R_3 = 0.31$，于是 $\Delta R_1 = 0.28 - 1/3 = -0.053$，同理计算得到 $\Delta R_2 = 0.077$、$\Delta R_3 = -0.023$。因此得到：

$$\Delta \varphi(1) = v(I) \times \Delta R_1 = 51 \times 0.053 = 2.703$$

$$\Delta \varphi(2) = v(I) \times \Delta R_2 = 51 \times 0.077 = 3.927$$

$$\Delta \varphi(3) = v(I) \times \Delta R_3 = 51 \times 0.023 = 1.173$$

因此参与主体 A 在新工科产教融合平台中应得的收益调整为 $\varphi(1)' =$

$\varphi(1) - |\Delta\varphi(1)|$,即 $\varphi(1)' = 20.33 - 2.703 = 17.627$。同时主体 B 应得的收益为 $\varphi(2)' = \varphi(2) + \Delta\varphi(2) = 22.257$;主体 C 应得的收益为 $\varphi(3)' = 12.33 - 1.173 = 11.157$。容易验证 $\varphi(1)' + \varphi(2)' + \varphi(3)' = 51.04$,由于 $v(I) = 51$,可见在忽略计算误差下,$\sum_{i=1}^{n} \varphi(i)' = v(I)$。

由于新工科产教融合平台的产权是不完全且无法清晰界定的,合作主体只能把没有界定产权的资源搁置于公共领域,这些资源在合作过程中可能产生新的价值,新的价值被称为"租"[①],而对"租"的争夺即对剩余控制权的争夺,其内涵等同于管理学领域的利益分配纠纷。在不完全产权视角下,合作主体会在合作过程中追求获得较大份额的"租",而具有优势的主体会利用剩余控制权攫取事后剩余;为了强化这种优势,其将继续扩大投资。可以推知,就平台构建而言,剩余控制权争夺虽然有助于激励重要资源投入方,但可能会对剩余控制权较小的主体的资源投入积极性产生影响,使资源投入较少的主体缺乏动力,甚至可能使它们减少对平台的参与和投资。综上,采用 Shapley 值法适当量化了投入产权的重要性,可以有效减少产教融合主体之间的剩余控制权争夺。以产学研主体投入新工科产教融合平台资源的相对重要程度为基础,兼顾各主体实际承担风险的差异,可以优化 Shapley 值法,使得参与主体的创新收益分配相对更加科学合理。

(二) 基于创新收益不确定的算法修正

上述基于风险的 Shapley 值法修正考虑了产学研主体参与新工科产教融合的风险因素,事实上,在产教融合的过程中,创新收益的不确定性可能会导致合作主体在分配创新收益时存在争议。在这样的情况下,需要借助模糊合作对策理论来解决创新收益不确定性下的分配问题。借

[①] 〔美〕Y. 巴泽尔:《产权的经济分析》,费方域、段毅才译,上海人民出版社,1997,第16~17页。

助赵璇关于产学研联盟收益分配的研究①，设 n 个产教融合主体构成集合 $I = \{1, 2, \cdots, n\}$，对于 I 的任一子集 S 都对应着两个实值函数 $v(s)_{\min}$ 和 $v(s)_{\max}$，令 $\bar{v}(s)$ 为 $v(s)_{\min}$ 和 $v(s)_{\max}$ 的算术平均数，进行如下修正：① $\bar{v}(\varphi) = 0$；② $\bar{v}(s_1 \cup s_2) > \bar{v}(s_1) + \bar{v}(s_2)$，$s_1 \cap s_2 = \varphi (s_1 \subseteq I, s_2 \subseteq I)$；③ $\bar{v}(s_1 \cup s_2) + \bar{v}(s_1 \cap s_2) > \bar{v}(s_1) + \bar{v}(s_2)$，$\forall s_1$、$s_2 \in I$；④ $v(I) > \sum v(n)$。

根据 Shapley 值法，利用式（3-11）测算收益不确定情景下各主体的利益分配：

$$\bar{\varphi}(v) = \sum_{s \in s_i} w(|s|)[\bar{v}(s) - \bar{v}(s \backslash i)] \qquad (3-11)$$

其中，$w(|s|) = \dfrac{(n-|s|)!(|s|-1)!}{n!}$。

将 A、B、C 三个主体构成的产教融合平台记为 $I = \{1, 2, 3\}$，并且各自运用创新资源获得的收益记为 $v_1 \in (6, 8)$，$v_2 \in (4, 6)$，$v_3 \in (5, 7)$；两个主体进行产教融合时的收益为 $v(1 \cup 2) \in (30, 35)$，$v(1 \cup 3) \in (20, 26)$，$v(2 \cup 3) \in (17, 24)$；三个主体同时参与产教融合平台时的收益 $v(1 \cup 2 \cup 3) \in (47, 52)$。由此得到表3-4的收益矩阵。

表3-4 不确定条件下产教融合合作方的收益矩阵

产教融合方式		收益值	收益算术平均值
各自独立运行	s_1	$v_1 \in (6, 8)$	$\bar{v}_1 = 7.0$
	s_2	$v_2 \in (4, 6)$	$\bar{v}_2 = 5.0$
	s_3	$v_3 \in (5, 7)$	$\bar{v}_3 = 6.0$

---

① 赵璇：《基于合作博弈的产学研联盟收益分配问题研究》，《技术经济与管理研究》2017年第3期，第28~31页。

续表

产教融合方式		收益值	收益算术平均值
两主体参与	$s(1 \cup 2)$	$\nu(1 \cup 2) \in (30, 35)$	$\bar{\nu}(1 \cup 2) = 32.5$
	$s(1 \cup 3)$	$\nu(1 \cup 3) \in (20, 26)$	$\bar{\nu}(1 \cup 3) = 23.0$
	$s(2 \cup 3)$	$\nu(2 \cup 3) \in (17, 24)$	$\bar{\nu}(2 \cup 3) = 20.5$
三主体参与	$s(1 \cup 2 \cup 3)$	$\nu(1 \cup 2 \cup 3) \in (47, 52)$	$\bar{\nu}(1 \cup 2 \cup 3) = 49.5$

参照表 3-1 测算产教融合平台中参与主体 A 的收益分配：

$$\bar{\varphi}(1) = \frac{1}{3}\bar{\nu}_1 + \frac{1}{3}[\bar{\nu}(1 \cup 2 \cup 3) - \bar{\nu}(2 \cup 3)] + \frac{1}{6}[\bar{\nu}(1 \cup 2) - \bar{\nu}(2)] + \frac{1}{6}[\bar{\nu}(1 \cup 3) - \bar{\nu}(3)]$$

$$= \frac{1}{3} \times 7.0 + \frac{1}{3}(49.5 - 20.5) + \frac{1}{6}(32.5 - 5.0) + \frac{1}{6}(23.0 - 6.0)$$

$$= 19.417$$

同理，参照表 3-2 测算产教融合平台中参与主体 B 的收益分配：

$$\bar{\varphi}(2) = \frac{1}{3}\bar{\nu}_2 + \frac{1}{3}[\bar{\nu}(1 \cup 2 \cup 3) - \bar{\nu}(1 \cup 3)] + \frac{1}{6}[\bar{\nu}(1 \cup 2) - \bar{\nu}(1)] + \frac{1}{6}[\bar{\nu}(2 \cup 3) - \bar{\nu}(3)]$$

$$= \frac{1}{3} \times 5.0 + \frac{1}{3}(49.5 - 23.0) + \frac{1}{6}(32.5 - 7.0) + \frac{1}{6}(20.5 - 6.0)$$

$$= 17.167$$

参照表 3-3 测算产教融合平台中参与主体 C 的收益分配：

$$\bar{\varphi}(3) = \frac{1}{3}\bar{\nu}_3 + \frac{1}{3}[\bar{\nu}(1 \cup 2 \cup 3) - \bar{\nu}(1 \cup 2)] + \frac{1}{6}[\bar{\nu}(1 \cup 3) - \bar{\nu}(1)] + \frac{1}{6}[\bar{\nu}(2 \cup 3) - \bar{\nu}(2)]$$

$$= \frac{1}{3} \times 6.0 + \frac{1}{3}(49.5 - 32.5) + \frac{1}{6}(23.0 - 7.0) + \frac{1}{6}(20.5 - 5.0)$$

$$= 12.917$$

容易验证 $\bar{\varphi}_1+\bar{\varphi}_2+\bar{\varphi}_3=\bar{v}(1\cup 2\cup 3)=49.5$，并且 $\bar{\varphi}_1>v_1$、$\bar{\varphi}_2>v_2$、$\bar{\varphi}_3>v_3$，虽然产学研主体参与新工科产教融合平台的收益具有不确定性，但多主体创新资源的交互仍然具有溢出效应。利用修正后的Shapley值法，可以有效解决不确定下的收益分配问题，确保每个主体在收益分配中都得到公平和合理的回报，促进多主体之间的创新资源交易与对接。

第四节 产教融合平台的产权治理

一 积极发挥不同主体在产权治理中的作用

依据巴泽尔不完全产权理论，无论哪种形式的协同育人模式，均存在制度成本和大量无法在合同中事先约定的事项。也就是说，一方面新工科产教融合平台建设需要冷静分析协同育人中的制度成本。企业能够获得经济利益是协同育人可持续发展的关键。企业在参与协同育人时，需要权衡成本与收益，确保其投入能够获得相应的回报，这可以通过建立合理的收益分配机制、激励机制和合同约束来实现。企业只有在能够从协同育人中获得经济利益的情况下，才会继续投入资源。另一方面对于新工科产教融合平台建设的初期阶段，需要认识到它是一个探索和实践的过程。在这个阶段，可能存在制度和法律不完备的情况。这意味着在推进新工科产教融合平台建设时，可能会面临一些未解决的问题或者存在一定的不确定性，需要各方共同努力，持续进行实践和探索，逐步完善和优化相关制度和法律框架。新工科产教融合平台的全天候开放和双边市场的特点可以带来许多优势，能够突破传统的校企合作下特定项目或合作批次的限制，使校企双方可以根据自身需求随时通过平台发布合作需求或进行资源供给，实现更灵活、持续的合作。如学校可以发布对人才培养、技术攻关、产品开发等方面的需求，而企业也可以发布对实习基地、成果转化等方面的需求。需求发布与匹配机制可以实现学校与企业之间的精准对接，提高资源的匹配效率。而且新工科产教融合平台搭建了一个双边市场，学校和企业可以在这个平台上相互交流和共享资源。双边市场具有外部性优势，即一方的行为会对另一方产生积极的影响。通过在平台上的合作与交流，学校和企业可以互相促进，实现资源的有效供给和优化配置。此外，校企双方都可以通过平台的项目匹配技术快速实现需求与供给的对接，促进资源共享，实现校企共赢。

建议产教融合协同育人项目借助平台经济模式，极大地释放校企资源的有效供给。新工科产教融合平台的合作涉及多个主体之间的权益和责任，因此需要通过合同来明确各方的权利和义务，确保各方的合法权益得到保护，并且能够有效分配利益和分担风险。然而，由于合作过程的不确定性和动态性，合同往往是不完全的，即无法涵盖所有可能发生的情况。针对这种情况，平台运行中的合同需要持续完善和调整。随着合作的推进和平台的发展，各方之间可能会出现新的情况和问题，需要根据实际情况及时对合同进行修订和补充，以适应变化。同时，可以采取一些措施来简化和优化合同管理的过程，降低制度成本，促进平台的稳健运行和发展。据此，不能苛求在制度健全情形下推进新工科产教融合平台构建。

依据教育治理理论，政府并非是单一的治理主体，学校也并非是治理的唯一对象，而是需要形成"政产学研"多主体参与的合作机制，即通过多主体之间的协同合作，充分发挥各个主体的优势和特长，实现资源的共享和优化配置，推动平台的发展和创新。政府的政策支持和监管可以为平台发展提供环境和规范，产业界的参与可以提供市场导向和商业化的支持，学校和研究机构的参与可以提供教育和科研的专业知识和经验。在"政产学研"多主体协同的治理体系中，各个主体之间需要建立起有效的沟通机制和合作平台，协调各方的利益和目标，共同制定发展策略和规划，共享资源和成果，以实现教育系统的有效运行和发展。特别是在"互联网+"背景下，平台呈现治理主体多元化、治理客体社会化、治理结构网络化、治理机制制度化趋势，需要联合更广泛的公共主体，发挥协同治理的优势。[1] 下一步需要充分发挥不同主体在平台产权治理中的主体作用。新工科产教融合平台的主体包括高校、科研院所、企业和社会组织等，虽然不同类型主体的目标不同，例如高校注重人才培养、科研院所注重技术创新、企业注重市场竞争等，但其均希望通过平台实现资源利用的最大化。在平台的产权治理中，应充分兼顾不同主体的目标，使得各方的利益平衡，实现共赢。

本书关于准租金的配置分析发现，准租金的配置应倾向于对资产平均收入影响更大的一方，即优先照顾重要投资一方。因此，实践中如果能够根据不同项目确定不同的重要投资主体，就可以通过准租金优先配置激励其增加投入，促进平台整体效用提高。具体而言，准租金配置的倾向性是根据实践教学、技术研发、创新创业和产业培育等不同领域的特点和需求来确定的。在新工科产教融合平台中，高校在实践教学方面具有优势，因此准租金的配置倾向于高校；科研院所、高校和企业在技术研发方面发挥重要作用，因此准租金的配置倾向于这些主体；科研院所和企业在创新创业方面具有丰富经验和资源，因此准租金的配置倾向于这两者；企业在产业培育方面发挥关键作用，因此准租金的配置倾向于企业。社会组织可能具有特定的专业知识、社会网络和资源，因此可以根据其在产教融合平台中的具体角色和功能来进行准租金的配置。优化准租金的配置，可以激励相关主体进一步加大投入力度和积极参与平台的合作，有助于发挥不同主体在平台产权治理中的作用，促进资源的充分利用和合作效果的提升。然而，在具体实施中，需要平衡各主体之间的利益关系，确保合理和公平的准租金分配，并兼顾各主体的发展需求和目标。

---

[1] 王敏：《"互联网+"背景下政府治理能力现代化研究》，博士学位论文，中共中央党校，2019，35~36页。

二 持续推进平台产权治理的机制创新

一是持续界定平台的产权。在新工科产教融合平台建设中，需要用新的理念和模式迎接新的挑战和机会，这往往伴随着不确定性。就新工科产教融合平台而言，科学研究、创新创业、产业培育等业务推进时面临不确定性，这种不确定性可以体现在技术的发展、市场需求的变化、合作伙伴关系的建立等方面。由于不确定性的存在，无法事先准确界定每个合作主体的贡献和权益，因此在合作过程中需要进行合理的利益分配和风险分担。解决利益分配和风险分担问题的关键是平台各方充分沟通、协商，建立良好的合作机制和分配机制，使各方能够在合作中共享利益和共担风险。巴泽尔在强调产权不完全的时候并没有否定产权界定的必要性，只是强调产权的界定是一个演进过程，产权的动态界定取决于两个方面：其一，随着新信息的获取，合作主体对原来未被认识的产权属性可能会有新的认识，这可能导致合作主体重新评估其在合作中的贡献和权益，引发对产权界定的重新讨论和协商，以便更好地适应新的认识和信息；其二，随着合作的推进，公共领域的准租金分配可能存在争议，因为准租金的分配涉及利益分配、公平性和公共价值等方面的考量，需要通过协商、合作来解决。巴泽尔同时强调产权的界定需要成本，并且新工科产教融合平台在运行中的治理结构调整、知识产权归属、利益分配和风险分担等都需要通过合同去界定、维持、改变和处置，均会产生一定的界定成本。在产权的持续界定中，通常会考虑效用原则，即根据效益和成本的比较来确定是否进行产权界定。如果界定产权获得的收益超过了界定成本，即通过产权界定能够明确权益归属和提供激励机制，那么主体会倾向于进行产权界定并主张其权益。反之，如果界定成本过高或无法获得明显的收益，主体可能选择将产权保持在模糊状态，暂时将其置于合作的公共领域，以等待更有利的时机或更明确的利益分配机制。

二是限制平台公共领域的产权。前文中新工科产教融合平台准租金的配置揭示了平台参与主体准租金索取权的争夺，巴泽尔基于效用最大化原则指出准租金配置应倾向于对资产平均收入影响更大的一方，以激励其进一步增加资源投入。这一原则旨在促进参与平台的主体更加积极地投入资源，为平台的发展做出更大的贡献。然而，这种有效的准租金配置也会在平台运行中挫伤其他参与者的积极性；特别是掌握准租金分配谈判主动权的主体可以不受原有合同限制任意处置剩余收益，在治理机制不够健全的情形下，就有可能采取机会主义行为，严重损害其他主体的正当权益，进而使协同育人陷入集体主义困境。对此，巴泽尔主张对公共领域的准租金采取限制措施，并且强调非市场的限制手段非但不会稀释产权，甚至有时比市场配置更有效率。事实上，平台运行中企业、社会组织、科研院所等主体不可避免地会出现短期行为，非市场的干预手段，可以实现对公共领域的准租金的合理调控，避免准租金的过度争夺和资源的浪费。这种干预可以基于公共利益、长期稳定和平台发展的考虑，平衡各个主体之间的权益和合作关系，促进平台的可持续发展。

三是注重知识产权开发和保护。在新工科产教融合平台中，知识产权的保护确实对于界定产权的归属起到积极的作用，并可以正向激励相关主体增加研发投入。通过知识产权保护，创新者可以获得对其创造的知识和技术的法律权利，并从中获得经济回报，有助于激励创新者继续投入资源进行研发和创新。但不完全产权将产权分为法律权利和经济权利两个方面。知识产权保护仅仅强调的是法律权利的适当归属，即确保知识创造者能够享有其创造的知识的法律权益。然而，仅仅强调法律权利的归属并不足以充分发挥新工科产教融合平台中异质性资源的协同效应。本书认为，高校、科研机构和企业作为产教融合平台的重要主体，可以通过注重知识产权的开发和管理，增加平台公共领域的资源价值。它们可以将自身的研发成果、专利技术、商业化项目等纳入平台，使这些知识产权成为平台上的可交易资源。其他合作主体可以通过合作、许可或交易等方式获取这些知识产权的使用权，从而实现资源的共享和价值的最大化。在此基础上，决策权和控制权的持续调整机制，可以减小敲竹杠和剩余权争夺等行为对平台的不利影响，从而为合作主体提供稳定的合作环境。此外，开发知识产权并对其进行持续界定确实是解决知识产权归属纠纷的重要途径，通过率先开发和申请知识产权，主体可以确立其在创新和技术领域的权益，并在平台运行中通过知识产权的持续界定来解决归属纠纷，有助于在平台合作中明确知识产权的归属，并提供一种制度化的解决途径，从而减少不确定性和纠纷，促进合作主体之间的协同创新，推动整个平台的持续发展。

小 结

新工科产教融合平台需要产学研主体投入知识、技术、资本、管理等异质性创新资源，这决定了平台产权的交融性。平台产权的交融性意味着平台治理结构需要灵活适应不同主体之间的合作和交互需求，制定合适的合作协议、合同和机制，可以协调和平衡各主体之间的权益，确保资源的有效利用和公平分配。同时，平台治理结构还需要为不同主体的贡献和风险承担提供相应的激励和约束机制，以促进创新资源的持续投入和平台的可持续发展。运用新制度经济学交易成本理论、不完全契约理论，论证了新工科产教融合平台产权的不完全性。产权的不完全性能够导致产权界定成本增加，并对协同创新绩效产生影响。不完全的产权意味着无法准确界定资源的归属和权益，这可能引发合作主体之间的争议、纠纷。在这种情况下，合作主体可能会出于自身利益考虑，进行敲竹杠和争夺准租金，导致集体主义困境的出现。产权是新工科产教融合平台的核心问题，必须依据主体投入产权的相对重要程度决定其合作收益的分配，经典 Shapley 值法模型可以有效解决产教融合的合作收益分配问题。然而，在实际的产教融合过程中，存在一定的风险，并且有时无法准确确定具体的合作收益，因此需要进一步探讨基于产教融合风险和创新收益不确定性的算法修正。研究表明，这些算法可以有效解决新工科产教融合平台参与主体的合作收益分配问题，破解产权不完全性的潜在负面影响，提高合作的公平性和效率，并推动产教融合的持续发展。下一步，需要从以下两个方面加强平台的治理：一是积极发挥政产学研等不同主体在产权治理中的作用，每个主体在平台产权治理中都扮演着不同的角色，应该充分发挥其优势，使其共同参与产权界定、利益分配、风险管理等方面的决策和实践；二是通过持续界定平台的产权、限制平台公共领域的产权和注重知识产权开发和保护等举措，持续推进平台产权治理机制创新。

第四章 交易成本视角下新工科产教融合平台主体的行为策略选择

第三章交易成本视角下新工科产教融合平台的产权分析,论证了产权不完全会导致准租金争夺和合作收益分配的困境。由于加入平台的产学研主体都有各自诉求,这种负面影响可能会影响其行为策略。本章阐述了平台主体行为策略的治理逻辑,探讨交易成本下合作行为与机会主义行为策略选择的内在机理。在此基础上,提出伙伴选择成本等四种交易成本对行为策略影响的研究假设,通过问卷调查收集一手数据,进行假设检验与结论探讨,为新工科产教融合平台主体行为策略的治理提供依据。

第一节 新工科产教融合平台参与主体的行为策略

一 平台参与主体行为策略的分析框架

新工科产教融合平台本质上是一个开放式平台,旨在促进产学研主体之间的合作与创新资源共享。平台不仅涵盖私人产品如设备设施等,还包括知识、信息等"准公共产品"。一方面,开放式平台有助于实现多主体的协同创新。不同的产学研主体可以在平台上共享资源、知识和信息,相互合作,从而促进创新活动的开展。这种协同创新可以提高创新效率,避免资源的浪费,加速技术进步和产业发展。另一方面,开放式平台也面临多主体合作的困境和机会主义风险。困境包括合作伙伴之间可能存在的信息不对称、资源分配不均等问题,以及协同创新过程中的协调与管理难题。机会主义风险指的是合作伙伴中的某些主体可能会利用平台资源和合作机会谋取个人私利,而不是为了整体的合作与创新目标而努力。Coras 和 Tantau 指出,开放式创新的知识溢出效应固然激发了参与主体的合作行为,但其混杂的机会主义行为会降低组织的创新绩效,并且不利于知识产权的保护。[1] 张华等发现,非对称信息、目标差异等因素会诱发开放式创新中的机会主义行为,最终破坏长期稳定的合作行为。[2] 本书借鉴 Wathne 和 Heide 提出的行为—环境分析范式[3],结合 Williamson 的交易成本理论[4],探讨交易成本对新工科产教融合平台参与主体的行为策略影响(见图 4-1)。

图 4-1 揭示了"关系建立→协同创新→价值获取"的新工科产教融合平台构建的内在逻辑。首先是关系建立,尽管新工科产教融合平台的主体可能具有不同的目标和诉求,但平台的构建有助于异质性创新资源的交融。平台可以为各主体提供获取外部创新资源的机会,并能够提升它们的竞争力。通过加入平台,主体可以主动识别潜在的合作伙伴,与其展开合作,共同实现创新目标,即平台可以提供信息共享、沟通和协调的机制,帮助主体更好地找到适合的合作伙伴,并建立起合作关系。其次是协同创新,产教融合平台为产学研主体提供了一个交流和合作的平台,促进了知识的共享和创新活动的开展。在产教融合平台上,不同的主体可以分享它们的知识和经验,通过交流和互动,激发创新思维,提高创新能力,有助于知识的交流和跨领域的合作,进一步促进创

---

[1] Coras E. L., Tantau A. D., "A Risk Mitigation Model in SME's Open Innovation Projects," *Management & Marketing* 8 (2013).

[2] 张华、顾新、王涛:《开放式创新的机会主义风险及其治理机制》,《科学管理研究》2019 年第 5 期,第 15~22 页。

[3] Wathne K. H., Heide J. B., "Opportunism in Interfirm Relationships: Forms, Outcomes, and Solutions," *Journal of Marketing* 64 (2000).

[4] Williamson O. E., "Transaction Cost Economics," in Menard C., Shirley M. M., eds., *Handbook of New Institutional Economics* (Berlin: Heidelberg, 2008).

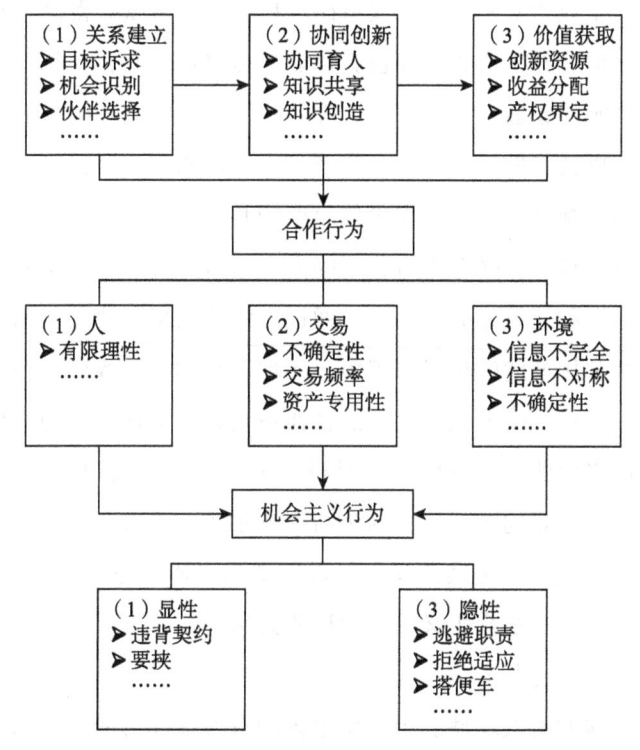

```
┌─────────────┐   ┌─────────────┐   ┌─────────────┐
│(1)关系建立  │   │(2)协同创新  │   │(3)价值获取  │
│▶目标诉求    │──▶│▶协同育人    │──▶│▶创新资源    │
│▶机会识别    │   │▶知识共享    │   │▶收益分配    │
│▶伙伴选择    │   │▶知识创造    │   │▶产权界定    │
│……           │   │             │   │             │
└─────────────┘   └─────────────┘   └─────────────┘
                         │
                         ▼
                   ┌──────────┐
                   │ 合作行为 │
                   └──────────┘

┌─────────────┐   ┌─────────────┐   ┌─────────────┐
│(1)人        │   │(2)交易      │   │(3)环境      │
│▶有限理性    │   │▶不确定性    │   │▶信息不完全  │
│……           │   │▶交易频率    │   │▶信息不对称  │
│             │   │▶资产专用性  │   │▶不确定性    │
│             │   │……           │   │             │
└─────────────┘   └─────────────┘   └─────────────┘
                         │
                         ▼
                  ┌────────────┐
                  │ 机会主义行为│
                  └────────────┘
                    │        │
         ┌──────────┘        └──────────┐
         ▼                              ▼
┌─────────────┐              ┌─────────────┐
│(1)显性      │              │(3)隐性      │
│▶违背契约    │              │▶逃避职责    │
│▶要挟        │              │▶拒绝适应    │
│……           │              │▶搭便车      │
│             │              │……           │
└─────────────┘              └─────────────┘
```

图 4-1 交易成本对新工科产教融合平台主体行为策略的影响

新行为的跃迁。此外，产教融合平台的实践教学和工程人才培养训练项目对新工科人才的培养也起到积极的作用。借助平台，学生可以接触到真实的工程实践和产业环境，积累实际操作和解决问题的经验；平台也为教师、科研人员和企业管理技术人员之间的交流和协作提供了机会，他们可以共同参与教学、科研项目，分享各自的专业知识和实践经验，这样的交流与合作有助于形成协同育人的合力，促进人力资源的综合素养养成。最后是价值获取，依据资源基础和资源依赖理论，产教融合平台有助于促进创新资源的交换和对接。在高校人才培养方面，产教融合平台可以提供更丰富的实践机会和解决实际问题的环境，使学生接触到真实的产业需求和创新项目。在校企协同攻关和科研成果转化方面，产教融合平台可以促进产学研之间的紧密合作和信息交流。高校和科研院所可以借助企业的实际需求开展科研项目，企业可以获得高校和科研院所的专业知识和科研成果。在创新创业项目培育方面，产教融合平台提供了创业资源的集散地。此外，合理的收益分配机制和明确的产权界定是确保平台可持续发展的关键，需要建立合适的制度和机制，确保各方的利益得到平衡和保护，实现价值获取的共赢。

综合新工科产教融合平台构建的内在逻辑，合作行为是新工科产教融合平台构建和运行的必然内容，通过资源的共享和协同创新，各主体能够更好地利用彼此的优势和资源，实现互补和协同效应。在平台的运行过程中，各主体需要制定合适的合作策略，以实现平台的目标和共同利益。借助平台的规模效应，合理利用平台经济模式和双边市场特性，才能真正营造良好的产学研协同创新生态系统。尽管合作行为是新工科产教融合平台主体的必然选择，但依据交易成本理论，平台运行的人、交易和环境决定了机会主义行为出现的必然性，本书借助"行为—环境范式"对此进行分析。

一是主体的有限理性。产学研主体的有限理性可最终归结为人的有限理性，即在产学研合作中，各主体无法完全掌握所有的机会识别和伙伴选择的信息。由于信息的不对称性和复杂性，主体只能依据有限的信息和个体的判断进行决策。在这种情况下，主体可能会选择那些能够满足自身最基本需求或相对满意的合作伙伴，而不一定追求最优的合作伙伴。二是交易因素。产教融合平台的合作行为体现了人、财、物、信息、管理等创新资源的交易，这种创新资源交易的不确定性、交易频率和资产专用性可能会对合作行为产生负向影响，必须通过管理制度和治理创新促进合作，包括建立信息共享机制、制定明确的合作规则、建立契约和激励机制等，以降低不确定性、提高交易效率和降低交易成本。合理的制度安排和治理机制可以降低风险，提高合作效率，从而促进创新资源的交换和共享。三是环境因素。"行为—环境范式"强调合作动机、合作行为与外部环境均可能诱发机会主义行为，特别是在新工科产教融合平台中，信息往往分布不均衡，并且主体对于协同创新的信息是不完全的，这导致合作过程中存在不确定性。不均衡的信息分布意味着某些主体可能拥有更多的信息，而其他主体则缺乏信息。这种信息不对称可能会导致资源的不对等交换，进而引发机会主义行为。

二 平台参与主体行为策略的具体表现

从上文可知，新工科产教融合平台参与主体的行为策略有合作和机会主义两种类型，在实际情况中，主体的行为策略通常是基于不同的动机、条件和环境因素而变化的，而不是绝对、静态的选择。在不同的情境下，主体可能会根据自身利益和情境条件选择不同的行为策略。合作和机会主义并不是互斥的，主体可以根据情况灵活地选择不同的策略。例如，当主体面临共同利益较大、信任度较高的合作机会时，其可能更倾向于选择合作策略；而当主体面临利益冲突、风险较高或信息不对称的情况时，其可能更倾向于采取机会主义策略。Handley 和 Benton 认为，交易中的机会主义行为是利用信息不对称从事的损害合作方利益的利己主义行为，并且可以划分为显性和隐性两类，前者相对容易被察觉，后者则相对隐蔽。[1] 新工科产教融合平台参与主体的机会主义行为也可以分为显性机会主义行为和隐性机会主义行为两种类型。显性机会主义行为有违背契约和要挟两种表现形式，其中违背契约指的是在产学研主体协同进行技术攻关和新产品开发时，合作方在内外环境变化下有意违背合作协议，退出产教融合项目。虽然合作方可能会在契约中约定违约责任，但未来的产教融合项目推进会受到内外环境变化的影响，契约无法完全预见和约定所有的未知事件。违背契约的显性机会主义行为通常会给合作方带来巨大的损失，并导致产教融合项目中止。这种行为

---

[1] Handley S. M., Benton W. C., "The Influence of Exchange Hazards and Power on Opportunism in Outsourcing Relationships," *Journal of Operations Management* 30 (2012).

严重破坏了合作方之间的信任关系，会造成资源浪费、时间延误和利益损失等不良后果。在产教融合项目中，要挟行为通常发生在价值获取阶段，指的是在合作中具有强势地位的一方充分利用其剩余分配权优势或抓住合作方投入的创新资源的专用性弱点，通过施加压力或威胁迫使对方做出巨大让步。产教融合在推进中，通常涉及设备设施、人员和知识等专用性资源的投入，这些资源一旦投入合作项目中，就很难转为其他用途。这就使得产学研主体面临合作方的要挟行为，被迫就某些合作事宜做出重大牺牲。

新工科产教融合平台参与主体的隐性机会主义行为主要有逃避职责、拒绝适应、搭便车三种表现。逃避职责通常发生在产教融合项目推进阶段，平台主体在信息不对称、体制不健全或职责未明确的情况下，将可能的追责或风险转嫁给其他主体。这种行为通常是为了在享受资源共享的收益时不承担风险共享责任。逃避职责是一种常见的隐性机会主义行为，可能会导致合作关系的不公平和不稳定。拒绝适应是一种常见的隐性机会主义行为，在产教融合项目推进的中期可能会出现。这种行为主要是由于产学研主体之间存在根本性差异，包括性质、目标、思想观念等方面的差异，导致在项目的具体实施过程中出现矛盾和冲突。不同主体有自己的利益诉求和自我中心主义倾向，它们可能会围绕自身的思想观念、制度规范和目标诉求推进产教融合项目，而不愿意主动适应其他主体的需求和合作方式。这种拒绝适应的行为表现出的是一种自私主义的态度，可能会阻碍项目的顺利推进和合作的有效进行。搭便车是资源共享、协同创新中常见的一种机会主义行为，Wagner 认为，搭便车本质上是在合作过程中将资源使用成本外部化，即将本该承担的资源使用成本转嫁给合作方，从而达到降低资源利用成本并提高资源利用效率的目的。[1] 因此，可以认为搭便车行为是一个主体在合作过程中获取其他主体提供的资源、知识或机会等好处，但自身并不做出相应的贡献

---

[1] Wagner D. N., "The Opportunistic Principal," *Kyklos* 72 (2019).

或承担相应的责任和风险。这种行为会导致资源分配不均，以及合作方之间的不公平感，削弱合作的动力。产教融合过程中的搭便车式机会主义行为很难避免，这是由于投入的资源有时很难清晰界定，并且搭便车者同样倡导合作行为，只是在合作过程中更多考虑自身的利益。

综上，新工科产教融合平台参与主体的机会主义行为主要包括违背契约、要挟、逃避职责、拒绝适应、搭便车等形式。机会主义行为破坏产教融合资源共享、共有、共用的协同创新氛围，需要综合运用监督管理、激励机制、合作文化培育和法律法规等手段，通过体制机制的创新和完善，有效防止和减少机会主义行为的发生，促进产教融合平台的协同创新和可持续发展。在威廉姆森看来，交易成本与机会主义行为存在密切联系，需要进一步揭示新工科产教融合平台交易成本对合作方行为策略的影响。

第二节　行为策略选择的理论分析与假设提出

一　交易成本影响参与主体行为策略的机理

侯建昀研究表明，交易成本是合作主义行为策略的直接决定因素。[①] 选择新制度经济学交易成本理论作为交易成本影响新工科产教融合平台参与主体行为决策的分析工具，一是因为产教融合兼具教育属性和经济属性。交易成本理论强调了交易的复杂性和不完全性，而这种双重属性会增加交易的不确定性和成本。教育属性涉及知识传授和人才培养等教育过程，经济属性涉及资源共享、利益分配等经济交换。利用交易成本理论，可以揭示在双重属性下，参与主体如何权衡教育目标和经济利益，从而影响其合作决策。二是因为产教融合利益共同体的构建和

---

① 侯建昀：《专业化苹果种植户市场行为研究——基于交易成本视角的理论和实证》，博士学位论文，西北农林科技大学，2017，第18~19页。

运行存在制度性交易成本。在产教融合平台的构建和运行过程中，涉及不同主体之间的合作、协调和决策等。这些合作活动需要建立一套制度来规范参与主体之间的互动，减少交易成本并促进合作。利用交易成本理论进行分析，可以理解制度安排对于产教融合平台参与主体行为决策的影响，以及如何降低制度性交易成本以促进合作效果提升。三是因为产教融合存在合作主体的产权交融，而交易成本理论适合分析产权问题。产教融合平台涉及不同主体之间的合作和资源共享，其中包括知识产权和其他资源的产权问题。通过对界定产权、明确权益和责任等相关问题进行分析，可以揭示产权问题对参与主体行为决策的影响。了解不同主体在产权问题上的交易成本，有助于设计合理的产权安排，减少交易成本，促进合作。交易成本影响新工科产教融合平台主体行为策略的机理可从以下四个方面进行梳理。

一是伙伴选择成本对新工科产教融合平台主体行为策略的影响。无论是生产性实训基地建设还是技术协同开发，无论是创新创业项目培育还是资产紧密型产业学院组建，产教融合的产学研主体均需要选择合适的合作伙伴，由此产生事前的伙伴选择成本。这些成本主要有三类，首先是信息搜寻成本，参与主体需要进行信息搜寻以找到合适的合作伙伴。这涉及评估其他主体的互补资源、合作能力、合作意愿和社会声誉等方面。这个过程可能需要耗费一定的时间和精力，从而产生了信息搜寻成本。其次是合作谈判成本，即合作方在确定合作关系的具体细节时，需要进行详细的谈判。这些谈判涉及人力资源、技术支持、市场准入、资金投入、管理模式以及设备设施等众多要素。在谈判的过程中，各方需要就这些要素进行讨论、协商，并最终达成一致意见，形成合作协议，由此产生多轮谈判成本。最后是契约保障成本，由于产学研等主体之间存在委托代理关系以及系统之间存在差异，在制定和执行合作契约时，主体需要充分考虑各方的利益和风险，制定明确的合作条款，并建立相应的监督和争议解决机制，以确保合作的顺利进行和各方的合法权益得到保护，由此产生必要的契约保障成本。Ryu 等指出，技术合作伙伴的选择通常面临潜在合作者构成的多市场环境，伙伴选择成本是必要的，而且充分的选择成本可以有效降低机会主义发生的概率。① 从这个意义上讲，新工科产教融合平台主体的伙伴选择成本正向影响后期的合作。通过投入伙伴选择成本，产学研主体可以选择合适的合作伙伴，减少合作风险，提高合作效果，促进合作关系的长期稳定和共赢发展。

二是运行交易成本对新工科产教融合平台主体行为策略的影响。Spruk 和 Kovac 实证检验了墨西哥州级法律制度与经济增长之间的关系，发现法律制度导致的社会经济治理的运行交易成本与经济增长之间存在显著关系，如果州之间能够共享法律制度，则有助于促进经济增长。② 可以推理，新工科产教融合平台的运行交易成本同样影响合作收益，进而影响主体的行为策略。新工科产教融合平台需要破除机构属性、学科专业、制度文化等各种壁垒，进行体制机制创新，由此会产生必要的运行性制度成本。首先是监督成本，即产教融合需要建立新型监督机构，加强对产教融合的监督和管理，提高教学质量和创业创新效果，保护国有资产的利益，促进产教融合的有序运行。同时，监督机构还可以促进信息共享、经验交流和合作机会的发现，推动产教融合的持续创新和发展。其次是决策成本，为了充分体现多主体地位，产教融合利益共同体需要筹建独立的理事会或工作委员会。该理事会或委员会可以由产学研主体、政府相关部门以及其他利益相关者组成，通过召开会议、磋商和评估，就具体业务进行讨论和决策，制订择优方案。这种决策过程可能需要投入一定的时间、人力和资源，由此产生了择优方案决策成本。再次是争议解决成本，产学研多主体合作中不同的主体可能存在利益诉求、工作方式、资源分配等方面的差异，导致合作过程中产生冲突和争

---

① Ryu W., Reuer J., and Brush T. H., "The Effects of Multimarket Contact on Partner Selection for Technology Cooperation," *Strategic Management Journal* 41 (2020).
② Spruk R., Kovac M., "Transaction Costs and Economic Growth under Common Legal System: State-Level Evidence from Mexico," *Economic & Politics* 31 (2019).

议。产学研主体之间应该拥有良好的沟通渠道，并及时进行信息共享，通过开放的对话和共同协商，各方可以就存在的问题、分歧和争议进行交流，并寻求共同的解决方案，以促进相互理解和合作。最后是违约成本，由于产教融合是建立在契约基础上的多主体合作模式，合作方可能在项目推进过程中面临各种内外因素的变化，导致中途退出或者违约行为的发生。中途退出和违约行为可能会给其他合作方和整个产教融合项目带来不利影响，包括经济损失、资源浪费以及合作关系破裂等。为了应对这些风险，需要建立相应的制度和机制来约束合作方的行为，并设立适当的违约和清算成本。

三是资产专用性成本对新工科产教融合平台主体行为策略的影响。交易成本理论的集大成者威廉姆森将"支持特定交易进行的持续性投资一旦发生就很难再转作他用或即使改作他用价值也会大大降低"的现象称为资产专用性[1]，资产专用性具体包括地理区位、物理资产、人力资产、特定契约服务、特定时间等。Jallade研究欧洲的教育合作项目时指出，合作办学方对办学资源的投入存在顾虑，资产专用性不利于彼此的深度合作。[2] 就新工科产教融合平台而言，产学研等主体投入的与协同育人、技术攻关和产业培育等相关的资源通常会被视为平台的核心资源，包括设备、技术、专利、知识产权等。这些资源被投入平台后，性质就发生了根本性转变，变成了共有共享的资源。这种转变使这些资源难以转移给其他机构或改作他用，因为这涉及共享利益的重新分配以及可能的法律和合同约束。在实际操作过程中，产学研等主体所投入的资源被"套牢"后，如果将其转移到其他地方或改作他用，可能需要承担较高的沉淀成本，涉及重新分配利益、合同解除、技术转让等方面的复杂问题，即威廉姆森所指的"资产发生了根本性转变"。

---

[1] 〔美〕奥利佛·威廉姆森、斯科特·马斯滕编《交易成本经济学——经典名篇选读》，李自杰、蔡铭等译，人民出版社，2008，第32页。

[2] Jallade J. P., "International Approaches to Education: A Review of Some Major Cooperative Programmes," *European Journal of Education* 46 (2011).

第四章 交易成本视角下新工科产教融合平台主体的行为策略选择

四是准租金攫取成本对新工科产教融合平台主体行为策略的影响。在产教融合中，各主体之间的权责和关系需要通过契约来明确。契约可以规定各方的权利、义务、利益分配等内容，有助于保障合作的进行。然而，由于未来的情况很难完全预测，契约无法包括所有可能发生的情况和变化，这种不完全性可能会导致契约在实际操作中存在局限性。当未来发生意想不到的变化或需要调整合作方式时，契约可能无法提供具体的指引。此时，双方需要根据实际情况进行协商，以解决新出现的问题，并可能需要重新修订契约。产学研等主体只能把难以事先约定或事前没有预期到的部分产权置于公共领域，这部分产权即为"准租金"。[①]虽然从法律意义上来说，准租金属于产学研等主体共同所有，但是，在实际运行中，不同主体对准租金的控制权和分配权可能存在差异。处于优势地位的主体可能会通过控制权来获取更多的准租金，从而损害其他主体的利益，导致事后剩余权的不公平分配，即某些主体获得了更多的利益，而其他主体则被剥夺了其应得的权益。这种不公平分配可能会损害产学研等主体之间的合作关系，并对长期的合作产生负面影响。新工科产教融合平台主体在有限理性和资产专用性的情况下，如果掌握了准租金的实际控制权，确实有可能会采取机会主义行为，例如要挟、欺诈和敲竹杠等，以获取更多的利益，剥夺其他主体的权益。这种行为可能会破坏产教融合平台的合作氛围和公平性，影响长期的合作关系和可持续发展。

综上可以看出，产学研等主体在合作过程中，可能会面临各种制度性的交易成本，主要包括信息不对称、合作协调困难、合作决策复杂等，这些交易成本会增加合作的难度和风险，并影响各方对合作的预期收益。在权衡预期收益和风险时，平台主体可能会寻找合作的最佳平衡点。它们可能会探索合作机制、合作方式和合作规模等，以最大限度地获得预期收益，并尽量降低交易成本所带来的风险。特别是产教融合平

[①] 李玉倩、陈万明：《集成化产教融合平台产权的经济分析与治理对策》，《高等工程教育研究》2018年第6期，第27~32页。

台的产权和契约都是不完全的，投入的资产往往具有专用性，且不同利益相关方可能试图通过攫取准租金和争夺事后剩余分配权来获取更多利益，在这种情况下，产教融合平台可能会面临集体主义困境。集体主义追求的是集体利益和共同目标，但在现实中，不同利益相关方往往追求自身的利益最大化，这可能导致虚幻化、形式化和功利化的情况出现，即集体主义的目标只是表面上的口号，实际上利益相关方更关注个人利益。

二 交易成本下参与主体行为策略的治理逻辑

由上文研究可知，新工科产教融合平台本质上是在政府倡导下形成的双边市场，由高校、科研院所、行业企业等主体共同构成，旨在促进创新资源的交易。平台提供多种产品和服务，包括高素质复合型新工科人才等公共产品、共性技术开发和工程技术转换等准公共产品以及新产品开发等私人产品，这使得平台具有教育系统和产业系统属性，可以被看作一种具备"准企业"特性的实体。特别值得注意的是，平台的高质量发展意味着它不仅追求短期协同创新效应，而且重视长期效益和内涵式发展基础。这意味着平台不仅关注当前的合作和创新成果，也注重培养和发展可持续的能力，以实现长期的创新和发展。根据金帆和张雪的观点，新时代组织治理的重心正从财务资本导向转向智力资本导向。[①]由此，平台治理目的转向加强平台智力资本，并秉承"以人为本"的理念，这是一种新的取向。传统的平台治理通常侧重于财务绩效，即追求经济效益和盈利。然而，随着数字化时代的到来，平台经济的本质发生了变化，注重的不仅是经济层面的成功，还包括用户满意度、社会责任等因素。现在，平台治理更加关注加强平台智力资本，通过改善平台参与主体的行为和互动方式，实现智力资本的增长和优化。

新工科产教融合平台中，治理导向以平台智力资本为核心，强调

---

① 金帆、张雪：《从财务资本导向到智力资本导向：公司治理范式的演进研究》，《中国工业经济》2018 年第 1 期，第 156~173 页。

"以人为本"和创新资源共享的理念。这种治理导向的转变意味着平台管理者注重营造一个真正精诚合作的环境，以促进参与主体之间的合作和共享创新资源，同时杜绝机会主义行为。平台治理的目标已由财务绩效转为平台共有智力资本的增长，即通过智力资本控制权、运营权、监督权的科学设置，创新平台体制机制，促进产学研之间创新资源的匹配与对接。在产学研公地悲剧的治理研究中，张成华等主张通过董事会、经理层、监事会等，抑制寻租、合谋、机会主义等行为，以真正解决产学研公地悲剧的治理难题。[1] 参照平台治理的框架性设计[2]，可以从治理主体、治理行为和平台责任三个方面诠释治理逻辑。

首先是治理主体。可以把治理主体划分为两类，一是新工科产教融合平台的直接参与主体，即产学研等合作机构。各主体的目标诉求不同，作为创新资源投入主体，需要围绕智力资本的所有权、运行权、处置权和分配权等，设置治理结构。就实践操作而言，委员会制是各方相对都能接受的治理结构，其通过将不同利益相关方的代表聚集在一起，更好地理解各方的需求，从而达成共识和协调各方利益。在委员会制中，各方会指派代表作为它们的利益代言人，共同组成委员会。委员会的成员应该具有不同的背景和专长，以确保在各个领域都有合适的代表。二是地方政府。为了促进供给侧人才结构性改革和产业的转型升级，中央和地方都出台了产教融合政策，以期推进产教融合向纵深发展。新工科产教融合平台的构建和运行同样离不开各级政府的支持，政府自然成为公共利益最大化的治理主体，政府的角色是协调者、监管者和推动者，进行激励和惩罚规制，促进产教融合各方积极参与。

其次是治理行为。和其他协同创新组织一样，新工科产教融合平台同样存在集体主义困境，在这种集体主义环境下，个体的贡献可能不容

---

[1] 张成华、王海军、王华：《虚拟公司治理视角下国有企业产学研公共地悲剧治理研究——基于寻租、合谋、机会主义行为抑制的中介效应检验》，《贵州财经大学学报》2018年第6期，第81~90页。

[2] 马丽：《网络交易平台治理研究》，博士学位论文，中共中央党校，2020，第11~12页。

易得到公平的回报，产权界定也变得复杂。在前文产权分析中，可以发现平台的产权是不完全的，需要通过动态的产权界定保护主体的产权不受侵犯。通过动态的产权界定、明确的合约和协议、治理机制以及透明的监管措施等，新工科产教融合平台可以更好地解决集体主义困境，并确保每个主体的权益得到充分保护。此外，平台的契约同样是不完全的，正如朱慈蕴和沈朝晖所言，市场交易契约的不完全必然带来剩余控制权的争夺，必须通过沟通机制、惩罚机制等治理机制，促进多方的合作行为。① 由于新工科产教融合平台的信息在各主体之间呈现不均衡分布，在整体利益掩盖下，各主体可借助有策略的创新资源共享行为谋求自身利益的最大化。蔡瑞林等研究发现，知识操纵是常见的知识管理策略，目的是在协同创新掩盖下，通过折中的、柔性的共享策略获得自身利益的最大化。② 由此，必须以主体行为作为切入点，遏制平台直接参与主体的机会主义行为。

最后是平台责任。在前文新工科产教融合平台的市场结构分析中，已经论证了平台具有交叉网络外部性、需求差异性和用户黏性三个典型特征。双边网络外部性的增强和平台构建成本的增加均会导致平台数量减少，为了促进产教融合向广度和深度两个维度延伸，一方面需要降低平台的构建成本，另一方面需要降低平台一侧参与方对另一侧参与方的负向影响，为平台参与方提供更多机会进行交流、合作和创新，从而推动产教融合的发展。由此，平台在促进产教融合过程中扮演着重要角色，并且需要将整体智力资本作为治理目标。平台需要提供软硬件支撑，夯实促进各方创新资源交易和匹配的基础。同时，平台还需要综合考虑多个因素，包括参与主体、资源客体、平台载体、交易动机、创新环境、资源对接等，以确保平台的高质量发展。

---

① 朱慈蕴、沈朝晖：《不完全合同视角下的公司治理规则》，《法学》2017年第4期，第149~157页。
② 蔡瑞林、戴克清、钱敏：《知识操纵行为意向影响因素研究》，《科技进步与对策》2021年第6期，第131~138页。

综上可以归纳交易成本视角下参与主体行为策略的治理逻辑：以平台智力资本为治理范式，聚焦平台交易成本，以平台参与主体的行为策略为抓手，一方面通过促进知识和经验的共享，激励参与主体进行合作，鼓励合作伙伴之间共享资源、互相支持，并提供相应的激励机制，以降低合作成本，促进合作行为的发生；另一方面通过建立规范的制度和约束机制，遏制参与主体的机会主义行为，通过明确权责关系、规范行为准则、制定奖惩机制等方式，减少机会主义行为的发生，提升合作的可信度和稳定性。上述的促进合作行为和遏制机会主义行为，提升了平台的治理水平，促进了资源的有效配置和合作的良性发展，从而实现了平台的高质量发展，进一步推动了产教融合的广度和深度的延伸。

三 研究模型与相关假设

新工科产教融合平台本身是一个开放的创新系统，旨在促进不同主体之间的合作。然而，交易成本的存在可能会引发集体主义困境。在这种情况下，相关的主体可能会面临合作与机会主义之间的抉择，并出现"合作诱惑"和"联姻顾虑"。在开放的创新系统中，不同的主体可以从彼此的合作中获得收益，然而，由于合作可能需要时间、资源和承诺，这些主体可能会考虑与其他主体的合作所带来的风险和不确定性，这就是"联姻顾虑"的表现。同时，主体也可能会被其他主体的机会主义行为所吸引，需要权衡短期个体利益和长期合作所带来的潜在好处，这就是"合作诱惑"的表现。产教融合有产学研技术合作研发、产学研协同育人、产学研项目驱动和产学研利益共同体等多种合作方式，机会主义则泛指在集体主义幌子下，通过算计、伪装、迷惑、误导、要挟、搭便车、敲竹杠等方式攫取合作方利益的不当行为[①]，在新

---

① Carson S. J., Madhok A., and Wu T., "Uncertainty, Opportunism, and Governance: The Effects of Volatility and Ambiguity on Formal and Relational Contract," *Academy of Management Journal* 49 (2006).

工科产教融合平台中表现为违背契约、要挟、逃避职责、拒绝适应、搭便车等5种形式。至此,构建交易成本影响新工科产教融合参与主体行为策略的理论模型,如图4-2所示。

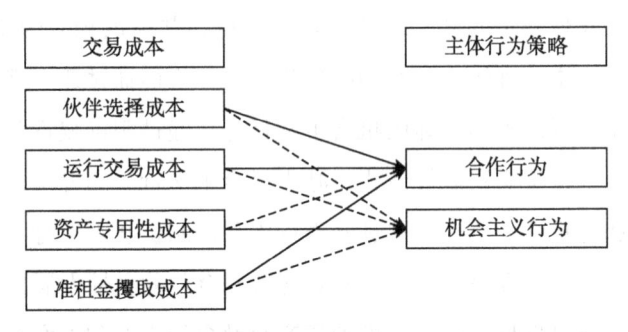

图4-2 交易成本影响平台参与主体行为策略的理论模型

注:实线表示正向影响,虚线表示负向影响。

图4-2大致说明了交易成本理论下产学研主体参与新工科产教融合平台的行为选择机理。就伙伴选择成本而言,如果前期的选择成本较高,则选择的合作伙伴很可能更加符合自身的需求,有更高的匹配度和潜在的协同效应。选择恰当的合作伙伴有助于形成共识,建立资源共享和休戚相关的合作关系。当合作伙伴之间有共同的目标、利益和价值观,并且能够相互信任和依赖时,它们更有可能建立长期稳定的合作关系;当合作伙伴之间存在较高的信任和互相约束机制时,它们更倾向于遵守合作规则和承诺,减少自身的机会主义行为。就运行交易成本而言,运行交易成本较高,表示共同体的管理和运作需要投入较多的资源和精力。相对而言,如果共同体监管运行比较规范,则有助于消除共同体的道德风险等顾虑,可以有效减少合作中的机会主义行为,降低合作成本,促进后期的进一步合作。就资产专用性成本而言,如果资产的专用性较强,则意味着产学研等主体投入的资产在共同体中被套牢的风险较高。这可能会使相关主体产生心理戒备,使它们对合作行为持更加谨慎的态度,甚至可能会降低它们参与合作的意愿。同时,资产专用性成本较高,还可能会导致处于强势地位的主体对剩余分配权拥有更大的话

语权和操作空间，使得强势主体更容易对弱势合作方进行要挟或敲竹杠，从而增加了机会主义行为发生的可能性。因此，可以认为资产专用性成本正向影响机会主义行为。就准租金攫取成本而言，如果一方在不当攫取合作方的利益时面临较高的成本，则意味着背叛行为需要付出较大的代价。在这种情况下，准租金攫取成本可以起到一定的约束作用，减少机会主义行为的发生。准租金攫取成本较高使得背叛行为的风险和代价增加，从而降低了主体从非合作行为中获取利益的动机。相应地，准租金攫取成本较高也可以激励合规的协作行为。当主体面临背叛行为的高机会成本时，它们更有动力遵守合作规则和承诺，以获取合作所带来的准租金，由此准租金攫取成本正向影响合作行为。

综合"交易成本理论下平台参与主体行为策略选择的机理"和上述研究模型，本书提出以下假设。

H_{1a}：伙伴选择成本正向影响产教融合平台的合作行为。

H_{1b}：伙伴选择成本负向影响产教融合平台的机会主义行为。

H_{2a}：运行交易成本正向影响产教融合平台的合作行为。

H_{2b}：运行交易成本负向影响产教融合平台的机会主义行为。

H_{3a}：资产专用性成本负向影响产教融合平台的合作行为。

H_{3b}：资产专用性成本正向影响产教融合平台的机会主义行为。

H_{4a}：准租金攫取成本正向影响产教融合平台的合作行为。

H_{4b}：准租金攫取成本负向影响产教融合平台的机会主义行为。

第三节 行为策略选择的实证研究

一 变量测量

变量测量遵循以下步骤：一是优先选择已有的成熟测量量表，即查阅相关权威期刊论文，选择已经被众多学者验证的具有较高信度、效度的测量条目；二是在保持成熟条目内涵基础上，针对新工科产教融合平台特征进行相应的表述性调整；三是根据研究框架设计调查问卷（详见附录一），邀请产教融合平台运行管理人员进行座谈，对问卷和变量测量设计进行研讨；四是在江苏南京组织预调查，检验实证研究前期设计可能存在的问题；五是完成变量测量和调查问卷的设计。相关变量测量条目如表 4-1 所示。运用问卷数据测算其因子载荷，结果发现均大于 0.6，说明测量条目与伙伴选择成本等 6 个潜变量具有较强的相关性。

表 4-1　相关变量测量条目

变量名称	测量条目数	测量条目	因子载荷	主要来源
伙伴选择成本	3	①搜寻评估潜在伙伴的成本 ②与合作伙伴谈判的成本 ③签订产教融合契约的成本	0.758 0.769 0.766	Mellewigt 和 Decker
运行交易成本	4	①必要的监督成本 ②业务的决策成本 ③运行事项的争议解决成本 ④运行可能的违约成本	0.716 0.734 0.731 0.673	奥利佛·威廉姆森和斯科特·马斯滕
资产专用性成本	5	①已经投资或改变的人力资产专用性成本 ②设备设施使用地点专用性成本 ③设备设施使用用途专用性成本 ④技术攻关研发经费专用性成本 ⑤产业培育前期专项成本	0.670 0.723 0.788 0.723 0.710	奥利佛·威廉姆森和斯科特·马斯滕
准租金攫取成本	4	①如果合作伙伴利用产教融合专用性资产寻求不当利益，它将失去潜在合作伙伴 ②如果合作伙伴利用产教融合契约缺陷进行不当要挟，我单位会采取有效反击行为 ③如果合作伙伴无故要求重新谈判或退出契约，它将付出很大代价 ④如果合作伙伴采取敲竹杠行为，它的声誉损失将使它得不偿失	0.797 0.832 0.831 0.655	符加林

续表

变量名称	测量条目数	测量条目	因子载荷	主要来源
合作行为	5	①愿意承担产教融合相应的职责 ②愿意分享产教融合的信息 ③愿意参与制定产教融合的目标 ④愿意参与制定产教融合的规范性制度 ⑤愿意听取合作伙伴有助于产教融合的建议	0.682 0.735 0.720 0.788 0.676	Cornelis 等、侯方俊 等
机会主义行为	6	①以自我为中心拒绝合作方请求 ②为了得到想要的利益经常改变事实 ③经常逃避职责 ④经常违背正式或非正式的协议 ⑤经常试图利用合作关系来为自己谋取利益 ⑥经常让其他合作方承担额外的责任	0.732 0.673 0.771 0.683 0.654 0.884	Samaha 等

注：所有条目均采用 Likert-5 级量表设计。

资料来源：Mellewigt T., Decker C., "Costs of Partner Search and Selection in Strategic Alliances," *Journal of Business Economics* 84 (2014)；〔美〕奥利佛·威廉姆森、斯科特·马斯滕编《交易成本经济学——经典名篇选读》，李自杰、蔡铭等译，人民出版社，2008，第 32 页；符加林《声誉效应、联盟关系与机会主义行为治理》，经济科学出版社，2014，第 220~251 页；Cornelis I., Hiel A. V., and Cremer D. D., "Birds of a Feather: Leader-Follower Similarity and Procedural Fairness Effects on Cooperation," *European Journal of Work and Organizational Psychology* 20 (2011)；侯方俊、马红宇、梁娟《不确定感在他人的程序公正与自我的合作行为之间的中介作用》，《心理科学》2017 年第 4 期，第 947~953 页；Samaha S. A., Palmatier R. W., and Dant R. P., "Poisoning Relationships: Perceived Unfairness in Channels of Distribution," *Journal of Marketing* 75 (2011)。

二 样本与数据获取

首先进行样本筛选，选择订单班、校中厂、厂中校、产业学院、产教联盟、生产性实训基地、创新成果转化、技术协同攻关等类型的产教融合平台。对于高校的调查主要利用教育教学改革会议机会，采用纸质问卷面对面调查和问卷留置两种方法收集样本数据，邀请上海、南京和苏州三地高校负责产教融合项目的管理人员填写问卷。对于企业或科研机构的调查主要采用两种方式：一是高校产教融合项目管理人员的转介绍，二是实地走访和转发电子问卷。具体调查时间为2019年2~4月，共计收回问卷300份，剔除缺项多于3项、填写明显呈规律性的不合格问卷24份，保留276份有效问卷。

就参与产教融合年限而言，样本的最少年限为1年，最多年限为11年，平均年限为4.86年，众数年限为3年，说明产教融合已经有了广泛基础，并且在近5年得到了普遍性推广。就地区而言，来自上海的问卷有115份，占比41.7%；苏州的问卷有48份，占比17.4%；南京的问卷有113份，占比40.9%。就产教融合平台机构性质而言，来自企业的问卷有88份，占比31.9%；高校的问卷有134份，占比48.6%；科研机构的问卷有54份，占比19.6%。采用Harman单因素方法检测同源性偏差，对伙伴选择成本等6个变量共计27个测量条目进行主成分分析，发现最大主成分的特征值为7.552，方差贡献率为27.969%，低于50%的临界值，说明本次调查不存在同源偏差影响。

三 数据分析

（一）信度与效度分析

采用SPSS和AMOS软件包进行数据分析，发现6个变量的克隆巴赫系数（Cronbach's α）分别为0.807、0.804、0.845、0.856、0.822和0.798，均大于0.7的信度要求，说明同一潜变量测量条目之间的相关性较高，变量测量具有较高的信度。27个测量条目的因子载荷值介于0.654~0.884，均大于0.6的基准值，说明测量条目能够反映变量内涵。6个变量的组合信度（CR）分别为0.808、0.806、0.807、0.862、0.844和0.876，均大于0.6，说明测量条目与变量之间存在较大的内部一致性。各变量的平均提取方差值（AVE）分别为0.584、0.510、0.511、0.612、0.520和0.543，均大于0.5，说明变量的聚合效度达到统计学要求。表4-2为变量的信度和效度测算结果。

表 4-2　变量的信度与效度

变量	Cronbach's α	CR	AVE	CMIN/DF	RMSEA	GFI	CFI
伙伴选择成本	0.807	0.808	0.584	1.621	0.069	0.969	0.983
运行交易成本	0.804	0.806	0.510	0.961	0.039	0.996	0.988
资产专用性成本	0.845	0.807	0.511	1.918	0.058	0.986	0.991
准租金攫取成本	0.856	0.862	0.612	2.229	0.067	0.992	0.995
合作行为	0.822	0.844	0.520	1.444	0.040	0.990	0.995
机会主义行为	0.798	0.876	0.543	2.135	0.073	0.938	0.917

表 4-2 还给出了验证性因子分析的 4 个主要指标统计量，其中卡方比自由度（CMIN/DF）介于 1~3，说明模型达到简约适配程度；近似均方根误差（RMSEA）均小于 0.08，说明适配合理；绝对适配度指数（GFI）和增值适配度指数（CFI）均大于 0.9，对照吴明隆关于模型适配度统计量的标准[①]，同样说明变量测量条目达到应有的适配度。

（二）变量的相关性分析

选择年限、地区、机构属性和伙伴选择成本等 6 个潜变量，利用 SPSS 软件进行相关性分析。从表 4-3 可以看出，年限、地区和机构属性之间不存在显著相关性，且这 3 个控制变量与表 4-2 中的 6 个变量之间均不存在显著相关关系，说明上海、苏州、南京 3 个地区的产教融合程度不存在显著差距，且产教融合的推进年限并没有带来交易成本的显著改变和合作程度的差异。表 4-3 显示，伙伴选择成本与运行交易成本（r=0.372**）和合作行为（r=0.285**）之间有正相关关系，与资产专用性成本（r=-0.193**）和机会主义行为（r=-0.250**）之间有负相关关系。

[①] 吴明隆：《结构方程模型——Amos 实务进阶》，重庆大学出版社，2013，第 7 页。

表 4-3 变量的相关性分析

变量	年限	地区	机构属性	伙伴选择成本	运行交易成本	资产专用性成本	准租金攫取成本	机会主义行为
地区	0.049							
机构属性	-0.125	-0.007						
伙伴选择成本	-0.055	-0.017	-0.019					
运行交易成本	-0.016	-0.003	-0.002	0.372**				
资产专用性成本	0.010	-0.033	-0.029	-0.193**	-0.235**			
准租金攫取成本	-0.046	-0.018	-0.059	0.079	0.217**	-0.208**		
合作行为	-0.002	0.025	-0.051	0.285**	0.386**	-0.578**	0.425**	
机会主义行为	-0.030	0.034	0.007	-0.250**	-0.620**	0.344**	-0.195**	-0.433**

注：**表示$p<0.05$，双尾检验。

运行交易成本与资产专用性成本（$r=-0.235^{**}$）和机会主义行为（$r=-0.620^{**}$）之间有负相关关系，而与准租金攫取成本、合作行为均正相关。资产专用性成本与准租金攫取成本、合作行为均负相关，但与机会主义行为之间存在正相关关系（$r=0.344^{**}$）。准租金攫取成本与合作行为正相关，与机会主义行为负相关。合作行为与机会主义行为显著负相关（$r=-0.433^{**}$）。各变量之间的相关系数的绝对值均小于0.7，说明变量之间可以较好区分。[1]

四 假设检验

将新工科产教融合平台相应的伙伴选择成本等4种制度性交易成本作为自变量，产学研主体的合作行为和机会主义行为作为因变量，采用

---

[1] 唐朝永、刘瑛、牛冲槐：《组织衰落如何影响组织创新：集权结构、冗余资源与环境丰腴性的作用》，《科技进步与对策》2019年第9期，第95~101页。

回归分析方法验证交易成本对平台参与主体行为策略的影响,结果如表4-4所示。

表4-4 变量的回归分析

变量	合作行为				机会主义行为			
	模型1	模型2	模型3	模型4	模型5	模型6	模型7	模型8
常数项	2.654	2.326	4.514	2.355	3.486	4.402	2.233	3.393
年限	0.002	-0.001	-0.001	0.003	-0.010	-0.009	-0.008	-0.009
地区	0.018	0.016	0.003	0.020	0.019	0.021	0.029	0.020
机构属性	-0.035	-0.039	-0.053	-0.019	-0.002	0.001	0.011	-0.007
伙伴选择成本	0.177***				-0.155**			
运行交易成本		0.274***				-0.435**		
资产专用性成本			-0.434**				0.256***	
准租金攫取成本				0.264***				-0.121**
R^2	0.084	0.152	0.339	0.183	0.065	0.388	0.122	0.041
调整R^2	0.071	0.139	0.329	0.171	0.052	0.379	0.109	0.026
F值	6.221***	12.141***	34.713***	15.151***	4.745***	42.891	9.385***	2.865**
D.W.检验	1.473	1.588	1.538	1.548	1.825	1.916	1.937	1.824

注:*** 表示 $p<0.01$,** 表示 $p<0.05$。

表4-4同样说明年限、地区与机构属性对产教融合主体的合作行为与机会主义行为不存在显著影响。D.W.统计量介于1~2,说明回归方程不存在显著自相关;同时F统计量均通过显著性检验,说明回归方程具有显著预测效应。就产教融合的4种交易成本而言,模型1验证了伙伴选择成本正向影响产教融合中的合作行为(回归系数为0.177***),假设H_{1a}通过验证;模型5则说明在其他因素不变的情况下,伙伴选择成本每增加1%,合作主体的机会主义行为则下降0.155%,假设H_{1b}通过验证。模型2结果说明运行交易成本正向影响产学研主体之间的合作行

151

为（回归系数为 0.274***），假设 H_{2a} 成立；类似地，模型 6 结果说明运行交易成本能够显著负向影响机会主义行为（回归系数为-0.435**），假设 H_{2b} 同样成立。模型 3 结果说明资产专用性成本能够显著负向影响合作行为（回归系数为-0.434**），假设 H_{3a} 通过验证；模型 7 结果则说明资产专用性成本正向影响产教融合过程中的机会主义行为（回归系数为 0.256***），假设 H_{3b} 得到验证。模型 4 结果表明准租金攫取成本能够有效促进合作行为增加（回归系数为 0.264***），假设 H_{4a} 成立；模型 8 结果说明在其他因素不变的情况下，准租金攫取成本每增加 1%，机会主义行为下降 0.121%，假设 H_{4b} 同样成立。

五 结果讨论

新工科产教融合平台是一种创新的教育模式，旨在将企业、学校和研究机构等主体进行紧密结合，促进资源共享和创新。该平台有效填补了产学研等主体之间的空白地带，实现了不同类型的资源的交融。通过新工科产教融合平台，技术、资本、市场、管理、设备设施等异质性资源可以得到有效整合和利用。企业的先进技术和市场需求可以直接反哺到学校和研究机构，从而使教育和研究更加贴近实际需求。同时，学校和研究机构的专业知识和研究成果也可以为企业提供支持，实现共赢。新工科产教融合平台正在从校企合作下的办学模式改革转向"大平台+"模式下的创新生态系统构建。然而新工科产教融合平台存在虚幻化、形式化和功利化的集体主义困境，使得"两张皮"问题始终存在，影响了资源共享、优势互补的协同创新效应。交易成本理论同样适用于分析产教融合，这是因为产教融合需要体制机制创新，不可避免地存在伙伴选择成本、运行交易成本、资产专用性成本和准租金攫取成本，这些制度性成本促使产教融合出现"合作诱惑"与"联姻顾虑"，产教融合主体会权衡成本和利益，考虑自身的利益和长期发展，从而在产教融合中做出合作行为和机会主义行为的选择，使产教融合陷入集体主义困境。

在理论诠释基础上，进一步运用上海、苏州和南京三地的276份调查问卷数据，揭示4种制度性交易成本与产教融合行为决策之间的关系。研究表明：伙伴选择成本正向影响产教融合中的合作行为（回归系数为0.177***），并且能够有效减少机会主义行为（回归系数为-0.155**）；运行交易成本正向影响产学研主体之间的合作行为（回归系数为0.274***），同时显著负向影响机会主义行为（回归系数为-0.435**）；资产专用性成本显著负向影响合作行为（回归系数为-0.434**），并且显著正向影响机会主义行为（回归系数为0.256***）；准租金攫取成本正向影响产教融合中的合作行为（回归系数为0.264***），同时能够有效减少产学研主体的机会主义行为（回归系数为-0.121**）。

产教融合已经成为高等工程教育供给侧结构性改革和产业转型升级的重要方略，目前学者主要运用协同创新、高校治理、公共管理等理论，从产业学院、战略联盟、现代学徒制、生产性实训基地等不同的视角，探讨不同组织形式的产教融合推进路径，并强调多主体资源的真正融合是关键。产教融合不仅仅是简单地将教育和产业连接起来，更重要的是实现资源的真正融合和互动。本书同样秉持这一观点，并在此基础上运用交易成本理论诠释了为什么多主体资源难以"真融真合"，从理论层面诠释交易成本对合作行为和机会主义行为的影响机理，进一步说明了产学研合作陷入集体主义困境的缘由。本书还基于产教融合的运行实践，检验了4种交易成本对合作行为和机会主义行为的差异化影响，进一步验证了理论分析框架的合理性，也为后续对策建议的可行性奠定了基础。

第四节 产教融合平台主体行为策略的治理

一 交易成本理论下行为策略的治理路径

经典交易成本理论认为，多主体合作组织可以从资产专用性、不确定性和交易频率三个方面，确定相应的治理结构，以此降低合作的交易成本。Wegelin 和 von Arx 运用案例研究方法，揭示了德国和瑞士公私合营轨道交通项目的交易成本治理，发现需要根据具体合作项目的资产专用性、不确定性和交易频率选择治理策略，包括科层制、市场制、混合制治理策略。① 谭忠富和刘平阔在研究煤电交易的经济行为及边界选择时同样验证了上述三个维度决定了是选择市场制、混合制还是科层制的治理策略，并且资产专用性在治理方式的设计中处于核心位置。② 上文验证了交易成本直接影响新工科产教融合平台参与主体的行为策略选择，据此决定了需要依据经典交易成本理论，探讨利用以下三条治理路径提高平台主体行为策略的治理水平。

一是从资产专用性着手促进平台主体之间的合作。威廉姆森认为，资产专用性是交易成本治理的核心维度，这个观点同样适用于新工科产教融合平台的情境。在新工科产教融合平台中，协同育人是一个重要的目标，涉及场地、设备设施和师资等资源。这些资源具有较高的专用性，即它们在特定的环境中才能发挥出最大价值。例如，特定的教室、实验室和设备可能只适用于特定的教学和研究活动，而具备相关专业知识和经验的教师也只能在特定领域进行教学。因此，这些资源的投入具有较高的沉淀成本，一旦投入之后，转为他用的使用价值将会大大降低，甚至无法转作他用。事实上，平台参与主体投入的资源还具有时间专用性，在科研项目协同攻关、技术转移和企业孵化等领域，资源投入的时间性质是一个关键因素。项目或业务的周期决定了资源投入的时机和时长。根据交易成本理论，降低资产的专用性可以显著降低制度性成本。在新工科产教融合平台中，由于平台的业务性质和职能，投入的资

---

① Wegelin P., von Arx W., "The Impact of Alternative Governance Forms of Regional Public Rail Transport on Transaction Costs. Case Evidence from Germany and Switzerland," *Research in Transportation Economics* 59 (2016).
② 谭忠富、刘平阔：《交易成本、治理成本与边界选择：制度变迁中煤电交易的博弈问题》，《华东经济管理》2015 年第 1 期，第 73~80 页。

源往往具有较高的专用性，适宜采用科层制结构。这是因为不同的项目或业务需要在特定的时间段内进行，而资源在特定时间段之外的使用价值较低。因此，对于新工科产教融合平台，建立较为健全的组织结构是必要的，需要明确相关主体的职责、权利和义务，以及资源的管理和配置机制。平台应该制定科学的激励、约束和监督机制，以确保资源的合理利用和协同育人的顺利推进。

二是从不确定性着手控制合作主体的机会主义行为。交易成本理论认为，不确定性主要包括交易环境的动态变化、交易行为的机会主义和交易结果的不确定性。在新工科产教融合平台中，协同育人可以相对容易地把握人才培养的结构、质量和水平。这是因为协同育人过程中的目标和方法往往是明确的，如培养符合新经济、新技术和新产业发展需求的高素质人才。平台可以根据产业和市场需求，制订具体的培养计划和进行课程设置，为学生提供相关的专业知识和实践机会。此外，与企业和研究机构合作，可以确保培养过程与实际需求相匹配，增加学生的就业机会，提升其竞争力。然而，尽管协同育人的目标和方法相对明确，但在实际操作中仍然存在一定程度的不确定性。例如，产业和技术的发展速度可能超出预期，需要及时调整培养计划和课程设置。同时，学生的个体差异和就业市场的变化也会对协同育人的效果产生影响。技术服务主要是围绕产业关键技术、核心工艺和共性问题开展协同创新，无论是资源投入还是结果产出均具有较高的不确定性；类似地，创新创业与产业培育同样面临风险和不确定性。威廉姆森强调了不确定性对资源交易的影响，尤其是有限理性和投机行为引发的机会主义行为。在新工科产教融合平台的构建与运行过程中，由于资源交易的不确定性，合作主体可能会受到机会主义行为诱发因素的影响，从而导致扰动频率较高。在资产专用性较强的情景下，采用网络治理或科层治理结构是有效的方法，其可以减少合作主体的机会主义行为，并增强合作主体之间的信任，提升合作效果。

三是从交易频率着手促进平台主体之间的合作。交易频率主要指交易方之间资源交换的频繁程度，交易成本理论强调需要根据交易频率与资产专用性共同决定治理结构。新工科产教融合平台资源具有较强的专用性，在偶然性交易频率下，混合治理或科层治理是有效的治理结构选择。混合治理结构结合了网络治理和科层治理的特点，既强调了合作主体的自发性和合作精神，也通过明确的职责和权责分工来加强对主体行为的监督和约束。科层治理结构则更加注重职责和权责的明确划分，通过层级关系和长期契约来减少机会主义行为和降低交易成本。在经常性交易频率下，采用科层治理结构更为适合。交易成本理论认为，交易频率的增加会带来契约成本的增加。因此，为了降低交易成本，常规性的交易可以采用科层治理结构，通过长期契约或一体化的方式来确保合作主体之间的稳定合作关系。事实上，产教融合平台目前主要以契约或资本为纽带促进产学研合作；同时，平台具有网络创新组织属性，使合作主体之间建立起信任、互助和长期心理契约。此外，大量的非正式组织行为和知识社群交流有助于降低制度性交易成本。基于这些特点，平台适合选择网络化组织治理结构，在网络化组织治理结构下，平台可以利用网络和信息技术，建立起多方参与、开放沟通和协作的平台环境，使合作主体能够便捷地采取非正式组织行为和进行知识社群交流，以有效降低制度性交易成本，促进平台主体之间的合作。

二 创新资源理论下行为策略的治理路径拓展

新工科产教融合需要着力打造信息技术支撑下的集实践教学、技术研发、创新创业、产业培育于一体的集成化平台，构建嵌入国家创新体系的高质量生态系统。首先，高质量发展已成为新时期各项社会事业发展的主旋律，产教融合同样需要从原有的政府主导、资源要素驱动的发展模式转向注重质量、强调内涵的高质量发展模式，通过制定政策法规、建立协调机制、创建联合实验室、建立人才培养机制等体制机制创新来破解发展中的难题。其次，新发展理念同样能够指引产教融合向纵深推进：产教融合需要通过创新来解决发展的动能转换问题，通过协调解决区域之间、高校之间的不平衡问题，打破学科、行业和地域的界限，推动资源的平衡配置和主体的优势互补；通过开放合作，引进先进的教育理念、技术和管理经验，推动创新主体之间的合作与交流；通过共享实验设备、科研成果、人才培养资源等，促进资源的合理配置和高效利用，推动产教融合的发展。再次，新工科产教融合系统必须体现时代性，这种时代性体现在以下几点：新工科产教融合系统应该密切关注国际工科教育领域的最新发展趋势和前沿技术，吸取国际先进经验，为学生提供与国际标准接轨的教育和培训；新工科产教融合系统应密切关注产业链的发展需求，与产业界建立紧密的合作关系，通过与企业合作开展科研项目、实习实训等活动，帮助学生接触最新的工科技术，培养学生的创新能力和解决实际问题的能力；新工科产教融合系统应该将创新教育理念和方法融入工科人才培养，通过项目驱动的学习、实践教学和跨学科课程设置等方式，使学生在真实场景中进行学习和实践，提升其创新能力和综合素质；新工科产教融合系统应该打破传统的学科壁垒，建立跨学科的教育体系，真正使产业链、人才链和创新链有机衔接，实现资源的优化配置和协同发展。最后，高校在创新工程教育方式和手段方面有着重要的责任。不同类型的高校都应该主动根据自身特点和定位，采取相应的行动来推进产教融合，以协同解决高校人才培养供给侧与社会人才需求侧的结构、质量和水平问题。工科优势高校应该主动瞄准关键工程科技创新前沿，加强与科研院所和行业企业的合作，共同推进前沿科技的研究和应用，培养具备创新能力的工科人才；综合性高校则应该主动加快先进技术的产业化转化，通过与企业合作，将高校的科研成果转化为实际应用，推动技术的商业化和产业化，促进科技创新与经济发展的结合；地方应用型高校应当主动参与行业企业的共性技术研发，与当地的企业和产业密切合作，针对行业的需求进行技术研发和创新，为地方经济发展提供技术支持和人才。由此，新工科产教融合平台创新生态系统的属性，决定了还需要拓展合作行为的治理路径。

一是从任务复杂性着手促进平台主体之间的合作。任务复杂性主要包括项目任务完成过程的复杂性与结果的不确定性。如上文所述，新工科产教融合平台的协同育人可以借鉴高校的人才培养经验。高校在长期的人才培养实践中积累了丰富的经验，包括教学方法、课程设计、学生管理等方面的经验。新工科产教融合的任务复杂性相对较低，可以借鉴高校的科层治理结构有效降低交易成本。然而，新工科产教融合平台的活动涉及技术服务、创新创业和产业培育等方面，需要群体性创新和合作，采取正式性组织沟通与合作方式，但也需要考虑科研人员、创业人员之间的隐性知识流动与协同。在这种情况下，可以借鉴网络治理结构，以促进各方之间的有效沟通、知识共享和合作。此外，对于任务重、周期长、投资大、风险高的科技攻关项目，任务的复杂程度会大大提高，必须通过加强领导、组织建设、计划管理、激励措施、约束机制、产权保护等综合性举措，保证资源交易的效率、效益与质量，因此适合选择科层治理结构。在科层治理结构下，平台可以设立领导机构负责整体策划和决策，制定发展规划和目标。同时，可以设立专门的组织部门负责项目的组织与协调，确保各方的合作和沟通顺畅。

二是从团队合作质量着手促进平台主体之间的合作。研究表明，网络组织会在大量重复交易中实现关系性资产的相互占用，即相关主体之间关系性资产的自然性共享，形成关系性资产的相互嵌入。产教融合平台可以提高网络组织的整体运行绩效，促进合作伙伴之间的紧密合作和创新能力的提升。[1] 然而，这种降低交易成本的关系性资产嵌入取决于团队合作质量，即如果合作质量较高，则良好的沟通交流有助于减少资源交易的各种"摩擦"，从而有助于增加合作绩效。在产教融合平台

---

[1] Hoegl M., Gemuenden H. G., "Teamwork Quality and the Success of Innovative Projects: A Theoretical Concept and Empirical Evidence," *Organization Science* 12 (2001).

中，多主体共同形成创新群体，每个主体都能为合作提供独特的资源和专业知识。网络治理结构可以促进各主体之间的开放性交流和合作，拓展信息传递和共享的渠道，促进隐性知识的流动和共享。通过网络治理结构，参与者可以更便捷地获取和共享知识、经验和资源，同时也能够更好地协调和沟通，加强彼此的关系性资产嵌入，从而减少信息不对称、加强互信，提高合作的效率和效果，进一步降低交易成本。然而，正如上文任务复杂性与交易成本的关系分析，科层治理结构在大型科技攻关项目中的应用有助于降低交易成本。首先，科层治理结构提供了一个分层管理的组织框架，能够确保各层级之间的协调，通过明确各个层级的职责和权限，有效地进行分工与协作，提高执行效率，减少协调成本。其次，科层治理结构能够使组织稳健运行。通过设立领导机构和专门的组织部门，可以有效进行决策和资源配置，保证项目顺利进行。稳健的组织运行可以减少决策的不确定性和资源浪费，降低交易成本。最后，科层治理结构还能提升预期合作收益，促进平台主体之间的合作。同时，科层治理结构能够更好地组织和协调各方的资源，提高资源对接的效率，进一步降低交易成本。

小　结

"关系建立→协同创新→价值获取"是新工科产教融合平台主体行为策略选择的内在逻辑，决定了合作行为是相关参与主体的必然选择。本书借助"行为—环境范式"分析发现，参与主体的有限理性、创新资源的交易因素、不对称的环境因素，决定了平台参与主体机会主义行为出现的必然性，参与主体可能试图追求个人利益而不顾合作伙伴的利益，采取欺骗、不诚实、违反合作规则等行为。由此构建了平台参与主体行为策略的分析框架。机会主义行为主要包括隐性和显性两种类型：隐性机会主义行为主要包括逃避职责、拒绝适应、搭便车三种行为；显性机会主义行为则包括违背契约和要挟两种行为。这些机会主义行为可能会对平台合作造成负面影响，破坏合作伙伴之间的信任，降低合作效率，甚至导致合作关系的破裂。

交易成本视角下产教融合平台存在机会主义下的虚幻化合作困境、产权纷争下的形式化合作困境和个体利益与集体利益纷争下的功利化合作困境，必须重视伙伴选择成本、运行交易成本、资产专用性成本、准租金攫取成本对新工科产教融合平台主体行为策略的影响。实证研究表明，伙伴选择成本、运行交易成本、准租金攫取成本均正向影响产教融合平台的合作行为，这些成本的增加会激励合作伙伴更加努力地参与合作，以最大限度地获取利益和减少成本。同时，这些成本均负向影响产教融合平台的机会主义行为。当平台主体面临较高的伙伴选择成本、运行交易成本和准租金攫取成本时，它们会更加谨慎地选择遵守合作规则，减少机会主义行为的发生。资产专用性成本负向影响产教融合平台的合作行为，同时正向影响产教融合平台的机会主义行为。由于资产具有专用性，平台主体在合作关系解除后很难将资产转移到其他合作关系中，因此它们更有动力投入更多资源和努力维持合作关系的稳定。然而，这种资产专用性也可能会导致机会主义行为的发生，因为一方可能试图通过操纵专用资产来获取更多的利益。为了促进平台主体之间的深度、稳定合作，可以采取两条治理路径：一是依据经典交易成本理论，根据资产专用性、不确定性和交易频率选择治理方式，降低交易成本，提高合作效率；二是从平台创新生态系统属性，特别是任务复杂性和团队合作质量入手，促进平台主体之间的合作，任务复杂性涉及项目的技术难度、时间周期、投资规模等，而团队合作质量则关注团队成员之间的沟通、协作和互信程度。

第五章　交易成本视角下新工科产教融合平台的稳定性研究

新工科产教融合平台的核心理念是将不同的创新主体进行有效整合，通过共享资源、知识和经验，加强主体之间的合作与交流。政府在平台中起引导和支持的作用，产业界提供市场需求和商业化的视角，学术界提供科学研究和理论支持，研究机构则负责技术研发和创新实践。新工科产教融合平台本质上是政产学研等创新主体进行协同创新、实现价值创造的相互依赖和共生演进的复杂网络系统，然而，第四章研究表明伙伴选择成本、运行交易成本、资产专用性成本、准租金攫取成本会影响主体之间的合作行为；"行为—环境范式"分析表明，众多环境影响因素诱导平台主体采取机会主义行为。无论是财务资本导向还是智力资本导向，本质上都是平台绩效的治理导向。平台主体的有限理性仍然存在，有限理性意味着平台主体在决策过程中可能会受到信息不完全、认知偏差和利益偏好等因素的影响，导致合作博弈中的差异化目标诉求和行为，对平台的稳定性产生负面影响。本章将着重探讨交易成本视角下新工科产教融合参与主体之间、参与主体和平台之间的演化博弈，提出平台稳定性的治理对策。

第一节　产教融合平台稳定性的内涵与影响因素

一　产教融合平台稳定性的内涵

新时期产教融合需要着力打造信息技术支撑下的集实践教学、技研发、创新创业、产业培育于一体的集成化平台，可见新工科产教融合平台建设需要嵌入国家创新体系的高质量生态系统。平台建设应与国家创新政策和战略相衔接，与各方创新主体建立紧密的合作关系，这样可以充分利用国家创新体系中的资源、资金和政策支持，提高平台的影响力和可持续发展能力。关于生态系统的稳定性，Schäfer等指出，其通常具有不易受外部环境变化影响、保持较高的结构或状态恢复能力和保持相对较为固定的发展演化方向三个特征。[1] 新工科产教融合平台稳定性的内涵体现在以下三个方面。

一是通过"四链融合"维系创新体系的稳定性。新工科产教融合是将产业链、教育链、人才链、创新链进行价值融合的过程：从产业链的角度来看，创新人才和技术技能人才的培养需要与产业链相结合，这表明教育机构应该根据产业的需求和发展趋势，调整教育内容和培养方式，使学生具备适应产业发展的技能和素养；从教育链的角度看，需要将行业企业的技术研发需求融入教育链，教育机构要与行业企业建立紧密的合作关系，深入了解其技术研发需求，并将其纳入课程设置和教学内容中，这种融合可以使教育链更贴合产业需求，培养出更符合行业标准和技术要求的人才，提高人才的就业竞争力和创新能力；从人才链的角度看，需要将创业创新素养融入人才培养的全过程，关注培养学生的创新思维、创业意识和创新能力，使其具备创新创业的素养和能力，人才链可以为创新链提供源源不断的创新人才，推动创新链的持续发展和创新成果的转化应用；从创新链的角度看，创新链在产教融合中扮演着重要角色，创新链的有效运转需要产教融合各主体的密切合作，其中包括教育机构提供创新教育、研究机构进行前沿科研、企业提供实践场景和市场需求等，产教融合通过促进创新链中各环节的合作与互动，加速

---

[1] Schäfer D., Klaus V. H., Kleinebecker T., et al., "Recovery of Ecosystem Functions after Experimental Disturbance in 73 Grasslands Differing in Land-Use Intensity, Plant Species Richness and Community Composition," *Journal of Ecology* 107 (2019).

了创新成果的应用和转化，推动了科技进步与产业发展。

二是始终保持先进性，坚持高质量发展方向。新工科产教融合不仅仅是教育领域的改革，也是促进经济转型升级的重要举措。因此，产教融合既是教育问题也是经济问题，需要综合考虑。产教融合需要关注大国技术竞争的关键领域，关注国家经济发展的重要领域和前沿技术，以谋求技术领先和自主可控。教育机构与相关产业进行紧密合作，可以更好地满足这些关键领域的人才需求，推动技术的研发和创新。在产教融合推进过程中，建设技术先进的校企创新共同体是一个重要的目标，这表明教育机构与企业之间需要建立紧密的合作伙伴关系，共同进行技术研发、创新创业和产业培育。建设共同体，可以实现资源共享、优势互补，促进产学研协同发展，推动产教融合的高质量发展。

三是通过新旧动能转换提高平台适应环境变化的能力。在产教融合的初始推进阶段，政府的主导作用是必要的，特别是通过资源要素驱动模式来推动产教融合的发展。政府可以通过提供资金、政策支持和组织协调等手段，促进产学研的合作，进而推动平台建设和发展。然而，随着时间的推移和产教融合的深入发展，政府的角色也需要发生转变。政府需要从"划桨者"转变为"掌舵者"，即由直接参与和主导转变为更加注重引导和协调。政府引导和政策推动仍然非常重要，但同时也需要给市场更多的自由，让市场发挥配置产教融合资源的作用，这种转变可以实现新工科产教融合平台建设新旧动能的转换。

综上，随着社会的不断变化和发展，产业结构和需求也在不断演变。建立稳定的新工科产教融合平台不仅是社会经济等宏观环境变迁的外在要求，也是高校补齐自身短板和创新发展的内在要求。传统的教育模式可能已经无法满足现代产业的需求，高校需要创新教学方法，培养具有创新能力和创新思维的学生。而产教融合平台可以提供更多的实践机会和创新资源，促进学生的综合素质和创新能力提升。产教融合平台必须为高校和企业提供创新交流和合作的平台，并以创新为驱动力推进产教融合的高质量发展。当前和今后一段时期，产教融合从形式上不再是通过课程、实践实训基地、跨企业培训中心等点对点的校企合作项目对接，而是借助平台经济模式构建高校和企业的双边市场，即将高校、企业和其他相关利益方聚集在一起，形成协同合作的生态系统。平台提供信息交流、项目对接和资源共享的机制，使双方能够更便捷地找到合作伙伴，开展创新合作。集成化大平台可以快速地实现产学供需的高效匹配和资源要素对接，提高合作的效率和质量。

二 产教融合平台稳定性的影响因素

新技术革命浪潮要求打造稳定的新工科产教融合平台，确保产教融合的高质量推进。无论是企业还是高校均需要瞄准大数据、云计算、区块链、搜索引擎、5G、人工智能等新技术，通过产教融合实现协同创新效应。高校在人才培养、科学研究、社会服务和文化传承等方面还不能完全适应社会经济发展的需要，特别是在"四新经济"和社会转型发展过程中，高校人才培养供给侧与社会需求侧在结构、质量、水平上出现了不适应，需要通过稳定的新工科产教融合平台推动高校办学模式改革和人才培养质量提升，通过与企业合作、关注社会经济发展，并不断调整教育教学内容和方法，更好地满足社会经济发展对人才的需求，促进产教融合的高质量推进。综合前文相关论述，可以用图5-1分析框架概括交易成本理论下新工科产教融合平台稳定性的影响因素。

第一大影响因素维度为交易成本。这是由参与新工科产教融合平台主体的有限理性、机会主义行为以及资源投入时的资产专用性和不确定性等共同决定的。在前文第二章"新工科产教融合平台的集体主义困境"部分，已经论证了主体有限理性可能导致多主体合作的集体主义困境。在第四章"平台参与主体行为策略的具体表现"的分析中，发现无论是显性的还是隐性的机会主义行为均会影响合作的稳定性。在第四章"交易成本影响参与主体行为策略的机理"分析中，发现新工科产教融合平

第五章 交易成本视角下新工科产教融合平台的稳定性研究

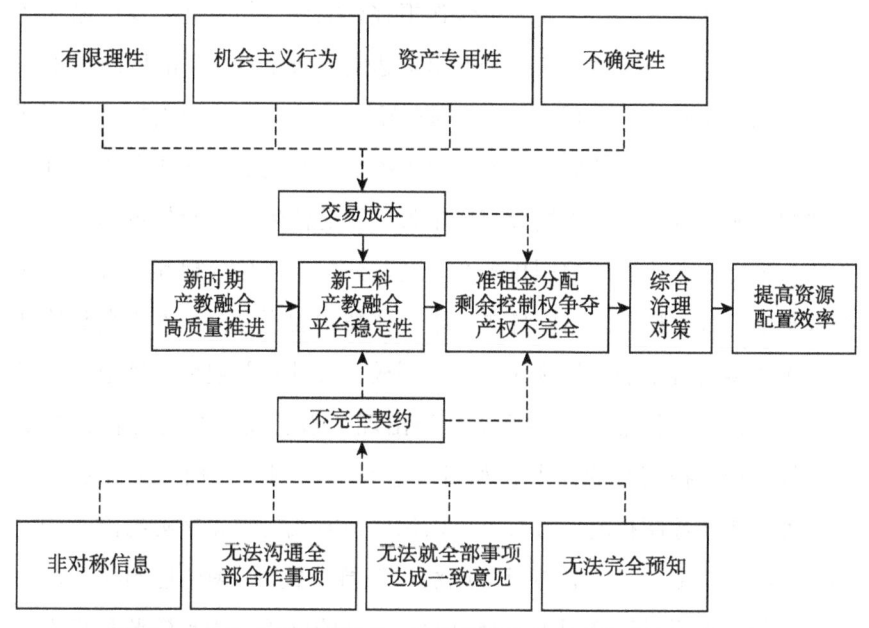

图 5-1 交易成本理论下新工科产教融合平台稳定性的影响因素

台投入的创新资源同样具有地理区位、物理资产、人力资产、特定时间等方面的专用性，资产专用性使得资源一旦投入即发生"根本性转变"，促使主体在资源投入时产生更大的顾虑。第二章"新工科产教融合平台的交易成本"部分，论证了无论是产教融合的开始还是推进过程均具有不确定性，需要通过相关制度来维系平台的稳定性，由此产生交易成本。综上，基于交易成本视角分析新工科产教融合平台稳定性的相关论述分散于前文相关章节，此处仅提供一个分析框架，不再展开过多论述。

第二大影响因素维度为不完全契约。新工科产教融合平台的稳定运行需要契约维系，然而维系稳定性的契约是不完全的，原因有四个。一是平台参与主体之间的信息是不对称的，这种不对称性蕴含的逆向选择和道德风险，破坏了资源交换与协同创新的氛围并产生负面影响，进而影响合作的稳定性。二是由于合作涉及各种复杂的事项，平台参与主体无法就产教融合的所有事项进行沟通，只能就已知的或可预见的事项进

165

行沟通并将其写入契约,而大量合作事宜只能在合作中进一步沟通和解决。三是平台参与主体无法就全部事项达成一致意见,只能按照"求同存异"的原则推进平台建设。"求同存异"意味着已经明确的合作事项可以通过事前契约或其他形式的协议来约定,而无法预测或无法通过事前契约达成的合作事项可能会存在争议。四是任何平台参与主体都无法预知未来合作中可能的控制权争夺、利益分配、风险分担等事宜,只能将未知事宜暂时搁置,这同样决定了合作契约的不完全。不完全契约理论将无法事前规定的产权称为剩余控制权,其具有普遍性、排他性、可让渡性等特点。按照哈特的观点,当出现了事前没有规定的合作收益时,拥有剩余控制权的一方在和对方进行再谈判时,拥有更强的谈判力;拥有剩余控制权的一方甚至可以用任何方式决定原来契约没有约定的合作收益分配,且不必与习惯或法律保持一致。[1] 剩余控制权在产教融合平台中的不对称分配可能会引发公平性的问题,由于资源和权力的分配不平衡,某些主体可能有更强的谈判力和资源优势,从而获得事前专用性资产或关系的投资激励,这些资产或关系在合作过程中能够产生显著的附加价值。为这些主体提供投资激励,可以增强其合作的积极性,并确保其充分发挥自己的优势,为整个产教融合平台带来更大的利益。从福利经济学的角度讲,剩余控制权倾向于重要投资方有助于促进福利最大化,这种不公平不仅合理而且有效。[2]

综上,交易成本和不完全契约两大因素,影响了新工科产教融合平台的稳定性,导致平台出现准租金分配、剩余控制权争夺、产权不完全等问题,这集中体现在以下几个方面。一是平台事后运行中存在剩余控制权之争,在协同创新过程中,掌握谈判优势的一方只会做出有利于自身投资回报的决策,因此可能会攫取契约没有事先规定的其他主体的正

---

[1] 聂辉华、阮睿、李琛:《从完全契约理论到不完全契约理论:2016年诺贝尔经济学奖评析》,《中央财经大学学报》2016年第12期,第129~135页。
[2] 〔英〕阿瑟·塞西尔·庇古:《福利经济学》,金镝译,华夏出版社,2013,第17页。

当产权，造成其他主体的产权损失。二是平台难以就投入的资源进行明确的产权界定。这是因为投入的知识、技术、管理等要素的贡献本身在平台运营中难以精确衡量，使得资源的产权界定变得复杂化。而且合作方也无法预知这些要素在平台运行中可能产生的效用，使得合作方难以预测其投入资源的回报和未来收益，进而引发对剩余控制权的争夺。三是由于平台融合了多种职能和合作事项，包括实践教学、技术研发、创新创业和产业培育等，很难使用传统的会计法则对其综合绩效进行准确衡量。这导致投资收益权的界定变得困难，产权也变得不完全。此外，平台经济的产权不完全也与其特性相关，平台经济强调多方参与和合作，依赖众多合作伙伴的资源和能力，产权的归属和分配不再有清晰的边界，这使得产权变得模糊和不完全，同时也增加了合作伙伴之间对产权争夺的可能性。

第二节 产教融合平台参与主体之间的合作稳定性

一 参与主体的演化博弈模型

新工科产教融合平台具有多方异质性资源互补的优势，但因为平台的运作涉及多个主体之间的资源交换和合作关系，可能会出现各种交易成本，包括协调成本、监管成本等，可能会影响平台的运作效率和稳定性。此外，契约的不完全，即无法预见和规定所有可能的情况和变化，可能会导致合作方之间的不确定性。如果合作方在合作过程中出现矛盾或冲突，契约不完全可能会导致无法明确解决问题的方式，从而影响平台的稳定性。随着产教融合的深度推进，平台运行面临的准租金分配、剩余控制权争夺等诸多问题将会进一步暴露；更进一步，参与平台的产学研主体可以依据自身利益调整合作策略，由此形成主体相互合作的演化博弈。

(一) 模型假设条件

(1) 假设1

在高质量发展的背景下,产教融合同样需要从原有的政府主导、资源要素驱动的发展模式转变为注重质量、强调内涵的高质量发展模式。新时期,政府在产教融合中的角色发生了变化,不再直接参与其中,而主要通过政策供给来加强引导。因此,参与新工科产教融合平台的博弈主体主要是产学研机构。由于三类主体的使命不同,本书将博弈主体划分为产研机构、高校两类,并且两类主体的策略选择行为空间均是(维持合作,中途退出):维持合作即两类主体继续在交易成本和不完全契约下推进新工科产教融合项目,继续交换资金、技术、知识、人才等创新资源,并通过资源的共有共用获得等额的创新资源;中途退出意味着一方攫取了另一方的创新资源,不再投入资源并保护自身的专属资源。

(2) 假设2

在新工科产教融合项目中可能出现的一种情况,即产研机构和高校选择中途退出,保护各自的专属创新资源,导致双方没有资源交换,出现合作的中断和资源的孤立使用现象,产教融合只存在形式而没有实质,无法实现协同创新效应,项目的预期目标也无法达到。如设产研机构、高校投入资源的成本为 c_1 和 c_2(包括资源成本产生的交易成本)。由于创新资源的交换与对接会产生协同效应,双方共享的已经获得或预期的效用为 R。对照前文"产权不完全下的合作收益分配"的指导思想,按投入资源的重要性和承担的风险进行预期效用分配,可设产研机构获得的效用为 αB(其中 $0 < \alpha < 1$),则高校获得 $(1-\alpha)B$ 的效用。

(3) 假设3

如果产研机构、高校投入创新资源后合作关系破裂,则会引起知识产权或预期效用等创新成果归属的纠纷。率先中途退出的背叛方掌握剩余控制权,攫取了另一方的创新资源后单方面中途退出,独享了资源共享的预期效用 ΔB,但按照产教融合项目契约其需要支付给另一方违约

金 c。如果另一方没有觉察到对方的机会主义行为,选择维持合作策略,则其非但不能获得资源共享的协同效应,反而需要投入资源成本,可设产研机构、高校继续支付的成本为 c_3 和 c_4(包括资源成本产生的交易成本)。一般情况下,一方的机会主义行为难以持久,被另一方觉察后就会导致产教融合项目的中止,通常 $c_3 \leqslant c_1$,$c_4 \leqslant c_2$。

(4) 假设 4

在博弈初期,产研机构选择"维持合作"的概率为 p($0 \leqslant p \leqslant 1$),选择"中途退出"的概率为 $1-p$。高校选择"维持合作"的概率为 q($0 \leqslant q \leqslant 1$),选择"中途退出"的概率为 $1-q$。由此得到表 5-1 所示的支付收益矩阵。

表 5-1　产学研主体之间博弈的支付收益矩阵

		高校	
		维持合作(q)	中途退出($1-q$)
产研机构	维持合作(p)	$\alpha B - c_1$,$(1-\alpha)B - c_2$	$c - c_3$,$\Delta B_2 - c$
	中途退出($1-p$)	$\Delta B_1 - c$,$c - c_4$	0,0

(二) 复制动态方程

根据表 5-1 的支付收益矩阵,对于产研机构而言,选择"维持合作"策略的期望收益为:

$$u_{11} = q(\alpha B - c_1) + (1-q)(c - c_3) \tag{5-1}$$

产研机构选择"中途退出"策略的期望收益为:

$$u_{12} = q(\Delta B_1 - c) \tag{5-2}$$

由此得到产研机构的平均期望收益为:

$$\bar{u}_1 = pu_{11} + (1-p)u_{12} \tag{5-3}$$

产研机构"维持合作"策略的复制动态方程为:

$$F(p) = \frac{dp}{dt} = p(u_{11} - \bar{u}_1) = p(1-p)[q(\alpha B - \Delta B_1 + c_3 - c_1) + c - c_3]$$

(5-4)

求导得：

$$F'(p) = (1-2p)[q(\alpha B - \Delta B_1 + c_3 - c_1) + c - c_3] \quad (5-5)$$

对于高校方，选择"维持合作"策略的期望收益为：

$$u_{21} = p[(1-\alpha)B - c_2] + (1-p)(c - c_4) \quad (5-6)$$

高校选择"中途退出"策略的期望收益为：

$$u_{21} = p(\Delta B_2 - c) \quad (5-7)$$

由此得到高校的平均期望收益为：

$$\bar{u}_2 = qu_{21} + (1-q)u_{22} \quad (5-8)$$

高校"维持合作"策略的复制动态方程为：

$$G(q) = \frac{dq}{dt} = q(u_{21} - \bar{u}_2) = q(1-q)\{p[(1-\alpha)B - \Delta B_2 + c_4 - c_2] + c - c_4\}$$

(5-9)

求导得：

$$G'(q) = (1-2q)\{p[(1-\alpha)B - \Delta B_2 + c_4 - c_2] + c - c_4\} \quad (5-10)$$

令 $F'(p) = 0$，$G'(q) = 0$，可以得到产研机构和高校产教融合博弈的 5 个可能的平衡点：$E_1(0,0)$、$E_2(0,1)$、$E_3(1,1)$、$E_4(1,0)$ 和 $E_5(p_0, q_0)$。其中，$p_0 = \dfrac{c - c_4}{\Delta R_2 - (1-\alpha)B - (c_4 - c_2)}$，$q_0 = \dfrac{c - c_3}{\Delta R_1 - \alpha B - (c_3 - c_1)}$。

二 参与主体演化博弈的稳定性

(一) 产研机构产教融合策略的演化稳定性分析

根据微分方程的稳定性原理与演化稳定策略性质,当 $F'(p^*) < 0$ 时,p^* 为演化稳定策略。下文分情况进行讨论。

第一,当 $\alpha B - \Delta B_1 + c_3 - c_1 > 0$ 并且 $c - c_3 > 0$ 时,得到 $\Delta B_1 < \alpha B + c - c_1$,此时产研机构选择"中途退出"策略获得的预期效用低于选择"维持合作"策略获得的超额协同收益。对于任意 $q \in [0,1]$,总存在 $F'(1) < 0$,因此 $p^* = 1$ 为产研机构产教融合演化稳定策略。据此,博弈的结果是无论高校选择何种策略,有限理性主体的产研机构都选择"维持合作"策略。

第二,当 $\alpha B - \Delta B_1 + c_3 - c_1 < 0$ 并且 $c - c_3 < 0$ 时,得到 $\Delta B_1 > \alpha B + c - c_1$,此时产研机构选择"中途退出"策略获得的预期效用高于选择"维持合作"策略获得的超额协同收益;并且 $c < c_3$,说明"中途退出"的违约成本小于"维持合作"策略下继续投入的成本。因此对于任意 $q \in [0,1]$,总存在 $F'(0) < 0$,于是 $p^* = 0$ 为产研机构产教融合演化稳定策略。博弈的结果是无论高校选择何种策略,有限理性的产研机构都选择"中途退出"策略。

第三,当 $\alpha B - \Delta B_1 + c_3 - c_1 > 0$ 并且 $c - c_3 < 0$ 时,分两种情形讨论。情形一,若 $\alpha B - \Delta B_1 + c_3 - c_1 > -(c - c_3)$,得到 $\Delta B_1 - \alpha B + c_1 - c < 0$,产研机构采取"中途退出"策略时所获得的预期收益低于选择"维持合作"策略获得的超额收益。此时如果 $q > q_0$,有 $F'(1) < 0$,于是 $p^* = 1$ 为产研机构产教融合的演化稳定策略。但若 $q < q_0$,则得到 $F'(0) < 0$,于是 $p^* = 0$ 为演化稳定策略。综上,博弈的结果是,当高校选择"维持合作"的概率大于一定值时,有限理性的产研机构选择"维持合作"策略。情形二,当 $\alpha B - \Delta B_1 + c_3 - c_1 < -(c - c_3)$ 时,得到 $\Delta B_1 - \alpha B + c_1 - c > 0$。此时,产研机构选择"中途退出"策略成为典型的

机会主义行为，并且获得的预期收益大于选择"维持合作"策略获得的超额收益。因此对于任意 $q \in [0, 1]$，均存 $F'(0) < 0$，于是 $p^* = 0$ 为演化稳定策略，博弈的结果是无论高校选择何种策略，产研机构均选择"中途退出"的背叛策略，破坏产教融合的稳定性。

第四，当 $\alpha B - \Delta B_1 + c_3 - c_1 < 0$ 并且 $c - c_3 > 0$ 时，同样分两种情形进行讨论。情形一，如果 $\Delta B_1 - \alpha B + c_1 - c_3 > 0$，说明产研机构选择"中途退出"的机会主义策略所获得的预期收益大于采取"维持合作"策略下的收益。此时，如果 $q > q_0$，则有 $F'(0) < 0$，因此 $p^* = 0$ 为演化稳定策略。博弈的结果是，当高校选择"维持合作"策略的概论大于一定值时，产研机构将会选择"中途退出"策略，导致产教融合无法继续进行下去。如果 $q < q_0$，则有 $F'(1) < 0$，此时 $p^* = 1$ 为演化稳定策略。博弈的结果是，当高校选择"维持合作"的概率小于一定值时，产研机构选择"维持合作"策略。情形二，当 $\Delta B_1 - \alpha B + c_1 - c_3 < 0$ 时，产研机构选择"中途退出"的背叛策略获得的收益总是低于"维持合作"策略下的超额收益，对于任意 $q \in [0, 1]$，总存在 $F'(1) < 0$，$p^* = 1$ 为演化稳定策略。博弈的结果是，无论高校选择哪种策略，产研机构均选择"维持合作"策略。

（二）高校产教融合策略的演化稳定性分析

根据微分方程的稳定性原理与演化稳定策略性质，当 $G'(q^*) < 0$ 时，q^* 为演化稳定策略。下文分情况进行讨论。

第一，当 $(1 - \alpha)B - \Delta B_2 + c_4 - c_2 > 0$ 并且 $c - c_4 > 0$ 时，得到 $\Delta B_2 - (1 - \alpha)B + c_2 - c < 0$，此时高校选择"中途退出"策略获得的预期收益小于选择"维持合作"策略获得的收益。对于任意 $p \in [0, 1]$，总存在 $G'(1) < 0$，于是 $q^* = 1$ 为演化稳定策略。博弈的结果是，无论产研机构采取何种策略，高校最终都选择"维持合作"策略，持续推进产教融合。

第二，当 $(1 - \alpha)B - \Delta B_2 + c_4 - c_2 < 0$ 并且 $c - c_4 < 0$ 时，得到 $\Delta B_2 -$

$(1-\alpha)B+c_2-c>0$，因此高校选择"中途退出"策略获得的预期收益大于选择"维持合作"策略获得的收益。对于任意 $p \in [0, 1]$，总存在 $G'(0)<0$，于是 $q^*=0$ 为演化稳定策略。博弈的结果是，无论产研机构选择"维持合作"还是"中途退出"策略，高校都不愿意选择"维持合作"策略，导致产教融合的破裂。

第三，当 $(1-\alpha)B-\Delta B_2+c_4-c_2>0$ 并且 $c-c_4<0$ 时，同样分两种情形进行讨论。情形一，如果 $(1-\alpha)B-\Delta B_2+c_4-c_2>-(c-c_4)$，得到 $\Delta B_2<(1-\alpha)B+c-c_2$，高校选择"中途退出"策略所获得的额外收益小于选择"维持合作"策略获得的预期收益。此时，如果 $p>p_0$，则有 $G'(1)<0$，于是 $q^*=1$ 为演化稳定策略。博弈的结果是，当产研机构选择"维持合作"的概率大于一定值时，高校选择"维持合作"策略。但若 $p<p_0$，则 $G'(0)<0$，于是 $q^*=0$ 为演化稳定策略。博弈的结果是，当产研机构选择"维持合作"的概率小于一定值时，高校同样会选择"中途退出"的机会主义策略，攫取产研机构的创新资源。情形二，如果 $\Delta B_2>(1-\alpha)B+c-c_2$，此时高校选择"中途退出"的机会主义策略可使其获得更稳定、更多的收益，对于任意 $p \in [0, 1]$，总存在 $G'(0)<0$，于是 $q^*=0$ 为演化稳定策略。博弈的结果是，无论产研机构选择何种策略，有限理性的高校均选择"中途退出"的机会主义策略，破坏产教融合的稳定性。

第四，当 $(1-\alpha)B-\Delta B_2+c_4-c_2<0$ 并且 $c-c_4>0$ 时，分两种情形进行讨论。情形一，如果 $c-c_4<-[(1-\alpha)B-\Delta B_2+c_4-c_2]$，得到 $\Delta B_2>(1-\alpha)B+c-c_2$，高校选择"中途退出"策略所获得的额外收益大于采取"维持合作"策略获得的超额收益。此时如果 $p>p_0$，则有 $G'(0)<0$，于是 $q^*=0$ 为演化稳定策略。博弈的结果是，当产研机构选择"维持合作"的概率大于一定值时，高校会利用对方的合作诚意，选择"中途退出"策略获得机会主义收益。但如 $p<p_0$，则有 $G'(1)<0$，于是 $q^*=1$ 为演化稳定策略。博弈的结果是，当产研机构选择"维持

合作"的概率小于一定值时，高校选择"维持合作"策略。情形二，如果 $c-c_4 > -[(1-\alpha)B - \Delta B_2 + c_4 - c_2]$，得到 $\Delta B_2 < (1-\alpha)B + c - c_2$，此时高校选择"中途退出"策略所获得的收益低于继续推进产教融合获得的收益，对于任意的 $p \in [0,1]$，总存在 $G'(1) < 0$，于是 $q^* = 1$ 为演化稳定策略。博弈的结果是，无论产研机构选择何种策略，高校一如既往推进产教融合。

（三）产学研双方产教融合策略的演化稳定性分析

将上述情形进行配对，则存在36种可能的演化稳定策略，如表5-2所示。现分为三类组合进行讨论。

表5-2 产研机构和高校不同条件组合下的演化博弈稳定点

	条件（1）	条件（2）	条件（3）中情形一	条件（3）中情形二	条件（4）中情形一	条件（4）中情形二
条件（1）	$E_3(1,1)$	$E_4(1,0)$	$E_3(1,1)$	$E_4(1,0)$	$E_4(1,0)$	$E_3(1,1)$
条件（2）	$E_2(0,1)$	$E_1(0,0)$	$E_1(0,0)$	$E_1(0,0)$	$E_2(0,1)$	$E_2(0,1)$
条件（3）中情形一	$E_3(1,1)$	$E_1(0,0)$	$E_1(0,0)$ $E_3(1,1)$	$E_1(0,0)$	—	$E_3(1,1)$
条件（3）中情形二	$E_2(0,1)$	$E_1(0,0)$	$E_1(0,0)$	$E_1(0,0)$	$E_2(0,1)$	$E_2(0,1)$
条件（4）中情形一	$E_2(0,1)$	$E_4(1,0)$	—	$E_4(1,0)$	$E_2(0,1)$ $E_4(1,0)$	$E_2(0,1)$
条件（4）中情形二	$E_3(1,1)$	$E_4(1,0)$	$E_3(1,1)$	$E_4(1,0)$	$E_4(1,0)$	$E_3(1,1)$

（1）条件组合一

$E_3(1,1)$ 存在8种组合，即无论是产研机构还是高校均选择"维持合作"策略继续推进产教融合。选择一种组合揭示 $E_3(1,1)$ 的演化稳定策略条件，以此类推可以证实产研机构与高校产教融合不同情形下的演化博弈。可选择一种组合情形进行举例讨论：当产研机构情形为 $\alpha B - \Delta B_1 + c_3 - c_1 > 0$ 并且 $c - c_3 > 0$，高校情形为 $(1-\alpha)B - \Delta B_2 + c_4 - c_2 > 0$ 并且 $c - c_4 > 0$ 时，只有 $E_3(1,1)$ 即博弈双方均采用"维持合作"策略才是局部演化博弈稳定点,如图5-2条件组合一所示。选择"中途退出"策略时有较高的违约成本c,且$c_3 \leqslant c_1 < c$,$c_4 \leqslant c_2 < c$,继续推进产教融合可以很好地利用原有产教融合基础,并且后期推进可以得到更高的预期收益,致使产教融合参与方选择"中途退出"策略将会失去更多预期收益并支付更高违约成本,最终会演化为彼此采取"维持合作"策略。由此,设置较高的违约金有助于产教融合的稳定性。

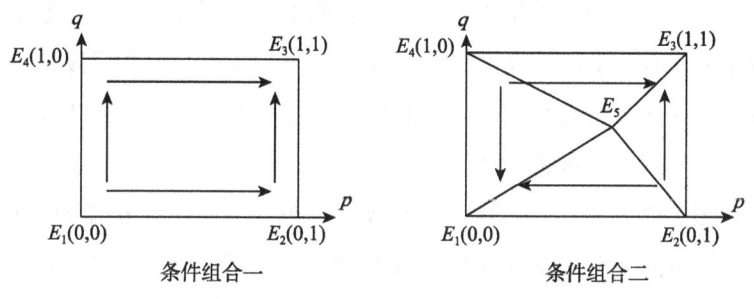

图 5-2 产研机构与高校的演化博弈相图

(2) 条件组合二

演化稳定点$E_1(0,0)$和$E_3(1,1)$出现在条件(3)情形一组合,此时产研机构$\alpha B - \Delta B_1 + c_3 - c_1 > 0$并且$c - c_3 < 0$,高校$(1-\alpha)B - \Delta B_2 + c_4 - c_2 > 0$并且$c - c_4 < 0$,如果$\alpha B - \Delta B_1 + c_3 - c_1 > -(c - c_3)$并且$(1-\alpha)B - \Delta B_2 + c_4 - c_2 > -(c - c_4)$,则$E_1(0,0)$和$E_3(1,1)$是局部演化博弈稳定点,产研机构与高校的演化博弈相图如图5-2条件组合二所示。此时选择"中途退出"策略所获得的预期收益小于双方继续推进产教融合所获得的协同收益。如果博弈方均采取"维持合作"策略,则仍可以实现资源共享的双赢;但如果双方均采取"中途退出"策略,双方也可以彼此接受结果。双方采取哪种策略需要根据"维持合作"的概率而定。

(四)产教融合博弈策略的影响因素分析

从图5-2条件组合一的演化博弈相图可以看出,如果产教融合

"中途退出"的违约成本相对较高、彼此进一步投入的成本 c_3 和 c_4 相对较低,在"维持合作"可预期收益诱惑下,产研机构和高校均会选择"维持合作"策略。然而在图 5-2 条件组合二的演化博弈相图中,鞍点 E_5 表示"中途退出"产教融合的违约成本相对较小、彼此进一步推进产教融合的成本 c_3 和 c_4 相对较高,易导致鞍点 E_5 向 $E_3(1,1)$ 移动,由此 $E_2E_3E_4E_5$ 区域的面积缩小,初始点落在 $E_1E_2E_5E_4$ 区域的概率随着初始产教融合成本增加而变大,最终的演化结果倾向于选择"中途退出"策略。由此可以得出两点结论:一是设置较高的产教融合"中途退出"违约成本 c,有助于促进双方采取"维持合作"策略,提高产教融合的稳定性;二是如果维持合作下的资源成本和交易成本较小,可以激励博弈主体进一步合作,推进产教融合发展。

在图 5-2 条件组合二中,当整体产教融合预期收益 B 增加并且"中途退出"的机会主义收益 ΔB_1 和 ΔB_2 减少时,鞍点 E_5 容易向 $E_1(0,0)$ 移动,由此导致 $E_2E_3E_4E_5$ 区域的面积扩大,初始点落在 $E_2E_3E_4E_5$ 区域的概率会随着整体产教融合预期收益 B 增加与机会主义收益 ΔB_1 和 ΔB_2 减少而变大,最终演化为双方的"维持合作"策略。由此,在收益分配合理情况下,整体产教融合预期收益 B 增加,有助于激励双方增加创新资源投入,提高平台的稳定性。

第三节 参与主体与产教融合平台的合作稳定性

一 参与主体与平台的演化博弈模型

上文探讨了产教融合参与主体之间的合作稳定性,正如第二章"新工科产教融合平台的需求逻辑"的相关阐述,新工科产教融合平台具有双边市场特性,即不仅存在产教融合参与主体之间的博弈,还存在参与主体与新工科产教融合平台之间的博弈。Armstrong 和 Wright 指出,平台既可以选择开放性策略,在一定条件下也可以实施排他性行为。[①] 也就是说,平台可以要求参与新工科产教融合的产学研主体接受排他性契约,即只能在平台选择上采取单归属。由此,新工科产教融合平台存在两种策略:一是开放性策略,既允许产学研主体参与该平台,也允许产学研主体参与其他新工科产教融合平台;二是排他性策略,即仅允许产学研主体单归属,一旦选择了该平台就不能再同时参加其他平台。就产教融合参与主体而言同样存在两种策略:一是参与该新工科产教融合平台;二是不参与该新工科产教融合平台。由于新工科产教融合平台运行主体及其平台参与主体均是理性主体,均可以依据外部环境和自身条件自主选择相应策略,假设特定时期内产学研主体选择参与平台的概率为 $p(0 \leqslant p \leqslant 1)$,则不参与平台的概率为 $1-p$;新工科产教融合平台选择开放性策略的概率为 $q(0 \leqslant p \leqslant 1)$,则选择排他性策略的概率为 $1-q$。由此形成如表 5-3 所示的博弈收益矩阵。

表 5-3　产学研主体和新工科产教融合平台的博弈收益矩阵

		新工科产教融合平台	
		开放性策略（q）	排他性策略（$1-q$）
产学研主体	参与平台（p）	B_1-c-c_1, S_1-c_2	$B_2-c-c_3, S_2-c_4-\alpha T$
	不参与平台（$1-p$）	$B_3-c-c_5, 0$	$B_3-c-c_5, -\alpha T$

第一,在(产学研主体参与平台,新工科产教融合平台开放性策略)组合下,产学研主体通过平台获得收益 B_1,相应投入资源 c 和付出交易成本 c_1;一般地,由于资源对接与协同效应,$B_1-c-c_1>0$。新工科产教融合平台获得收益 S_1,同时支付平台日常运行成本 c_2;同理,$S_1-c_2>0$。

第二,在(产学研主体参与平台,新工科产教融合平台排他性策

[①] Armstrong M., Wright J., "Two-Sided Markets, Competitive Bottlenecks and Exclusive Contracts," *Economic Theory* 32 (2007).

略）组合下，产学研主体通过平台获得收益 B_2，相应投入资源 c 和付出交易成本 c_3；一般情况下，由于平台采取排他性策略，交易成本 $c_3 > c_1$，并且 $B_2 - c - c_3 > 0$。新工科产教融合平台获得收益 S_2，并且支付平台日常运行成本 c_4。由于当前产教融合已经成为教育供给侧结构性改革的基本方略，从中央到地方都出台了促进产教融合的扶持政策，新工科产教融合平台的排他性策略不符合国家创新体系的构建；换言之，排他性策略会受到政府的规制，可假设规制的概率为 α，规制的处罚成本为 T，由此此策略组合下平台的收益为 $S_2 - c_4 - \alpha T$。

第三，在（产学研主体不参与平台，新工科产教融合平台开放性策略）组合下，产学研主体采取其他方式推进产教融合，同时获得收益 B_3，不参与该平台推进产教融合的资源投入为 c 和交易成本为 c_5。对于新工科产教融合平台而言，由于产学研主体不参与，其收益为 0。

第四，在（产学研主体不参与平台，新工科产教融合平台排他性策略）组合下，产学研主体采取其他方式进行资源交换，其收益仍然为 $B_3 - c - c_5$。但对于新工科产教融合平台而言，其不仅不能从该产学研主体获得期望收益，其排他性策略还可能会受到政府的监管和处罚，因此其收益为 $-\alpha T$。

基于上述模型假设，可以得到产学研主体参与新工科产教融合平台的期望收益：

$$u_{11} = q(B_1 - c - c_1) + (1 - q)(B_2 - c - c_3) \quad (5-11)$$

产学研主体不参与新工科产教融合平台的期望收益：

$$u_{12} = q(B_3 - c - c_5) + (1 - q)(B_3 - c - c_5) \quad (5-12)$$

因此产学研主体的平均期望收益为 $\bar{u}_1 = pu_{11} + (1 - p)u_{12}$。

类似地，新工科产教融合平台在开放性策略下的期望收益 $u_{21} = p(S_1 - c_2)$；在排他性策略下的期望收益 $u_{22} = p(S_2 - c_4 - \alpha T) - (1 - p)\alpha T$。由此，新工科产教融合平台的平均期望收益为 $\bar{u}_2 = qu_{21} + (1 -$

$q)u_{22}$。

二 参与主体与平台演化博弈的稳定性

(一) 产学研参与主体演化策略的稳定性分析

新工科产教融合平台产学研主体参与策略的复制动态方程为:

$$\frac{dp}{dt} = p(u_{11} - \overline{u}_1) = p(1-p)[q(B_1 - c_1 - B_2 + c_3) + B_2 - c_3 - B_3 + c_5]$$

(5-13)

令 $I(p) = \frac{dp}{dt}$,则可以得到:

$$I'(p) = \frac{dp}{dt} = (1-2p)[q(B_1 - c_1 - B_2 + c_3) + B_2 - c_3 - B_3 + c_5] \quad (5-14)$$

要使产学研主体参与策略处于稳定状态,必须满足:$I(p) = 0$ 且 $I'(p) < 0$。此时,可以分三种情况进行讨论。

首先,当 $q = q_0 \left(q_0 = \frac{B_3 - c_5 - B_2 + c_3}{B_1 - c_1 - B_2 + c_3} \right)$ 时,得到 $I(p) = 0$,此时产学研主体采取参与新工科产教融合平台的策略都是稳定的,博弈的结果是产学研主体选择参与策略。

其次,当 $q > q_0$ 时,分两种情形进行讨论。当 $B_1 - c_1 - B_2 + c_3 > 0$ 时,有 $I'(0) > 0$,并且 $I'(1) < 0$,此时,对于任意 $q \in [0, 1]$,$p^* = 1$ 是稳定状态;博弈的结果是产学研主体选择"参与平台"策略。当 $B_1 - c_1 - B_2 + c_3 < 0$ 时,存在 $I'(0) < 0$,并且 $I'(1) > 0$,此时 $p^* = 0$ 是稳定状态;博弈的结果是无论新工科产教融合平台采取何种策略,产学研主体均不参与平台主导的产教融合。

最后,当 $q < q_0$ 时,同样分两种情形进行讨论。当 $B_1 - c_1 - B_2 + c_3 > 0$ 时,得到 $I'(0) < 0$,并且 $I'(1) > 0$,此时 $p^* = 0$ 是稳定状态,即产学研主体不参与平台主导的产教融合。当 $B_1 - c_1 - B_2 + c_3 < 0$ 时,得到

$I'(0) > 0$，并且 $I'(1) < 0$，此时 $p^* = 1$ 是稳定状态，即产学研主体选择参与是稳定状态。

(二) 新工科产教融合平台演化策略的稳定性分析

新工科产教融合平台选择开放性策略的复制动态方程为：

$$\frac{dq}{dt} = q(u_{21} - \bar{u}_2) = q(1-q)[p(S_1 - c_2 - S_2 + c_4) + \alpha T] \quad (5-15)$$

令 $H(q) = \dfrac{dq}{dt}$，则得到：

$$H'(q) = (1-2q)[p(S_1 - c_2 - S_2 + c_4) + \alpha T] \quad (5-16)$$

同样分为三种情况进行讨论。

首先，当 $p = p_0 \left(p_0 = \dfrac{\alpha T}{S_2 - c_4 - S_1 + c_2} \right)$ 时，得到 $H(q) = 0$，即新工科产教融合平台选择开放性策略都是稳定的，博弈的结果是无论产学研主体采取何种策略，平台均选择开放性策略，这有助于促进产教融合向更广更深方向发展，提高创新体系的稳定性。

其次，当 $p > p_0$ 时，可分两种情形进行讨论。当 $S_1 - c_2 - S_2 + c_4 > 0$ 时，有 $H'(0) > 0$，并且 $H'(1) < 0$，此时 $q^* = 1$ 是稳定状态；博弈的结果是新工科产教融合平台选择开放性策略。而当 $S_1 - c_2 - S_2 + c_4 < 0$ 时，存在 $H'(0) < 0$，而 $H'(1) > 0$，此时 $q^* = 0$ 是稳定状态；博弈的结果是新工科产教融合平台最终选择"排他性"策略，不利于可持续培育稳定的产教融合创新生态系统。

最后，当 $p < p_0$ 时，对于任意 $q \in [0, 1]$，总存在 $H'(0) > 0$，并且 $H'(1) < 0$，此时 $q^* = 1$ 是稳定状态；博弈的结果是无论产学研主体选择何种策略，新工科产教融合平台均选择开放性策略，这为产教融合创新系统的稳定奠定了基础。

(三) 产学研主体和新工科产教融合平台演化博弈稳定性分析

将上述博弈情形进行配对分析，可得产学研主体和新工科产教融合平台演化博弈的五个均衡点，依次是 $E_1(0, 0)$、$E_2(0, 1)$、$E_3(1, 0)$、$E_4(1, 1)$ 和 $E_5(p_0, q_0)$。其中，$p_0 = \dfrac{\alpha T}{S_2 - c_4 - S_1 + c_2}$，$q_0 = \dfrac{B_3 - c_5 - B_2 + c_3}{B_1 - c_1 - B_2 + c_3}$。

命题1：如果 $E_5(p_0, q_0)$ 是产学研主体和新工科产教融合平台演化博弈的均衡点，则存在 $0 < \alpha T < S_2 - c_4 - S_1 + c_2$，并且 $B_2 - c_3 < B_3 - c_5 < B_1 - c_1$，对照模型假设，得出双方投入的创新资源越多，越有助于维持产教融合创新系统的稳定性；或者存在 $B_2 - c_3 > B_3 - c_5 > B_1 - c_1$，对照模型假设，得出交易成本越低，越有助于维持产教融合创新系统的稳定性。

由于 $E_5(p_0, q_0)$ 是产学研主体与新工科产教融合平台演化博弈的均衡点，而 $0 < p_0 < 1$，$0 < q_0 < 1$，由 $p_0 = \dfrac{\alpha T}{S_2 - c_4 - S_1 + c_2}$，可以得到 $0 < \alpha T < S_2 - c_4 - S_1 + c_2$；同理，由 $q_0 = \dfrac{B_3 - c_5 - B_2 + c_3}{B_1 - c_1 - B_2 + c_3}$，可以得到 $B_2 - c_3 < B_3 - c_5 < B_1 - c_1$，或者 $B_2 - c_3 > B_3 - c_5 > B_1 - c_1$。因此，命题1成立。

由于演化博弈的均衡点可以通过分析系统的雅可比矩阵的局部稳定性求解，下文构建产学研主体和新工科产教融合平台演化博弈的雅可比矩阵：

$$J = \begin{pmatrix} (1-2p)[q(B_1 - c_1 - B_2 + c_3) + B_2 - c_3 - B_3 + c_5] & p(1-p)(B_1 - c_1 - B_2 + c_3) \\ q(1-q)(S_1 - c_2 - S_2 + c_4) & (1-2q)[p(S_1 - c_2 - S_2 + c_4) + \alpha T] \end{pmatrix}$$

(5-17)

进一步得到矩阵的行列式和迹：

$$\text{Det}(J) = (1-2p)(1-2q)[q(B_1 - c_1 - B_2 + c_3) + B_2 - c_3 - B_3 + c_5]$$
$$[p(S_1 - c_2 - S_2 + c_4) + \alpha T] - pq(1-p)(1-q)(B_1 - c_1 - B_2 + c_3)$$

$$(S_1 - c_2 - S_2 + c_4) \tag{5-18}$$

$$\mathrm{Tr}(J) = (1-2p)[q(B_1 - c_1 - B_2 + c_3) + B_2 - c_3 - B_3 + c_5] + (1-2q)[p(S_1 - c_2 - S_2 + c_4) + \alpha T] \tag{5-19}$$

根据产学研主体和新工科产教融合平台演化博弈系统的局部均衡点，进一步得到 5 个均衡点的 Det(J) 和 Tr(J)，如表 5-4 所示。

表 5-4　动态演化博弈均衡点的稳定性

均衡点	Det(J)	Tr(J)
E_1 (0, 0)	$(B_2 - c_3 - B_3 + c_5)\alpha T$	$B_2 - c_3 - B_3 + c_5 + \alpha T$
E_2 (0, 1)	$(B_3 - c_5 - B_1 + c_1)\alpha T$	$B_1 - c_1 - B_3 + c_5 - \alpha T$
E_3 (1, 0)	$(B_3 - c_5 - B_2 + c_3)(S_1 - c_2 - S_2 + c_4 + \alpha T)$	$B_3 - c_5 - B_2 + c_3 + S_1 - c_2 - S_2 + c_4 + \alpha T$
E_4 (1, 1)	$(B_1 - c_1 - B_3 + c_5)(S_1 - c_2 - S_2 + c_4 + \alpha T)$	$B_3 - c_5 - B_1 + c_1 + S_2 - c_4 - S_1 + c_2 + \alpha T$
E_5 (p_0, q_0)	$\dfrac{(B_1 - c_1 - B_3 + c_5)(B_2 - c_3 - B_3 + c_5)(S_2 - c_4 - S_1 + c_2 - \alpha T)}{(S_1 - c_2 - S_2 + c_4)(B_1 - c_1 - B_2 + c_3)}$	0

通过表 5-4 各均衡点的 Det(J) 和 Tr(J)，可以得出以下命题，具体证明如表 5-5 所示。

命题 2：当满足 $B_3 - c_5 > B_1 - c_1$ 情形时，产学研主体和新工科产教融合平台演化博弈的稳定点为 $E_2(0, 1)$。

命题 3：当满足 $B_2 - c_3 > B_3 - c_5$ 并且 $S_2 - c_4 - \alpha T > S_1 - c_2$ 情形时，产学研主体和新工科产教融合平台演化博弈的稳定点为 $E_3(1, 0)$。

命题 4：当满足 $B_1 - c_1 > B_3 - c_5$ 并且 $S_1 - c_2 > S_2 - c_4 - \alpha T$ 情形时，产学研主体和新工科产教融合平台演化博弈的稳定点为 $E_4(1, 1)$。

命题 5：当满足 $B_2 - c_3 > B_3 - c_5 > B_1 - c_1$ 并且 $S_2 - c_4 - \alpha T > S_1 - c_2$ 情形时，产学研主体和新工科产教融合平台演化博弈的稳定点为 $E_2(0, 1)$ 和 $E_3(1, 0)$。

表 5-5　不同条件下演化博弈的局部稳定性分析

命题	条件	均衡点	Det(J)	Tr(J)	局部稳定性
命题 2	$B_3 - c_5 > B_1 - c_1$	$E_1(0, 0)$	不确定	不确定	不稳定点
		$E_2(0, 1)$	+	−	ESS
		$E_3(1, 0)$	不确定	不确定	不稳定点
		$E_4(1, 1)$	不确定	不确定	不稳定点
命题 3	$B_2 - c_3 > B_3 - c_5$；$S_2 - c_4 - \alpha T > S_1 - c_2$	$E_1(0, 0)$	+	+	不稳定点
		$E_2(0, 1)$	不确定	不确定	不稳定点
		$E_3(1, 0)$	+	−	ESS
		$E_4(1, 1)$	不确定	不确定	不稳定点
命题 4	$B_1 - c_1 > B_3 - c_5$；$S_1 - c_2 > S_2 - c_4 - \alpha T$	$E_1(0, 0)$	不确定	不确定	不稳定点
		$E_2(0, 1)$	−	不确定	鞍点
		$E_3(1, 0)$	不确定	不确定	不稳定点
		$E_4(1, 1)$	+	−	ESS
命题 5	$B_2 - c_3 > B_3 - c_5 > B_1 - c_1$；$S_2 - c_4 - \alpha T > S_1 - c_2$	$E_1(0, 0)$	+	+	不稳定点
		$E_2(0, 1)$	+	−	ESS
		$E_3(1, 0)$	+	−	ESS
		$E_4(1, 1)$	+	+	不稳定点
		$E_5(p_0, q_0)$	−	0	鞍点

（四）产学研主体和新工科产教融合平台演化博弈的结果分析

上文揭示了产学研主体和新工科产教融合平台在不同条件下的演化博弈过程，对各均衡点进行了稳定性分析。本部分通过不同条件下均衡点的演化路径，进一步对演化结果进行分析。

第一，在命题 2 中，当 $B_3 - c_5 > B_1 - c_1$ 时，稳定演化策略 ESS 为 $E_2(0, 1)$，相应地，$E_1(0, 0)$、$E_3(1, 0)$、$E_4(1, 1)$ 均为不稳定点，此时演化路径如图 5-3 左一所示。

产学研主体具有多种备选的产教融合协作模式，是否加入特定新工科产教融合平台取决于成本和收益情况。在资源投入成本 c 相同情形下，决策的关键在于预期收益与交易成本之差。$B_3 - c_5 > B_1 - c_1 > 0$，

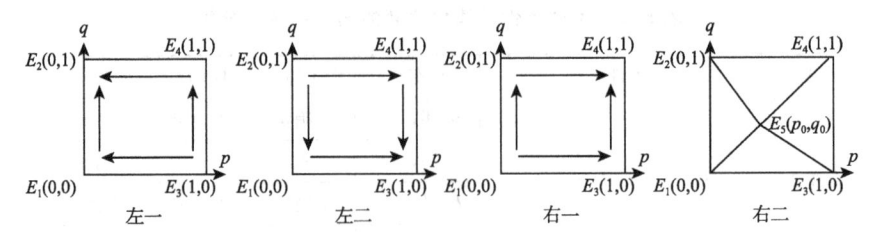

图 5-3 产学研主体与新工科产教融合平台的演化博弈相图

使得 $B_3 - c - c_5 > B_1 - c - c_1$，产学研理性主体选择"不参与"新工科产教融合平台的策略。由于平台处于政府监管之下，政府不倡导、不鼓励平台的排他性策略，为了获得政策支持，平台最后趋向于选择开放性策略。

第二，在命题 3 中，当 $B_2 - c_3 > B_3 - c_5$ 并且 $S_2 - c_4 - \alpha T > S_1 - c_2$ 时，产学研主体与新工科产教融合平台稳定演化策略 ESS 为 $E_3(1, 0)$，相应地，是 $E_1(0, 0)$、$E_2(0, 1)$ 和 $E_4(1, 1)$ 均为不稳定点，此时演化路径如图 5-3 左二所示。经过一段时间的成长，该新工科产教融合平台具有较高的资源对接和利用效率，吸引了大量其他产学研主体加入，形成了较强的协同创新效应。当产学研主体考虑到平台可能利用强势影响力地位采取排他性策略，并且 $B_2 - c_3 > B_3 - c_5$ 时，在资源投入成本 c 相同情形下，即有 $B_2 - c - c_3 > B_3 - c - c_5$，因此产学研主体倾向于选择参与该平台。对于该新工科产教融合平台而言，虽然其处于政府的监管和引导之下，但 $S_2 - c_4 - \alpha T > S_1 - c_2$，平台在受到政府监管时选择排他性策略较开放性策略仍然能获得更多收益，因此倾向于选择排他性策略。据此，双方博弈的稳定演化策略为产学研主体选择加入该新工科产教融合平台，而平台最后选择排他性策略。

第三，在命题 4 中，当 $B_1 - c_1 > B_3 - c_5$ 并且 $S_1 - c_2 > S_2 - c_4 - \alpha T$ 时，$E_4(1, 1)$ 成为稳定演化策略，而 $E_1(0, 0)$、$E_2(0, 1)$、$E_3(1, 0)$ 均为不稳定点，形成如图 5-3 右一的演化路径。新工科产教融合平台与其加入的产学研主体形成利益共同体，通过体制机制创新提高资源的利用效率，在 $B_1 - c_1 > B_3 - c_5$ 时，如果产学研主体选择不同的产教融合形式均需要投入同等的资源成本 c，则 $B_1 - c - c_1 > B_3 - c - c_5$，由此理性的产学研主体选择加入该新工科产教融合平台。另外，由于 $S_1 - c_2 > S_2 - c_4 - \alpha T$，平台在开放性策略下能够获得更多的期望收益，因此平台倾向于选择开放性策略。据此，演化博弈的最终稳定策略为产学研主体加入平台，而平台选择开放性策略，形成 $E_4(1, 1)$ 稳定演化策略。结合从中央到地方、从教育系统到产业系统的产教融合政策，$E_4(1, 1)$ 稳定均衡点符合各方利益，有利于创新资源的利用和社会福利的增加，最终能够提高产教融合系统的稳定性。

第四，在命题5中，当 $B_2 - c_3 > B_3 - c_5 > B_1 - c_1$ 并且 $S_2 - c_4 - \alpha T > S_1 - c_2$ 时，稳定演化策略为 $E_2(0, 1)$ 和 $E_3(1, 0)$，并且形成如图5-3右二的演化路径。对于产学研主体而言，其加入新工科产教融合平台的根本内因是能够获得更高的预期收益，在资源投入成本 c 相同的情形下，交易成本越低越有助于其加入平台；相反，交易成本越高则意味着预期收益越少。然而就新工科产教融合平台而言，政府对其的监管成本相对较高，扶持和惩罚力度也相对较大，其是否选择开放性策略的内因同样取决于其预期收益的高低。由于 $B_2 - c_3 > B_3 - c_5 > B_1 - c_1$ 并且 $S_2 - c_4 - \alpha T > S_1 - c_2$，两者演化博弈存在两种可能：一是产学研主体选择参与平台而平台选择排他性策略；二是产学研主体选择不参与平台而平台选择开放性策略。命题5不利于促进产教融合向深度和广度两个方向演化，最终不利于提高产教融合系统的稳定性。

综上，在产学研主体与新工科产教融合平台的博弈关系中，两者都是理性主体，追求自身利益的最大化。产学研主体可以选择加入新工科产教融合平台，或者采取其他形式的产教融合，这取决于其对于加入平台所能获得的预期收益与其他选择获得的预期收益的比较。同样，新工科产教融合平台也可以选择开放性策略或排他性策略，以获取更多的预期收益。开放性策略可能意味着平台对所有产学研主体都开放，提供丰富的资源和支持，以吸引更多的成员加入，从而提高平台的影响力，增加平台的收益。而排他性策略可能意味着平台选择与特定的产学研主体合作，通过限制参与者数量和资源分配，确保更多的预期收益集中在少数成员手中。在创新资源投入成本 c 相同的情形下，不同参数情况下的预期收益与交易成本之差成为策略选择的关键，具体的稳定演化策略需要结合不同的情形分析。

第四节 产教融合平台的稳定性治理

一 打造促进平台稳定性提升的创新生态系统

结合前文产教融合参与主体演化博弈与平台稳定性的研究结论，可以得出预期收益的增加与合作风险的规避是提高平台稳定性的关键所在。董津津和陈关聚研究指出，高质量的平台创新生态系统是促进合作方资源交换、对接的关键，有助于提高平台运行效率和平台稳定性。[①] 由此，打造高质量的新工科产教融合平台创新生态系统，是提高平台稳定性治理能力的关键；下一步需要深刻把握新时期新工科产教融合平台创新生态系统特征，探索平台稳定性的治理路径。

新时期新工科产教融合平台的稳健运行离不开高质量的平台创新生态系统。其内涵是营造创新环境并以创新为驱动力推进产教融合的高质量发展，具体呈现以下四个特征。一是构建集成化大平台。新时期，新工科产教融合平台从形式上不再是通过课程、实践实训基地、跨企业培训中心等点对点的校企合作项目对接，而是借助平台经济模式构建高校和企业的双边市场，将供应方和需求方进行连接和匹配，通过集成化大平台实现产学供需的高效匹配和资源要素对接。二是实现新旧动能的转

---

① 董津津、陈关聚：《技术创新视角下平台生态系统形成、融合与治理研究》，《科技进步与对策》2020 年第 20 期，第 20~26 页。

换。在产教融合初始推进阶段，政府发挥"看得见的手"的作用，通过其主导的资源要素驱动模式来推动产教融合。然而，在新时期，政府的角色也需要逐渐转变，政府需要转变为"掌舵者"，发挥引导和协调作用，适应市场经济的发展，借助市场"看不见的手"来配置产教融合资源，实现新旧动能的转换。三是谋求"四链融合"。产教融合是将教育链、人才链、产业链和创新链进行价值融合的过程，通过各方的合作与协同来实现更高的综合效益。在满足各方利益诉求的前提下，合作方通过共享资源、互惠互利的合作模式和协同创新等方式来推进产教融合。高校可以与企业合作开展产学研项目，将教育和实践相结合，为学生提供更多实践和就业机会；企业可以提供实践基地、技术支持和就业机会等，与高校共同培养人才；政府可以提供政策、资源配置和市场环境等方面的支持，推动产教融合的顺利进行。四是始终保持先进性。新时期，产教融合不仅仅是教育问题，更是经济问题，被视为促进经济转型升级的重要举措。产教融合需要关注大国技术竞争的关键领域，关注科技前沿和核心技术，培养具备创新能力和技术领导力的人才。同时，还需要将产业需求与教育培养相结合，培养适应现代产业发展需求的高素质人才，提高劳动者的就业能力和市场竞争力，推动经济的高质量发展。

新时期，新工科产教融合平台需要秉承高质量发展理念，构建校企协同和价值共创的创新生态系统。平台需要以集成化的方式组织各方资源和服务，为校企合作提供全方位的支持；平台需要推动新旧动能的转换，促进传统产业与新兴技术的结合，以适应经济发展的需求；平台需要关注教育链、人才链、产业链和创新链的融合，以实现产教研创的有机衔接；平台需要始终保持对技术的关注和应用，构建数字化教育平台，为校企合作提供创新支持。产教融合创新生态系统离不开创新主体彼此间的资源交换、开发与利用，可以运用资源理论进行分析，如表5-6所示。

表 5-6 资源理论下的新工科产教融合平台比较

	资源依赖理论	资源基础理论	资源拼凑理论
资源逻辑	无论是高校还是企业都存在资源要素约束困境，需要通过开放式创新获取外部资源	有价值的、稀缺的、难以模仿并能开发利用的异质性资源，是核心竞争力的重要支撑	现有资源的集约化、创新性利用，强调现有资源的潜在利用与挖掘资源的新用途
资源构建	一方面强调主体的学习能力与吸收能力，低成本获取外部资源；另一方面强调组织能力与动态能力，通过交易获取和控制资源	强调在模仿和学习基础上进行知识的进一步创新，形成区别于竞争对手的异质性资源，建立和维系竞争优势	一方面注重现有资源的即兴创新利用，充分挖掘现有资源的利用潜能；另一方面整合碎片化的、零乱的甚至废弃的现有资源，开发资源的新用途
创新驱动	一方面注重开放式创新，强调资源共享与优势互补；另一方面注重模仿，实现低成本创新	一方面注重原始创新，强调形成核心技术与创新能力；另一方面注重知识产权保护	在创新资源条件限制下，注重资源的节约、集约、创新利用，走内涵式驱动路径

从表 5-6 可以看出，现有研究相对忽视产教融合创新生态系统构建的理论依据，对照资源理论的内涵，可以发现过往产教融合对策建议主要强调校企资源的对接与融合，即主要依据资源依赖理论。当前产教融合创新生态系统被赋予了新的内涵，彰显了新的特征，为了提高平台的稳定性，需要在资源依赖理论基础上，汲取资源基础理论、资源拼凑理论的精髓，为平台提供理论指导和实践借鉴，有助于优化资源配置和提高平台的绩效。

二 资源理论下平台稳定性治理的具体路径

（一）资源依赖理论下的平台稳定性治理

过往研究主张通过校企"资源共享、优势互补、互利共赢"推进产教融合[①]，其思想基础是资源依赖理论，即通过创新资源的高效对

---

① 吕海舟、杨培强：《应用型跨界人才培养的产教融合机制设计与模型建构》，《中国大学教学》2017年第2期，第35~39页；李梦卿、刘博：《高职院校深化产教融合的价值诉求、现实困境与路径选择》，《现代教育管理》2019年第3期，第80~85页。

接、交换与融合,提升产教融合创新生态系统的稳定性。为了提高新工科产教融合平台的稳定性,下一步需要把握住以下几点。一是注重跨界搜索,秉持开放式创新模式。无论是行业标杆企业还是小微成长型企业,在创新过程中都面临资源的有限性。同样,研究型大学、应用型大学和高职院校也需要与外部合作伙伴建立联系,以弥补自身资源的不足。通过开放式创新合作模式,企业可以借助高校的研究成果和专业知识来推动产业的升级和创新。同时,高校也能够通过与企业的合作更好地了解市场需求,调整教育内容和培养目标,使教育更加符合实际需求。跨界搜索显著正向影响管理创新和组织绩效[1],这决定了产教融合主体更加需要开展跨界融合,释放互补性资源的协同创新效应。二是注重相互学习,实现渐进式创新。资源依赖理论还要求创新主体在共享和互补基础上相互学习和模仿,即一方面新工科产教融合平台作为一个资源集聚和供需匹配的平台,通过整合高校和企业的创新资源,促进各方之间的交流和合作,加强知识的共享和技术的交流,实现资源的共享和互补,提高创新的效率和质量;另一方面创新主体注重学习和模仿,通过学习和模仿先进的技术和创新实践,逐步提升自身的创新能力,不断吸收和应用新的知识和技术,推动产教融合的发展。三是注重提升组织能力和动态能力,实现低成本创新。低成本创新是相对于竞争对手的比较概念,即校企各自对照竞争性标杆实现相对意义上的更低时间成本、更低财务成本和更低风险的创新绩效[2];校企双方需要加强组织适应和驱动变化能力,并借助产教融合合作开展实践教学、实习实训、技术研发和创新创业等各方面的创新。四是降低资源获取的交易成本,实现协同创新效应。依据生命周期理论,产教融合校企协同创新一般有导入期、成长期、成熟期与蜕变期四个演化时期,存在伙伴选择成本、运行

---

[1] 邓昕才、潘枭骁、叶一娇:《跨界搜索、组织惯例更新、管理创新及组织绩效关系》,《贵州社会科学》2017年第8期,第96~102页。
[2] 蔡瑞林、陈圻、陈万明:《基于纵向案例扎根分析的低成本创新实现路径研究》,《科学学与科学技术管理》2014年第5期,第120~129页。

交易成本、资产专用性成本、准租金攫取成本等各种制度性交易成本。这些成本可能来自合作伙伴选择的困难、运营过程中的协调与沟通、特定资源的使用以及合作伙伴之间的信任与合作关系管理。然而，根据理性原则，只有当资源获取的预期收益大于交易成本时，产教融合才能够持续推进。这意味着在产教融合过程中，各方需要权衡资源投入和产出之间的关系，确保合作能够带来实际的收益和利益。提高产教融合的稳定性和可持续性，需要通过体制机制创新来降低交易成本。

（二）资源基础理论下的平台稳定性治理

在资源依赖理论下的产教融合的推进过程中，高校和企业主要通过开放式创新模式，积极与外部合作伙伴进行资源交易和知识共享。这种开放式创新能够使得不同组织的创新能力提升，实现更高水平的创新。同时，产教融合还依赖于学习的过程，高校和企业通过相互学习和知识传递，不断积累经验和提升能力。学习过程可以促进双方创新能力的提升，并且为渐进式创新提供基础。此外，产教融合也通过吸引外部资源的方式推进创新。高校和企业可以吸引优秀的人才、技术和资本等创新资源，通过与外部专家、行业组织和创新生态系统的合作，实现资源的共享和协同创新。然而仅仅通过交易很难保证获得稀缺的、难以模仿的、支撑核心能力培育的创新资源，导致关键技术受制于合作伙伴；而且过多的外部知识搜寻或学习会令企业陷入知识依赖的陷阱之中，阻碍组织内部知识的有效探索过程，不利于突破式创新的实现。[1] 换言之，资源依赖理论指引下的新工科产教融合极易导致校企滑入开放式创新的陷阱，当多个组织都依赖于外部资源时，它们可能会竞相争取有限的创新资源，导致资源的过度利用和竞争，难以真正实现产教融合的"四链融合"，难以始终保持技术的先进性，因此依据资源依赖理论推进产教

---

[1] Powell W. W., White D. R., Koput K. W., et al., "Network Dynamics and Field Evolution: The Growth of Inter-Organizational Collaboration in the Life Sciences," *American Journal of Sociology* 110 (2005).

融合存在时代的局限性。依据资源基础理论，下一步新工科产教融合平台的稳定推进需要具体注意以下两个方面。

首先是注重培育产教融合利益共同体的核心竞争力。核心竞争力通常指能够维系竞争优势且竞争对手难以模仿的技术或能力，具有价值性、稀缺性、不可替代性和难以模仿性四个特征。[1] 产教融合利益共同体核心竞争力的基础是掌握异质性资源，为此，一是需要引入企业化运作模式来创新利益共同体的体制机制。在产教融合中，高校和企业拥有各自的异质性资源，高校具有教育教学资源、学科研究能力和人才培养经验，而企业则具有产业经验、技术研发实力和市场资源。创新利益共同体的体制机制，需要在秉承高校治理的体系基础上引入企业化运作模式。二是需要建立长期契约或以资本为纽带组建产教融合利益共同体。在传统的短期合作情境下，资源交融的不充分和异质性资源的不稳定，可能会产生一些负面影响。为了解决这个问题，通过建立长期契约，各参与主体可以共同承担风险、分享利益，并形成稳定的合作关系，以促进资源的充分交融和共同创新。此外，可以建立适应产教融合需求的制度框架和管理机制，推动各参与主体持续投入和合作；建立信息共享和决策透明的机制，增强合作伙伴之间的互信，提高合作效率；建立长期稳定的合作平台，提供持续的资源支持和协同创新环境，构建充满活力的、长期稳固的创新生态系统。

其次是注重模仿学习基础上的再次创新。资源基础理论和资源依赖理论都关注组织与资源之间的关系，但它们在关注的重点和理论假设上存在差异。资源依赖理论强调组织对外部资源的依赖，认为组织通过获取和利用外部资源来实现竞争优势。而资源基础理论则关注组织内部资源的积累和再生产，认为组织的核心竞争力来自其特定的资源和能力。就高校而言，横向学科专业分工和纵向学历分层培养是为了满足不同的

---

[1] 宣葵葵、王洪才：《高校产业学院核心竞争力的基本要素与提升路径》，《江苏高教》2018年第9期，第21~25页。

教育和研究需求，但也存在一些潜在的弊端与挑战。横向学科专业分工强调不同学科领域内的知识再生产，有助于深化学科的专业化和学科内部的知识积累。然而，也有可能导致学科之间的知识壁垒和相对封闭，限制了跨学科合作和综合性问题的解决。纵向学历分层培养注重顶层精英教育的知识再生产，旨在培养高水平的专业人才和研究人员，有助于推动学术研究和顶尖人才的培养。然而，过度关注顶层教育可能会忽视大众教育的知识再生产，导致教育资源的不均衡分配和社会公平的问题。就企业而言，片面强调资源依赖理论下的开放式创新或模仿创新不利于底层技术或关键技术的攻克，导致在供应链竞争中受制于合作企业。在资源基础理论视角下，产教融合可以通过整合高校和企业的创新资源，实现全方位的知识再生产。通过校企合作，高校可以获得企业的实际业务需求和行业动态信息，从而更好地指导教育教学和科研活动，培养学生的实践能力和创新精神。同时，企业也可以受益于高校的研究成果和人才培养，提升创新能力和竞争力。

（三）资源拼凑理论下的平台稳定性治理

资源拼凑理论为资源约束情境下的创新活动提供了指引。首先，探索突破创新资源约束。资源拼凑理论摒弃传统的资源组合思维，强调通过创新的拼凑方式，将有限的资源组合出不同的结构、用途和使用价值。这种突破性的思维可以帮助产教融合主体在资源有限的情况下创造更多的可能性，进而促进创新的发展。其次，捕捉新的创新机遇。资源拼凑理论强调现有资源的非标准化利用和开发，通过即兴的创新利用，捕捉可能的创新机遇。通过将资源进行非传统的组合和利用，产教融合主体能够发现新的应用场景和潜在价值，进而开拓创新的新领域。最后，提升资源配置能力。资源拼凑注重创造、即兴和整合，尤其在不确定的环境和混乱状态下，能够提高资源的配置效率。通过灵活地整合和利用现有资源，产教融合主体可以更好地适应变化，并以更高的效率配置资源，从而增强创新的能力和竞争力。探索突破创新资源约束、捕捉新的创新机遇和提升资源配置能力是资源拼凑和创新的关键要素。资源拼凑给新工科产教融合平台稳定性治理提供以下有益启示。

第一，重新审视产教融合创新生态系统的现有资源。首先，资源拼凑理论鼓励通过外部途径进行资源交换和吸引创新资源，包括与其他组织、企业、研究机构或个体合作，共享资源、知识和专业技能。通过与外部实体合作，产教融合可以获得不同领域的创新资源，扩大资源获取的范围和增加资源的多样性。其次，资源拼凑理论强调现有资源的创造性拼凑。这意味着将现有的资源进行创造性的组合和整合，可创造新的资源结构和用途，形成独特的资源组合，满足特定的需求。这种创造性的拼凑可以使现有资源发挥出更大的潜力，创造出更多的创新价值。产教融合创新生态系统中的现有资源包括人力资源、财务资源、物质资源、信息资源等，这些资源存在于高校、企业或其他合作主体中，但由于未被充分发掘或被忽视，其创新潜力没有得到充分的发挥。通过资源拼凑，可以挖掘这些资源的利用价值，发现其潜在的新用途，创造出新的知识、技术，从而实现"无中生有"的创新价值。事实上，通过跨行业、跨企业、跨学科和跨专业的资源拼凑，产教融合可以实现资源的最大化利用和优化配置，从而突破原有资源的约束，发掘沉睡资源的新功能或新用途。如跨行业和跨企业的资源拼凑可以促进知识和经验的交流和共享，激发创新的火花；跨学科和跨专业的资源拼凑可以促进不同学科和专业之间的交叉融合和合作。因此，通过资源的跨界拼凑和整合，产教融合可以实现资源的优化配置和创新利用，从而创造新的发展机遇，实现更加高效的合作。

第二，重视产教融合创新生态系统的资源将就。资源将就强调在资源利用中打破既有文化惯性或制度约束，即产教融合主体并非以最优法则作为理性决策的依据，而是注重"可能适合"的评价标准，以更好地平衡不同利益相关者之间的需求，并找到双方都能接受的解决方案。这种观点强调在资源利用中考虑实际情况和局限性，尽可能在这些限制下做出最好的决策，而不是盲目地追求理论上的最优解。产教融合创新实践中，校企等产教融合主体可以弱化理性诉求，按照"可能适合"行为准则积极行动，以捕捉新的创新机遇。通过弱化理性诉求，产教融合主体可以更加灵活地将现有资源进行即兴拼凑，即根据实际情况和需求，随机应变地组合和利用现有资源。通过将不同领域的资源进行快速组合和利用，产教融合主体可以发现新的潜在机会和创新点。资源的整合和创新实践需要尽快付诸行动，即在资源约束的情况下，及时采取行动并利用现有资源，有效提高创新的效率和效果。通过迅速将资源拼凑到实践中，产教融合主体可以不断试错、学习和优化，促进实践经验的积累和知识的迭代，从而提升创新的能力和水平。通过持续的实践，产教融合主体可以发现新的机遇和挑战，不断调整和改进自己的创新策略，适应资源约束的环境，并不断实现创新发展。

第三，重视产教融合创新生态系统的资源重构。资源重构在产教融合创新生态系统中起到重要的作用，旨在以目标导向的原则为指导，通过优化资源配置，实现更高效的资源开发和利用。在产教融合创新生态系统中，拼凑者是至关重要的角色，拼凑者通过采用不同的策略和方式，专注于实践教学、技术研发、创新创业和产业培育等具体目标，最大限度地利用和优化现有的资源。资源的集中利用可以有效节约资源，并提高资源利用的效率和效果。通过资源重构，整合不同领域的资源，教育界和产业界可以实现良性互动。教育界可以提供实践教学，培养学生的创新创业能力，同时从产业界获取实际问题和需求，为学生提供更贴近实际的学习体验。产业界可以通过与教育机构合作，获取人才和创新成果，推动自身的发展和创新。依据哈耶克和诺思的制度变迁理论，这种资源重构大致有两条路径。其一，"制度规范"的正式路径，即通过体制机制和制度创新来实现资源重构和协同创新效应。这意味着在采取产业学院、现代学徒制等教育模式时，需要建立适应性强、灵活性高的制度规范，包括教育管理体制的改革、政策法规的制定、评价体系的调整等，以支持和推动产教融合的发展。通过制度规范的创新，可以提高资源利用效率和效果，增强创新生态系统的协同创新效应。其二，"观念引导"的非正式路径，即通过培育创新文化和创新精神，激发创新主体的内在动力，进而激发创新活力。非正式路径是通过营造积极向上的学习氛围、鼓励探索和实践、培养创新意识和团队合作精神等方式来引导个体和组织的行为和思维，使其在实践中更加主动地探索和创造，从而为创新生态系统注入新的活力。事实上，无论是产业学院还是现代学徒制，无论是校企协同技术攻关还是生产性实训基地，都是为了提升教育与产业结合的效果，促进实践能力的培养。对于这些教育改革的实施，一方面需要通过体制机制创新的正式路径实现资源重构，包括建立新的教育管理体制、制定相应的政策法规以支持产业学院、现代学徒制等新模式的发展。通过这些正式的路径，可以更好地调动和整合资源，促进教育与产业的深度融合。另一方面需要借助文化与精神的软激励实现现有资源的拼凑开发，即通过激发个体的积极性、创造性和责任心，以及培养团队协作精神和创新意识，来推动现有资源的拼凑开发。这可能包括营造积极向上的学习氛围、提供实践机会和奖励、鼓励学生和教师积极参与产业实践，以培养学生的职业素养和实际工作能力。

小　结

在交易成本视角下，伙伴选择成本、运行交易成本、资产专用性成本、准租金攫取成本等会影响新工科产教融合平台主体的合作行为，甚至可能会诱发机会主义行为，进而影响平台的稳定性。在新形势下，新工科产教融合平台需要构建高质量的创新生态系统。本章阐述了新工科产教融合平台稳定性的三个内涵体现，并分析了其影响因素，即交易成本和不完全契约。就产教融合平台参与主体之间的合作稳定性而言，主要形成产研机构与高校之间的博弈，双方存在"维持合作"与"中途退出"两种策略。本章分别探讨了产研机构、高校以及双方产教融合策略的演化稳定性,开展了平台参与主体产教融合博弈策略的影响因素分析,发现设置较高的"中途退出"违约成本、降低交易成本和增加预期收益有助于平台参与主体选择"维持合作"策略,进而提高平台的稳定性。就产学研参与主体与产教融合平台的合作稳定性而言,产学研参与主体可以选择"参与平台"和"不参与平台"策略,平台运行主体可以选择"开放性策略"和"排他性策略",双方形成博弈关系。本部分探讨了不同参数条件下演化博弈系统的5个局部均衡点,发现具体的稳定演化策略需要结合不同的情形分别进行讨论;但无论哪种情形,均能证实在创新资源投入成本相同的情形下,预期收益与交易成本之差都成为策略选择的关键所在。

新工科产教融合平台的稳定性治理主要有两条路径:一是打造促进平台稳定性提升的创新生态系统,稳定的创新生态系统可以使资源供给和需求高效对接,促进创新主体之间的合作和协同,为此需要建立适应性强、协同效应明显的平台机制,促进主体之间的互动和合作,提高资源的利用效率和效果;二是借助资源依赖理论、资源基础理论、资源拼凑理论,理解资源的本质、作用和配置方式,并为资源整合和管理提供理论基础。通过对不同资源进行分析和评估,可以识别资源的特点和优势,进而制定差异化的优化资源配置、发掘资源互补性、促进资源协同等的资源治理策略,实现资源的差异化治理。

第六章　交易成本视角下新工科产教融合平台的综合治理研究

综合前文分析可以发现，新工科产教融合平台对于培养卓越工程师和技术技能人才至关重要。然而，平台的运行不可避免地面临制度性交易成本，这在一定程度上决定了产学研合作既存在协同创新效应，又存在集体主义困境。同时，平台产权和合作契约的不完全性，可能会引发平台主体的机会主义行为，进而影响平台的稳定性。因此，有必要从平台的契约、产权、合作行为、稳定性等方面，进一步探讨新工科产教融合平台的综合治理，促进平台的高质量建设。

第一节　产教融合平台的综合治理维度

一　交易成本治理维度的理论分析

威廉姆森的交易成本理论强调了企业内部交易费用与市场交易费用的比较。根据该理论，当企业内部交易费用大于市场交易费用时，企业会选择采用市场治理结构，通过市场交易来获取所需的资源。相反，当企业内部交易费用低于市场交易费用时，企业会选择继续扩大规模，通过建立科层治理结构降低交易成本，并通过职能和职位的权力划分来有效配置资源。该理论的核心思想在于比较企业内部交易和市场交易的成本，并根据成本差异来选择最适合的治理结构。企业内部交易涉及协调、监管、合作等活动，这些活动都可能会产生成本。相比之下，市场交易可以利用价格机制和契约来协调和管理交易，其成本可能更低。威廉姆森认为，在企业与市场之间存在混合的组织形态，即除市场与科层治理结构之外还存在混合治理结构。[①] 在混合治理结构中，企业内部的某些交易或活动可能会被外包或分散到市场中进行，同时另外一些交易或活动仍在企业内部进行，这样的方式可以更好地适应一些特殊情况下的交易需求。混合治理结构的存在可以解决纯粹采用企业内部科层治理结构或完全依赖市场交易的局限性。通过混合治理模式，企业可以在利用市场机制的同时保留一定的内部控制和协调能力。交易成本理论较好地回答了企业与市场的边界、企业规模、企业兼并等重要问题。在治理结构选择上，威廉姆森认为资产专用性、不确定性和交易频率是三个关键影响因素，决定了组织选择哪种治理结构。[②]

资产专用性是指特定资产的适用性和可替代性，描述了在特定用途和特定使用者之间转移或重新配置资产的难度。威廉姆森认为，资产专用性主要存在场地专用性、实物资产专用性、人力资源专用性、品牌专用性、用途专用性与时间专用性六种类型。[③] 当资产专用性处于小于 k_1 的较低水平时，交易相关方的相互依赖程度低，交易方可以通过市场以较低成本获得所需资源，适合选择市场治理结构（见图6-1）；当资产专用性大于 k_2 时，交易方投入的资产容易产生沉淀成本，导致交易方相互依赖程度提高，适合选择科层治理结构；当资产专用性介于 k_1 与 k_2 之间时，选择混合治理结构可以有效降低交易成本。图6-1还显示了不确定性与治理结构之间的关系，威廉姆森认为，不确定性主要体现在内外部环境对交易方有限理性与机会主义行为的影响上，并将这种影响

[①] 〔美〕奥利弗·E.威廉姆森：《资本主义经济制度：论企业签约与市场签约》，段译才、王伟译，商务印书馆，2002，第105~113页。

[②] Williamson O. E., "The Theory of the Firm as Governance Structure: From Choice to Contract," *Journal of Economic Perspectives* 16 (2002).

[③] Williamson O. E., "Comparative Economic Organization: The Analysis of Discrete Structural Alternatives," *Administrative Science Quarterly* 36 (1991).

比喻为"扰动",而扰动频率与资产专用性、治理结构的选择直接相关。具体而言,当扰动频率处于较高、资产专用性处于较低水平时,适合选择市场治理结构;当扰动频率和资产专用性均处于较高水平时,则适合选择科层治理结构;当扰动频率较低、资产专用性介于 k_1 与 k_2 之间时,则混合治理结构是最有效的。

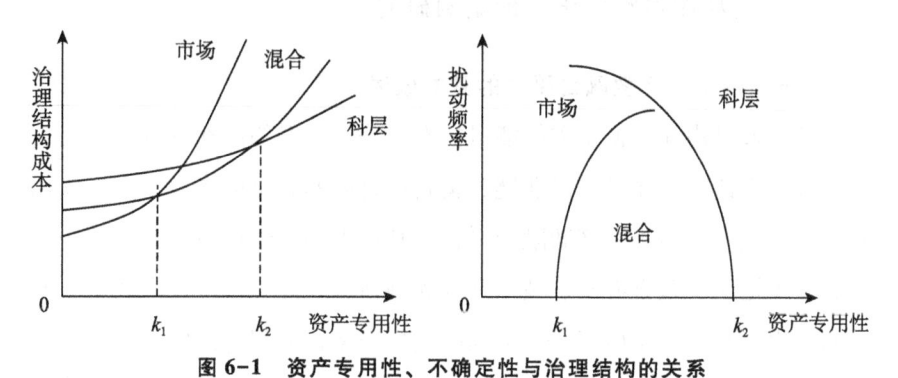

图 6-1 资产专用性、不确定性与治理结构的关系

除资产专用性、不确定性直接影响治理结构选择外,威廉姆森还强调交易频率对治理结构选择的影响[1],如表 6-1 所示。

表 6-1 交易频率、资产专用性与治理结构选择关系

		资产专用性		
		非专用性资产	中等专用性资产	高度专用性资产
交易频率	偶然的	市场治理	三方治理 (混合治理)	三方治理或统一治理 (混合治理或科层治理)
	经常的	市场治理	双方治理 (混合治理)	统一治理 (科层治理)

表 6-1 反映了资产专用性、交易频率与治理结构的选择关系,其中混合治理结构主要包括三方治理与双方治理;科层治理结构主要包括纵向一体化为主的统一治理。当合作方进行非专用性资产的交易合作时,

---

[1] 〔美〕奥利佛·威廉姆森、斯科特·马斯滕编《交易成本经济学——经典名篇选读》,李自杰、蔡铭等译,人民出版社,2008,第 1 页。

无论交易频率高还是低都适合选择市场治理结构；当合作方交易的是中等程度的专用性资产时，则适合选择混合治理结构；当资产专用性较高时，如果交易频率低，适合选择混合或科层治理结构，如果交易频率高，科层治理结构是最有效的。

二 交易成本治理维度的案例研究

（一）校企云产教融合平台的基本概述

校企云是由江苏振玥鑫智能科技有限公司开发的产教融合平台，旨在促进教育链、人才链与产业链、创新链之间的有机衔接。作为一家由企业主导运营的新工科产教融合平台，其提供的综合性服务包括校企合作、人才输送、联合办学、技术开发和创新创业等。校企云产教融合平台的推出填补了产学研等主体之间的空白地带，为双方提供了一个交流合作的平台。在该平台上，高校和科研机构可以发布关于专业建设、课程开发、实训基地合作建设、教师培训等需求信息，而行业企业则可以发布企业内训、管理咨询、渠道合作、专业人才招聘、技术攻关、工艺改造等需求信息。通过校企云产教融合平台，高校和科研机构能够与行业企业进行更紧密的合作，共同开展校企合作、技术开发和转化、人才培养等活动。这有助于促进产学研之间的知识交流和技术转移，加强双方的合作关系，提高教育和产业的互动与融合。该平台的双边市场性质使得高校、科研机构和行业企业能够通过发布需求信息找到合作伙伴，进一步推动产学研合作的深入发展。校企云产教融合平台在促进产学研合作和资源对接方面发挥了重要作用。目前，参与平台的1280家企业、780所高校和科研机构形成了一个相对稳定的创新生态系统，并通过平台实现了快速、高效的供需匹配。为了进一步提高平台的服务能力，校企云产教融合平台组建了强大的服务团队，具体包括4家人力资源公司、3家专业培训机构、2家教学资源开发企业和2家教学仪器设备设计制造公司。服务团队的存在和参与能够有效支持产学研一体化，包括人力资源、培训、教学资源开发和教学设备设计制造等方面的支持。通过组建专业的服务团队，平台能够更好地满足参与方的需求，提供定制化的解决方案，进一步提升产学研合作的质量和效率。专业服务团队的参与有助于提高平台的综合服务能力，为产学研合作提供更全面、多样化的支持，推动创新资源的流动和转化。

（二）校企云产教融合平台治理维度与治理方式的匹配分析

一是资产专用性与治理方式的关系。校企云产教融合平台的资产专用性主要体现在人力资源专用性、场地专用性、实物资产专用性与时间专用性等方面。就人力资源专用性而言，校企云产教融合平台可从以下三个方面进行差别化治理。首先是市场治理。校企云产教融合平台建立了在线注册、自愿加盟的开放性机制，以获得政策咨询、互联网、财务股权投融资、机械制造、物联网、电子电气等各个行业的专家资源，即借助市场机制获得平台所需的人力资源，汇集产教融合项目所需的人力资源。其次是混合治理。校企云产教融合平台根据产教融合项目推进需要，借助商务洽谈、签订协议方式与加盟的优质专家合作，即主要借助契约机制、声誉机制进行治理，有效降低人力资源专用性带来的交易成本。最后是科层治理。除了通过开放性平台获取柔性专家资源外，校企云产教融合平台同样有自身稳定的知识型人才队伍，建立自上而下、组织严密的科层治理机制，作为专家资源的压舱石，以保证产教融合平台的稳健运行。综上市场治理机制、混合治理机制和科层治理机制，较好地印证了图6-1交易成本理论下人力资源专用性与治理方式的对应关系。类似地，可以证明场地、实物资产、时间等创新资源专用性与治理方式的关系。

二是不确定性与治理方式的关系。威廉姆森将不确定性带给交易方的影响比喻为"扰动"，这种不确定性包括交易前期的合作伙伴选择、交易过程中的资源对接与利用、交易结果的收益与风险的不确定性。这里选择校企云产教融合平台的技术服务论证图6-1所示的不确定性与资产专用性的对应关系。首先是市场治理机制下技术服务不确定性与资产专用性的对应关系。校企云产教融合平台借助双边市场模式吸引产学研等参与主体的技术服务资源。按照 Parry 和 Kawakami 的观点[①]，产教融合平台搭建了双边市场，一方数量的变化会影响另一方数量的变化，形成了交叉网络外部性；再加上无论是技术服务供给方还是需求方均是理性主体，因此资产专用性最低，由此论证了市场治理机制下不确定性与资产专用性的对应关系。其次是混合治理机制下技术服务不确定性与资产专用性的对应关系。对于智能车间改造、生产工艺优化、产品线规划等临时性重要技术服务项目，无论是前期的合作伙伴选择、中期的协同技术攻关还是最终的结果均充满了不确定性。为了降低不确定性带来的交易成本，校企云产教融合平台采用契约方式提高了资产专用性，设置较高的项目终止违约金，实施以契约为主、声誉为辅的混合治理机制；相应地，降低技术服务不确定性可提高资产专用性。最后是科层治理机制下技术服务不确定性与资产专用性的对应关系。校企云产教融合平台依靠自身资源，主要依托自动化和机械加工推进智能制造服务提供，这些服务能力是校企云产教融合平台相对关键的、稳定的技术服务能力。由于这些领域的创新资源隶属于平台自身，资产专用性最高，其服务的不确定性则相对较低。

三是交易频率与治理方式的关系。表 6-1 说明交易频率、资产专用性与治理方式之间存在适应关系。对于非专用性资产，无论是偶然性的交易还是经常性的交易，一般都会选择市场治理方式。对于中等专用性资产，无论交易频率如何，都适宜采用混合治理方式。而当资产专用性较高并且是偶然性交易时，混合或科层治理方式是相对有效的；当资产专用性较高并且是经常性交易时，则通常选择科层治理方式。交易频

---

① Parry M. E., Kawakami T., "The Encroachment Speed of Potentially Disruptive Innovations with Indirect Network Externalities: The Case of E-Readers," *Journal of Product Innovation Management* 34 (2017).

率、资产专用性与治理方式之间的适应关系给校企云产教融合平台的实训基地合作建设提供了启示。首先，校企云产教融合平台借助双边市场的共享模式，有效促进了产学研之间的实训基地合作建设资源匹配。在这种市场模式下，校企云产教融合平台扮演资源型平台角色，提供实训基地合作建设资源的对接服务，而其本身并不深度嵌入项目，因此平台并没有投入自身的专用性资产。其次，校企云产教融合平台拥有相对稳定的合作伙伴，例如与东南大学机电综合工程训练中心有长期的契约关系，并且同样投入人力、信息等中等专用性资产，与东南大学机电综合工程训练中心共同提供 11 个实验室、4 万平方米实验用房、4900 万元的实验实训资源。事实上，校企云产教融合平台还与南京工业职业技术学院等众多高职院校开展实验实训、员工培训项目，对于这些产教融合项目，校企云产教融合平台均采用混合治理方式。最后，校企云产教融合平台还深度参与产业学院、现代学徒制项目。在这种情境下校企云产教融合平台投入的资源具有较高的专用性，即其自身的资源与高校办学资源实现深度融合，此时通常设立长期的、专门的管理运作团队，形成科层治理方式。

三　产教融合平台的综合治理维度

由上文分析可知，在市场治理与科层治理之间还存在混合治理，交易成本的治理主要考虑资产专用性、不确定性和交易频率三个维度，且资产专用性在治理结构的设计中处于核心位置。混合治理结构的持久性弱、稳定性差，从长期演变趋势看要么趋同于市场治理，要么趋同于科层治理。[1] 随着对混合治理研究的深入，学者发现网络治理更适应现代信息技术与组织边界模糊发展趋势，交易成本理论与社会网络理论逐渐

---

[1] Smith S. M., "From Decentralized to Centralized Irrigation Management," *Journal of Economic Behavior & Organization* 151 (2017).

整合，形成主流网络治理理论。[①] 当前，学术界普遍认为网络治理是混合治理的最佳替代形式，具有稳定性与适应性，而且网络节点的主动性、活跃性与合作性使得网络治理更有助于降低交易成本。

产教融合平台提供的产品既不等同于企业提供的产品，也不等同于传统高校提供的产品，其产品既包括协同育人公共产品，也包括技术服务和创新创业准公共产品，还包括产业培育私人产品，这些产品的特点和组成成分使得产教融合平台具备了一种类似于企业的性质，可以被称为"准企业"。协同育人公共产品是产教融合平台的核心，它涉及高等教育资源和行业需求的有效对接，两者共同培养适应产业发展需要的人才。产品主要包括专业课程、实践教学、实习实训等，旨在提高学生的职业素养和实践能力。技术服务和创新创业准公共产品是产教融合平台针对行业企业提供的服务和支持，包括技术咨询、创新项目孵化、科技成果转化等，旨在推动技术创新和产业升级。产业培育私人产品则是产教融合平台与企业合作开展的具体项目和业务，以满足企业的特定需求，如定制培训、技术研发合作等，旨在支持企业的发展和创新。产教融合平台促进了产学研等主体之间的资源共享与交融，形成了异质性资源的交互网络，该网络涉及知识、技术、资本和管理等要素在不同主体之间的配置与流动。在这个网络中，有以契约或资本为纽带的正式组织，其通过明确的规则和制度安排，促进了资源的流动。除了正式组织，还存在一些非正式组织，这些非正式组织可能建立在知识、技术、关系和信任等基础上，形成一种紧密的合作关系，具有网络组织特有的交互性、稳定性、适应性与活跃性等属性。

在经济学领域，企业治理结构是处理企业内部重大利害关系的一整套制度安排，目的是降低企业的交易成本。新工科产教融合平台的初始目标是培养卓越工程人才，后逐渐发展成为促进教育链、人才链与产业

[①] 高杰、丁云龙：《论创新研究群体的组织性质及其治理结构走向》，《科学学研究》2017年第11期，第1716~1725页。

链、创新链有机衔接的重要手段。平台是由产学研等合作主体以契约或资本为纽带共同搭建的有形载体，不仅包括大学科技园、协同创新中心等，还包括产业学院、跨企业培训中心等各种形式的产学研合作。因此，平台不再局限于高校内部，其职能也从原来的单一实践教学拓展为涵盖协同育人、技术服务、创新创业、产业培育等多个方面，真正秉承优势互补和资源共享，实现了多主体知识、技术、管理、资本等异质性资源的整合利用。这种平台的建设和运行，不仅可以为学生提供实践的机会，还能促进产学研合作，推动科技创新与产业发展结合。同时，平台的多功能性使得不同主体能够共同参与，分享资源和经验，形成协同效应，从而提高整体绩效。对于高校的治理结构设计，需要解决两个主要问题。首先，对外要处理好高校与政府、高校与社会的关系。高校与政府之间的关系涉及政策指导、资金支持等方面，需要建立有效的沟通渠道和合作机制。高校与社会的关系则体现在高校与行业企业、社会组织等的合作与互动上，以促进知识转化、技术创新等方面的发展。其次，对内要完善党委领导、校长负责、教授治学、民主管理的现代大学制度体系。党委领导是高校治理的核心，要保持党的领导地位，加强党委的决策和管理职能。校长作为高校的行政负责人，需要具备良好的领导能力和管理经验。教授治学是高校的核心任务，要强化教师的学术自由和专业精神，建立科学的评价体系和激励机制。

  产教融合平台具有网络组织的属性，组织内部成员间既存在竞争，又强调相互合作，治理目标应关注运行质量、综合效益、协同效率、合作柔性等方面。就行业企业与科研机构而言，资源投入产出效率、风险承担等成为治理的关键所在。就新工科产教融合平台运行主体而言，实现产业链、教育链、人才链、创新链的深度融合，稳健推进平台的高质量发展成为治理的关键。由此，新工科产教融合平台的治理必须关注产学研参与主体、平台运行主体的诉求，运用交易成本理论、产权理论、治理理论等相关理论工具，紧密结合平台的特征、结构、目标、运行规律进行有针对性的治理，治理维度见图6-2。结合平台智力资本的治理范式导向，可以看出平台治理的目的是提升产学研共有的智力资本，提高平台的协同育人和知识溢出效应，从这个意义上讲，新工科产教融合平台的治理能力与知识技术服务能力具有内在的逻辑统一性。

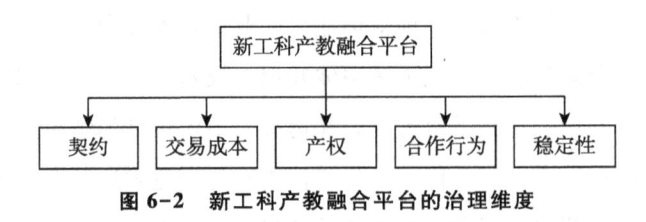

图6-2 新工科产教融合平台的治理维度

从图6-2可以看出，新工科产教融合平台的治理维度共有5个。一是契约。无论是第三章平台主体的合作收益分配分析，还是第五章"参与主体与平台的演化博弈模型"分析，都论证了契约不完全给平台造成的负面影响；从制度经济学视角看，平台本质上是产权制度框架内的契约关系，无论是平台的构建还是运行均离不开契约治理。二是交易成本。前文第二章"新工科产教融合平台交易成本产生的原因"分析，从平台信息不对称、参与主体的有限理性、平台运行不确定性、参与主体的机会主义行为、产权不完全、资源整合利用技术水平限制等六个方面进行了揭示，指出平台存在事前、事中和事后的交易成本。事实上，交易成本是本书研究的理论脉络，必须提高平台交易成本的治理能力。三是产权。前文第三章"产教融合平台产权的不完全性"部分，深刻地诠释了平台的产权特性，不完全性直接影响合作主体的利益分配，进而影响产教融合的可持续推进。依据新制度经济学，平台兼具教育系统与产业系统的特征，这决定了产权治理是平台治理绕不开的关键所在。四是合作行为。第四章平台主体的行为策略分析，诠释了交易成本对主体行为策略选择的影响机理，揭示了产生集体主义困境的原因。事实上，平台主体选择"合作行为"还是"机会主义行为"直接影响产教融合能否持续向深度和广度推进，必须有效规制。五是稳定性。作为创新生态体系，平台的运行需要保持较高的结构或状态恢复能力，以及保持较为固定的发展演化方向。为此，处理好高校与产研机构、产学研主体与平台之间的博弈关系，同样是平台治理的重要要求。

第二节 产教融合平台综合治理能力的评价指标体系

一 契约治理的评价指标

根据制度经济学契约理论，契约在组织管理中起着重要的作用。契约是指通过正式的制度和规章来实现管理目标，它基于明确的权责分配、约束和激励机制，通过合同或法律规定来规范组织成员之间的行为和关系。契约治理和关系治理是两种不同的治理方式，各自具有不同的特点和应用范围。在管理学领域，契约治理通常注重明确权利和义务、明确奖励和惩罚机制，以及法律的执行和强制力；关系治理则更侧重于基于声誉、信任、文化和道德等非正式机制来实现管理目标。[1] 新工科产教融合平台的契约是不完全的，这意味着平台主体之间的合作关系中存在不确定性和信息不对称，这并非否定契约完全的积极意义；相反，如果平台主体之间能够尽可能地就创新资源交换、收益分配或风险分担达成事前契约，就有利于减少或规避产教融合过程中的机会主义行为，特别是减少剩余控制权争夺带来的纷争。Christense 等在研究财务外包契约不完全性与会计信息披露的关系后指出，不完全契约影响了会计信息的反映，并对财务外包业务造成了影响。[2] 罗必良也反复强调契约治理的重要性，认为契约在规制经济合作关系时至关重要，非正式的关系

---

[1] Berkel G., "Contract Management," in Kleinaltenkamp M., Plinke W., and Geiger I., eds., *Business Project Management and Marketing* (Springer Berlin Heidelberg, 2016).
[2] Christense H. B., Nikolaev V. V., and Wittenberg-Moerman R., "Accounting Information in Financial Contracting: The Incomplete Contract Theory Perspective," *Journal of Accounting Research* 54 (2016).

治理只能发挥辅助作用，因此倡导"以契约治理契约"的治理模式。[1]

新工科产教融合平台契约治理指标的选择，一方面需要参照契约理论，另一方面需要贴合平台的基本特征。Schepker等指出，契约治理内容涉及权、责、利等核心问题，其功能维度主要包括控制、协调和柔性三个方面：契约控制主要明确合作方的权利和义务，通过监督和惩罚机制遏制潜在的机会主义行为；契约协调主要解决合作中未尽事宜导致的纠纷，通过协调促进合作协同并完成共同目标；契约柔性则指合作方可以就不符合实际情况的契约进行修订或完善，以适应环境的动态变化。[2] 王龙伟等在隐性知识获取研究中指出，创新主体之间的契约完备程度对知识交换产生直接影响，契约完备是知识治理能力的重要体现。[3] 就产教融合平台的契约治理而言，一方面契约总是不完全的，而契约的完备性直接关系后期关系的维系和协同目标的达成；另一方面契约治理体现在契约的控制性、协调性和柔性等方面。由于协调性和柔性含义相近，并且在调研时容易产生歧义，本书将两者合并为同一指标。结合第五章参与主体相互合作的演化博弈分析，鉴于中途退出违约成本是合作稳定的关键因素，本书将中途违约成本作为契约治理的重要指标。至此，可将平台契约治理的评价指标归结为契约控制能力、契约协调能力、契约完备程度、中途违约惩治四个方面。

二 交易成本治理的评价指标

本书研究的主要理论视角即交易成本理论，吴小节等发现，在合作管理相关理论基础中，交易成本理论相对于资源基础、委托代理、信息

---

[1] 罗必良：《合约理论的多重境界与现实演绎：粤省个案》，《改革》2012年第5期，第66~82页。
[2] Schepker D. J., Oh W. Y., Martynov A., et al., "The Many Futures of Contracts: Moving Beyond Structure and Safeguarding to Coordination and Adaptation," *Journal of Management* 40 (2013).
[3] 王龙伟、宋美鸽、李晓冬：《契约完备程度对隐性知识获取影响的实证研究》，《科研管理》2018年第12期，第53~60页。

处理、产权、关系网络、生命周期等理论更受到学者的青睐,将交易成本理论作为研究工具的论文占比最高。① 本书研究虽然运用了创新资源、产权等理论,但同样将交易成本理论作为主要支撑理论,并且发现虽然新工科产教融合平台促进了产学研等主体异质性资源的融合,但由于交易成本的存在,参与主体之间的产教融合存在虚幻化、形式化和功利化倾向,最终形成集体主义困境。徐伟和蔡瑞林在校企共同体产业学院治理研究中发现,交易成本是制约行业企业、科研机构参与产业学院的关键因素;只有真正提高产业学院交易成本的治理水平,才能真正构建资源融合、利益共享的校企共同体。② 本书第二章"新工科产教融合平台的交易成本"部分已经诠释了交易成本产生的原因和主要构成,依据交易成本开展的平台的产权、行业策略、稳定性分析,必须以交易成本治理为重要切入点,提高新工科产教融合平台的治理水平。

尽管国内外学者广泛运用交易成本理论研究社会经济问题,但关于交易成本治理能力如何评价却没有形成共识,只是针对具体问题提出了对策建议。究其原因,一是需要结合具体问题探讨交易成本治理能力,二是交易成本治理能力评价指标通用可比。本书第四章发现,新工科产教融合平台伙伴选择成本、运行交易成本、资产专用性成本、准租金攫取成本四种交易成本对合作主体行为策略选择具有显著影响;据此,控制这四种交易成本自然成为平台治理的重点。准租金攫取成本主要反映了产教融合后期由契约不完全导致的剩余控制权争夺,可以通过补充契约进行治理,即体现在上文中契约的协调性上。结合本章"交易成本治理维度的理论分析",将交易成本相关的交易频率和不确定性归入交易成本治理维度。综上,新工科产教融合交易成本治理的评价指标包括伙伴选择治理、运行交易治理、资产专用性治理、交易频率治理、不确定

---

① 吴小节、杨尔璞、汪秀琼:《交易成本理论在企业战略管理研究中的应用述评》,《华东经济管理》2019 年第 6 期,第 155~166 页。
② 徐伟、蔡瑞林:《交易成本:校企共同体产业学院治理的关键》,《中国职业技术教育》2018 年第 9 期,第 43~47 页。

性治理 5 个指标。

三 产权治理的评价指标

产权是指个人或组织对某种有价值的资源或财产的支配权或所有权，它规定了个体或组织对资源的使用、转让、处置和享受收益的权利和义务。产权制度能够明确资源归属和使用权，使得资源能够被有效配置和利用，它为个体提供了获取和保护私人财产的权利，鼓励个体进行生产、创新和投资，从而促进经济的发展。Dossa 和 Segatto 在巴西农业大学与公共研究机构的项目合作研究中提出，由于知识属性、知识所有权、知识数量很难界定，知识产权纠纷成为项目合作的难点。[1] 类似地，Bolo 等指出，尽管产学研合作应是肯尼亚技术创新的优先方式，但合作必须以产权为基础建立混合治理结构和知识产权制度。[2] 国内也有一些学者探讨了协同育人中的产权问题，例如杨志基于 95 所高校的调查发现，产学研合作办学中产权归属不合理，制约了主体之间的深度合作。[3] 就新工科产教融合平台而言，平台实现了参与主体资金、知识、技术、信息、管理等创新资源的产权交融，使得产权治理成为平台构建、运行的关键。需要指出，本书研究并非认同产学研合作产权归属的不合理，只是强调产权本身就是不完全的，并且始终无法清晰界定，相关论证详见前文第三章"产教融合平台产权的不完全性"部分，着重利用巴泽尔产权理论诠释了产权不完全的八个方面原因。

新工科产教融合平台产权的不完全特性给平台的治理带来了挑战。

---

[1] Dossa A. A., Segatto A. P., "The Research Cooperation between Universities and Public Research Institutes in the Brazilian Agricultural Sector: A Case Study of Embrapa," *Revista de Administração Pública* 44 (2010).

[2] Bolo M., Odongo D., Awino V., "In Pursuit of the Third Mission: Universities and Public Research Institutes as Progenitors of Technology and Innovation in Kenya," *Scinnovent Discussion Paper* 5 (2015).

[3] 杨志：《高校产学研合作发展现状、困境及发展建议——基于对九十五所高校的调查》，《国家教育行政学院学报》2019 年第 6 期，第 75~82 页。

除了可以用货币衡量的设备设施、场地场所外，平台参与主体投入的共有共享资源多属于知识产权范畴。李雨峰和邓思迪在研究中指出，加强事前与事后知识产权的界定与保护，才能有效治理平台知识产权侵害问题。① 根据巴泽尔产权理论，平台主体之间的产权界定始终是一个变化的过程，无论是事前还是事后都只是产权治理的某个节点，需要根据产权治理进行动态的产权界定。由此，产权保护和产权界定是平台产权治理的重要体现。作为理性主体，平台参与方的目的是通过产教融合实现各自的目标，最终可归结为合作收益分配与风险分担。在第三章"基于Shapley值法的合作收益分配"中，本书证实了必须根据参与主体投入创新资源的相对价值进行合作收益分配，即需要对合作方投入资源的重要性和数量进行评估，尽可能解决产权不完全性带来的合作困境。在"Shapley值法合作收益分配的算法修正"部分，本书进一步论证了需要在投入资源相对价值基础上考虑合作方承担的风险，因为无论是收益还是风险都是主体权利的组成部分，据此应该把风险分担纳入产权治理范畴。综上，本书将产权保护能力、资源重要性界定能力、资源数量界定能力、风险分担界定能力作为新工科产教融合平台产权治理的评价指标。

四　合作行为治理的评价指标

产学研合作离不开信任，Bstiecer等在美国生物技术产业大学的产学研合作研究中指出，信任是企业与高校协同创新的基础。没有信任，不仅很难实现技术的协同攻关，还会诱发大量机会主义行为。② Ntayi等认为，预期合作收益和机会主义是合作行为最重要的决定性因素，提高

---

① 李雨峰、邓思迪：《互联网平台侵害知识产权的新治理模式——迈向一种多元治理》，《重庆大学学报》（社会科学版）2021年第2期，第155~165页。
② Bstiecer L., Hemnert M., and Barczak G., "Trust Formation in University-Industry Collaborations in the U.S. Biotechnology Industry: IP Policies, Shared Governance, and Champions," *Journal of Product Innovation Management* 32 (2015).

预期合作收益和减少机会主义行为能够显著促进合作方的资源共享。[1]由此可见，机会主义行为控制是合作行为治理的关键。产教融合可以理解为资源深度融合、相互嵌入基础上的产学合作；相对于传统产学合作，主体的进入门槛和退出成本均相对较高。胡海青指出，目前国内近六成企业把参与产学合作视为战略性慈善行为，产学合作协同育人中存在大量的机会主义行为，并且极易导致产学合作的中止。[2]容易推理，新工科产教融合平台基于资源共有共享构建了利益共同体，由于交易成本、不完全契约等因素会引发准租金攫取行为，不可避免地会产生机会主义行为，必须加强机会主义行为治理，保证产教融合的持续推进。

胡海青归纳了产学合作协同育人前期、中期和后期三个阶段企业的机会主义表现，并将中期的机会主义描述为形式主义、面子工程、退出合作等行为。[3] Shi 等将合作中的机会主义划分为强形式机会主义和弱形式机会主义，前者指显性的、容易被合作对象感知的机会主义行为，后者则相对隐蔽不容易被合作对象察觉[4]，这种划分与本书第四章"平台参与主体行为策略的具体表现"部分的划分相似。在新工科产教融合平台运行中，前文将机会主义行为划分为显性机会主义行为与隐性机会主义行为：显性机会主义行为主要包括违背契约与要挟，与强形式机会主义内涵相近；隐性机会主义行为主要包括逃避责任、拒绝适应和搭便车，与弱形式机会主义内涵相近。显性机会主义行为和隐性机会主义行

---

[1] Ntayi J. M., Rooks G., Eyaa S., et al, "Perceived Project Value, Opportunistic Behavior, Interorganizational Cooperation, and Contractor Performance," *Journal of African Business* 11 (2010).

[2] 胡海青：《我国产学合作人才培养中企业机会主义行为的制度分析》，《高等教育研究》2014 年第 1 期，第 61~67 页。

[3] 胡海青：《产学合作培养人才的企业行为分析》，《中国高校科技》2013 年第 12 期，第 45~47 页。

[4] Shi C. X., Chen Y. Q., You J. Y., et al., "Asset Specificity and Contractors' Opportunistic Behavior: Moderating Roles of Contract and Trust," *Journal of Management in Engineering* 34 (2018).

为都属于机会主义行为，它们都涉及合作关系中的不诚信、不公平或不负责任的行为。这些行为会对合作关系的稳定性、信任和效率产生负面影响。在第五章"参与主体的演化博弈模型"中，中途退出与维持合作被列为平台参与主体的两种行为策略。综上，可以将形式主义治理、项目退出治理、敲竹杠治理、逃避责任治理、拒绝适应治理、搭便车治理作为合作行为治理的主要评价指标。

五 稳定性治理的评价指标

从创新生态系统角度看，新工科产教融合平台从形式上需要向集成化大平台演化，这意味着其不是单一的产教融合合作，而是整合更多的资源、主体和功能形成的一个综合性的平台。平台可以汇集各类高校、科研机构、产业企业和创新创业资源，提供更广泛、更深入的合作机会和服务。新工科产教融合平台需要推动新旧动能的转换，表明需要将传统产业和新兴技术、领域融合，通过创新和协同推动产业的升级和转型。新工科产教融合平台需要在技术上始终保持先进性，在价值上谋求产业链、教育链、创新链、人才链"四链融合"，促进创新能力的提升，最终实现产教融合的高质量推进。从平台经济角度看，一方面，无论是参与主体之间，还是参与主体与平台运行主体之间，均存在利益驱动下的演化博弈；另一方面，第二章"新工科产教融合平台的市场结构"部分发现，平台为产学研主体提供服务的平均单位成本、需求差异性造成的距离成本、用户黏性和交叉网络外部性强度共同影响平台主体加入平台的成本，平台具有交叉网络外部性、需求差异性和用户黏性三个典型特点。进一步结合前文采用 Salop 模型分析平台的市场结构的研究结论可知，产学研主体处于自由竞争状态，主体之间的利益博弈、主体进入与退出平台、平台与平台之间的用户争夺均给特定平台的稳定带来了不确定因素。据此，必须把平台稳定性作为治理重点。

赵道致和丁琳认为，平台稳定性是平台治理的重点与难点，必须借助供需资源的匹配提高平台的稳定性[1]，说明了供需资源匹配与平台稳定性的内在逻辑。Styvén 和 Mariani 研究了二手服装双边交易平台，发现预期收益、供需消费匹配是吸引用户参与和维持平台稳健运行的主要因素[2]，可见预期收益同样是平台稳定的必要条件。本书则认为并不是预期收益绝对额影响平台的稳定性，在第五章"参与主体与平台演化博弈的稳定性"分析中，本书发现预期收益与交易成本的差额影响了平台稳定性；这从相对预期收益视角强调了平台稳定性的治理关键。结合第五章"产教融合平台稳定性的内涵"的诠释，稳定性主要体现在"四链融合"维系创新体系的稳定性、坚持高质量发展方向和通过新旧动能转换提高平台适应环境变化能力三个方面，其中"四链融合"强调供需双方资源的融合。这表明平台需要将产业、教育、创新和人才的资源进行有机整合和协同，使各方的资源互相补充、互利共赢。通过资源融合，可以促进知识流动、技术创新和人才培养，提升产教融合的综合效益。高质量发展主要强调资源集约利用，这意味着平台需要以高效、高质的方式推进产教融合，通过优化资源配置、提高合作效率、加强协同创新等措施，实现资源的充分利用和最大化效益。新旧动能转换则强调设计开放的创新系统，引入市场机制取代原来政府主导推进产教融合的模式。这意味着平台需要打破传统的行业和学科壁垒，促进不同领域、不同主体之间的合作与创新，通过引入市场机制，激发创新活力，提高资源配置效率，实现产业结构的升级和转型。综上，可以将资源融合程度、供需匹配程度、预期收益、运行机制创新能力作为新工科产教融合平台稳定性治理的评价指标。

---

[1] 赵道致、丁琳：《云制造平台资源双边匹配机制及稳定性》，《系统工程》2017 年第 2 期，第 109~115 页。
[2] Styvén E. M., Mariani M. M.,"Understanding the Intention to Buy Secondhand Clothing on Sharing Economy Platforms: The Influence of Sustainability, Distance from the Consumption System, and Economic Motivations," *Psychology & Marketing* 37 (2020).

六 平台治理能力评价指标体系

综合上述契约治理、交易成本治理、产权治理、合作行为治理、稳定性治理五个方面的评价指标遴选，构建新工科产教融合平台治理能力评价指标体系，如表 6-2 所示。可以看出，本书的指标体系构建符合彭张林等指标体系的设计原则，充分体现了目的性、完备性、可操作性、独立性、显著性与动态性的原则[1]：目的性，即立足平台特性力求真实反映平台综合治理能力，选择与平台的目标和使命相匹配，能够全面评估平台在治理方面的表现的指标；完备性，即由点到面，最终从五个方面较全面地反映了平台治理的整体性能，以便全面了解平台的运作和效果；可操作性，即摒弃了复杂抽象的交易成本相关学术概念，选择贴合理论并且容易观测的相关指标，选择的指标应具备明确的定义和具有可度量性，以便在实践中进行观测和评估；独立性，即每个指标都内涵清晰、相互独立，避免重复评价造成的类别区分模糊，每个指标都应具备明确的定义和指标范围，确保评价结果的准确性和可靠性；显著性，即指标体系中的评价指标之间应有明显的区分，并且整体指标体系反映平台的总体特征。

表 6-2 新工科产教融合平台治理能力评价指标体系

一级指标	二级指标	一级指标	二级指标
契约治理	契约控制能力	产权治理	资源重要性界定能力
	契约协调能力		资源数量界定能力
	契约完备程度		风险分担界定能力
	中途违约惩治	稳定性治理	资源融合程度
产权治理	产权保护能力		供需匹配程度

---

[1] 彭张林、张爱萍、王素凤等：《综合评价指标体系的设计原则与构建流程》，《科研管理》2017 年第 S1 期，第 209~215 页。

续表

一级指标	二级指标	一级指标	二级指标
稳定性治理	预期收益	合作行为治理	形式主义治理
	运行机制创新能力		项目退出治理
交易成本治理	伙伴选择治理		敲竹杠治理
	运行交易治理		逃避责任治理
	资产专用性治理		拒绝适应治理
	交易频率治理		搭便车治理
	不确定性治理		

由表 6-2 可以得出，新工科产教融合平台治理能力评价指标体系共计包含 5 个一级指标、23 个二级指标。这些指标的筛选首先基于交易成本理论、产权理论、治理理论；其次基于本书第二、三、四、五章的论证；最后基于现有文献研究结果。无论是指标的设计还是筛选流程均能反映新工科产教融合平台的基本属性、运行规律。

第三节 产教融合平台综合治理能力的测度

一 组合加权灰色关联模型

（一）评价模型建立思路

新工科产教融合平台通常包括产学联盟、实践基地、教学项目、教学团队、研发平台等模块，正向"集成化大平台+"方向发展。然而，目前真正兼具集成化功能模块的平台仍然不多，特别是真正了解平台运行及综合治理的调查对象有限，难以通过大样本问卷调查获得一手数据，只能基于小样本进行指标赋权和综合评价。经反复遴选，本书选择了全国地方高校卓越工程教育校企联盟（https://shidian.baike.com）、U+平台（https://www.eec-cn.com/）、德慷电子（http://www.gzdekan.com/index.html）、集成电路产教融合发展联盟（http://www.miit-cicc.

org. cn/)、江苏振玥鑫智能科技有限公司校企云平台（https:∥www.xiaoqiy.com)、温州产教融合校企对接平台（http:∥cjrh.wzer.net/)、全国交通运输产教融合服务平台（http:∥cjrh.cfnet.org.cn/)、新迈尔-产教融合的人才云平台（http:∥new.xmr100.com/)、巨华产教融合信息服务平台（http:∥yzcjrh.com/)、产教融合与校企合作服务平台（http:∥www.cauec.org/)、慧科（https:∥www.huike.com/)、轩辕产教融合服务平台（http:∥www.xuanyuan.com.cn/)、广东新工科（http:∥www.xingongke.com.cn/)、皖江智能制造产教融合联盟（https:∥wjieaim.ahcme.edu.cn/）等14个新工科产教融合平台。为了便于区分，依次将上述14个新工科产教融合平台标注为 T_1, T_2, …, T_{14}。

（二）确定评价指标组合权重

第一，根据表6-2设计"新工科产教融合平台治理能力调查问卷"（见附录二），并邀请14个平台的高层管理人员回答。调查采用 Likert-5级量表，1代表很低，5代表很高。采用在线直播方式，调查于2019年11~12月完成，共计收到14份问卷。

第二，采用 Saaty 提出的乘积公式 $W_i = \prod_{t=1}^{t} w_i$ 进行指标赋权，其中 W_i 为组合权重，t 为指标的层次，$t=1, 2$。理由如下：一是23个二级指标均采用 Likert-5 非对称设计进行测量，不存在量纲差异；二是测量数据来自14个平台的高层管理者，体现了主观意愿。由此完成指标的主观赋权。

第三，采用变异系数法对评价指标进行客观赋权，该方法相对准确、简单，具体包括以下四个步骤。

首先，求出各个指标的平均值：

$$\overline{X_j} = \frac{\sum_{i=1}^{n} x_{ij}}{n} (i = 1,2,\cdots,n; j = 1,2,\cdots,5) \qquad (6-1)$$

其次，求出各个指标的标准差：

$$\sigma_j = \sqrt{\frac{\sum_{i=1}^{n}(x_{ij}-X_j)^2}{n-1}} \tag{6-2}$$

再次，求出各个指标的变异系数：

$$V_j = \frac{\sigma_j}{\overline{X_j}} \tag{6-3}$$

最后，对各个指标权重进行归一。进行组合赋权，尽可能消除客观赋权法和主观赋权法带来的可能偏差，具体方法参照周春光等的研究[①]：将主观赋权法得到的 23 个评价指标记作权值向量 W_1，将变异系数法得到的客观评价指标记作权值向量 W_2，采用加权平均法求得各指标的最终权重，计算公式为：

$$W_i = \alpha W_1 + (1-\alpha)W_2 \tag{6-4}$$

其中，$0 < \alpha < 1$。

（三）灰色关联模型

受样本可获得性限制，本书仅通过 14 个新工科产教融合平台探讨平台的综合治理能力。由于灰色系统理论方法适用于"小样本、贫信息"研究情景，本书采用刘思峰等的灰色关联分析方法进行研究。[②] 虚拟一组最优理想样本，计算 14 个评价对象指标值曲线与最优理想样本指标值曲线的灰色关联度得分。由于邓聚龙教授提出的关联系数计算法具有最基础、应用最广的特点，本书选择其计算方法：

$$\gamma[x_0(k),x_i(k)] = \frac{\min_i\min_k |x_0(k)-x_i(k)| + \xi\max_i\max_k |x_0(k)-x_i(k)|}{|x_0(k)-x_i(k)| + \xi\max_i\max_k |x_0(k)-x_i(k)|}$$

$$\tag{6-5}$$

[①] 周春光、周慧敏、党耀国：《基于组合赋权灰色关联模型的职业技术类高校教师绩效评价》，《数学的实践与认识》2020 年第 6 期，第 305~312 页。

[②] 刘思峰、杨英杰、吴利丰：《灰色系统理论及其应用》（第七版），科学出版社，2014，第 12 页。

$$\gamma(X_0, X_i) = \frac{1}{n}\sum_{k=1}^{n}\gamma[x_0(k), x_i(k)] \tag{6-6}$$

其中，$\gamma[x_0(k), x_i(k)]$ 为第 j 个被评价样本第 i 个指标与理想值的关联系数。$x_0(k)$ 为第 i 个指标规范化后的理想值，$x_i(k)$ 为第 j 个被评价样本第 i 个指标规范化后的值，ξ 为分辨系数，并且 $\xi \in [0, 1]$，一般 ξ 按惯例取值为 0.5。

运用灰色建模软件测算所有被评价样本指标的关系系数并组成矩阵 R：

$$R = (r_{ij}) = \begin{bmatrix} r_{11} & r_{12} & \cdots & r_{1n} \\ r_{21} & r_{22} & \cdots & r_{2n} \\ \vdots & \vdots & & \vdots \\ r_{m1} & r_{m2} & \cdots & r_{mn} \end{bmatrix} \tag{6-7}$$

将上文组合指标权重 W_i 和指标得分 r_{ij} 进行线性加权，求第 j 个产教融合平台的综合得分 $Z_j = \sum_{i=1}^{m}(r_{ij} \times W_i)$。

二 测度结果与分析

（一）样本与数据

受样本可获得性限制，本书仅利用 14 个新工科产教融合平台探讨平台的综合治理能力。这 14 个样本中，高校组织运行的平台有全国地方高校卓越工程教育校企联盟等 5 个平台，政府搭建的平台有温州产教融合校企对接平台等 2 个平台，企业组织运行的平台有慧科等 7 个平台。设计如附录二所示的"新工科产教融合平台治理能力调查问卷"，对 14 个平台的综合治理能力采用 Likert-5 级量表进行评价，其中 1 代表"很低"，2 代表"低"，3 代表"说不清楚"，4 代表"高"，5 代表"很高"。为了提高原始数据的质量，首先与 14 个新工科产教融合平台进行事前沟通，获得调研的配合与支持；其次将 14 个新工科产教融合平台的信息整理成 Word 文档，标注清楚主页链接，便于被调查者事前浏览，了解平台的整体情况；最后邀请平台的高层管理者对 14 个平台的综合治理能力进行打分，苏浙沪三地的平台采用上门面对面调研，其他地区的平台选择腾讯课堂形式进行在线视频调研。原始数据如表 6-3 所示。

表 6-3 新工科产教融合平台治理能力评价指标值

二级指标	T_1	T_2	T_3	T_4	T_5	T_6	T_7	T_8	T_9	T_{10}	T_{11}	T_{12}	T_{13}	T_{14}
契约控制能力	3	4	4	3	4	3	3	4	3	4	5	4	4	3
契约协调能力	3	4	4	3	4	3	3	4	3	3	5	4	4	3
契约完备程度	3	4	4	4	4	3	3	4	4	3	5	4	5	3
中途违约惩治	3	3	5	4	4	3	2	5	4	3	5	4	5	4
产权保护能力	3	3	4	3	4	3	3	4	3	4	3	4	4	3
资源重要性界定能力	4	3	4	4	5	3	3	4	3	3	5	4	3	3
资源数量界定能力	4	4	4	4	4	4	3	4	4	4	4	4	3	4
风险分担界定能力	2	3	4	3	3	2	2	3	3	3	3	4	3	3
资源融合程度	3	3	4	3	4	2	2	4	3	4	4	4	4	3
供需匹配程度	3	3	4	3	4	3	3	4	3	4	4	4	4	4
预期收益	3	3	3	3	3	3	3	4	3	3	5	4	4	2
运行机制创新能力	2	3	5	3	4	2	2	4	3	4	5	4	5	2
伙伴选择治理	3	3	3	3	2	3	3	3	3	3	4	3	3	3
运行交易治理	3	3	4	3	4	3	3	3	3	4	4	4	4	2
资产专用性治理	3	3	4	3	3	3	3	3	3	4	4	4	4	2
交易频率治理	3	3	3	2	3	2	2	3	3	3	4	3	3	2
不确定性治理	3	3	3	3	2	2	1	3	3	3	5	3	2	2
形式主义治理	3	3	4	3	2	2	2	3	4	2	5	5	4	2
项目退出治理	4	4	4	2	4	2	2	4	3	5	5	4	3
敲竹杠治理	3	3	3	3	3	2	3	3	3	3	2	4	3	3
逃避责任治理	2	3	3	2	2	1	2	2	3	3	3	3	3	2
拒绝适应治理	2	3	2	2	2	1	2	3	2	2	4	3	3	2
搭便车治理	2	3	2	2	2	1	2	2	2	2	5	3	3	2

(二) 指标的主观赋权

利用表 6-3 中 14 个样本的数据，使用 Saaty 权重赋权法确定治理能力评价指标权重（Saaty 权重赋权法有和法、最小夹角法和特征向量法，本书采用的是第一种方法）。第一步，计算契约控制能力等 23 个评价指标（二级指标）的平均值。第二步，利用 $w_i = \frac{1}{n}\sum_{j=1}^{n}\frac{a_{ij}}{\sum_{i=1}^{n}a_{ij}}$ ($i = 1, 2, \cdots, n$)，分别计算 23 个二级指标的相对权重。第三步，分别测算 5 个一级指标的均值。第四步，同样利用 w_i 计算公式，分别计算契约治理等 5 个一级指标的平均权重。第五步，利用 Saaty 的乘积公式 $W_i = \prod_{i=1}^{t} w_i$，将一级指标权重与二级指标权重相乘，测算出所有二级指标的综合权重。所有计算结果见表 6-4。

表 6-4 新工科产教融合平台治理能力的主观赋权

一级指标	一级指标均值	一级指标权重（%）	二级指标	二级指标均值	二级指标相对权重（%）	综合权重（%）
契约治理	3.714	22.7	契约控制能力	3.643	24.5	5.57
			契约协调能力	3.571	24.0	5.46
			契约完备程度	3.786	25.5	5.78
			中途违约惩治	3.857	26.0	5.89
产权治理	3.429	20.9	产权保护能力	3.286	24.0	5.01
			资源重要性界定能力	3.643	26.6	5.55
			资源数量界定能力	3.857	28.1	5.88
			风险分担界定能力	2.929	21.4	4.46
稳定性治理	3.393	20.7	资源融合程度	3.357	24.7	5.12
			供需匹配程度	3.500	25.8	5.34
			预期收益	3.286	24.2	5.01
			运行机制创新能力	3.429	25.3	5.23

续表

一级指标	一级指标均值	一级指标权重（%）	二级指标	二级指标均值	二级指标相对权重（%）	综合权重（%）
交易成本治理	3.014	18.4	伙伴选择治理	3.071	20.4	3.75
			运行交易治理	3.214	21.3	3.92
			资产专用性治理	3.143	20.9	3.84
			交易频率治理	2.786	18.5	3.40
			不确定性治理	2.857	19.0	3.49
合作行为治理	2.833	17.3	形式主义治理	3.214	18.9	3.63
			项目退出治理	3.571	21.0	3.63
			敲竹杠治理	2.857	16.8	2.91
			逃避责任治理	2.571	15.1	2.62
			拒绝适应治理	2.429	14.3	2.47
			搭便车治理	2.357	13.9	2.40

（三）指标的组合赋权

利用表6-3新工科产教融合平台治理能力评价指标值，采用变异系数法进行赋权，按照前文分析，计算过程包括四步：首先求得23个评价指标的均值；其次求得23个评价指标的标准差；再次测算各指标的变异系数；最后将各指标的变异系数除以变异系数之和，得到各指标的权重，利用 $W_i = \alpha W_1 + (1-\alpha)W_2$，令 $\alpha = 0.5$，求得指标体系组合权重（见表6-5）。

表6-5 新工科产教融合平台治理能力的组合赋权

单位：%

一级指标	二级指标	主观赋权权重	变异系数法赋权权重	指标组合权重	一级指标权重
契约治理	契约控制能力	5.57	3.20	4.38	18.59
	契约协调能力	5.46	3.33	4.40	

续表

一级指标	二级指标	主观赋权权重	变异系数法赋权权重	指标组合权重	一级指标权重
契约治理	契约完备程度	5.78	3.40	4.59	
	中途违约惩治	5.89	4.53	5.21	
产权治理	产权保护能力	5.01	3.43	4.22	16.85
	资源重要性界定能力	5.55	3.77	4.66	
	资源数量界定能力	5.88	1.73	3.81	
	风险分担界定能力	4.46	3.88	4.17	
稳定性治理	资源融合程度	5.12	3.48	4.30	19.48
	供需匹配程度	5.34	3.42	4.38	
	预期收益	5.01	5.13	5.07	
	运行机制创新能力	5.23	6.23	5.73	
交易成本治理	伙伴选择治理	3.75	2.85	3.30	19.86
	运行交易治理	3.92	4.01	3.97	
	资产专用性治理	3.84	4.52	4.18	
	交易频率治理	3.40	3.83	3.62	
	不确定性治理	3.49	6.12	4.80	
合作行为治理	形式主义治理	3.63	6.03	4.83	25.40
	项目退出治理	3.63	5.24	4.44	
	敲竹杠治理	2.91	3.45	3.18	
	逃避责任治理	2.62	5.42	4.02	
	拒绝适应治理	2.47	5.74	4.10	
	搭便车治理	2.40	7.26	4.83	

(四) 评价指标的灰色关联度

利用灰色系统理论及 GSTAV 7.0 软件,代入邓氏关联度计算公式,求得评价指标灰色关联度(见表6-6)。

表 6-6 新工科产教融合平台治理能力评价指标灰色关联度

二级指标	T_1	T_2	T_3	T_4	T_5	T_6	T_7	T_8	T_9	T_{10}	T_{11}	T_{12}	T_{13}	T_{14}
契约控制能力	1.000	1.000	1.000	1.000	1.000	1.000	1.000	1.000	1.000	1.000	1.000	1.000	1.000	1.000
契约协调能力	1.000	1.000	1.000	1.000	1.000	1.000	1.000	1.000	1.000	0.571	1.000	1.000	1.000	1.000
契约完备程度	1.000	1.000	1.000	0.500	1.000	1.000	1.000	1.000	0.500	0.571	1.000	1.000	0.571	1.000
中途违约惩治	1.000	0.571	0.571	0.500	1.000	1.000	0.500	0.571	0.500	0.571	1.000	0.870	0.571	0.500
产权保护能力	0.625	0.870	0.625	0.625	0.625	0.625	0.714	0.625	0.625	0.870	1.000	1.000	0.625	0.625
资源重要性界定能力	0.500	0.571	1.000	0.500	0.571	1.000	1.000	1.000	1.000	0.571	1.000	0.625	0.571	1.000
资源数量界定能力	0.385	0.625	0.625	0.385	0.625	0.385	0.625	0.625	0.385	0.625	1.000	0.455	0.870	0.385
风险分担界定能力	0.833	0.690	0.455	0.455	0.690	0.833	0.833	0.690	0.455	0.690	1.000	0.455	0.690	0.455
资源融合程度	0.625	0.870	0.625	0.625	0.625	0.714	0.625	0.625	0.625	0.870	1.000	0.625	0.625	0.625
供需匹配程度	0.625	0.870	0.625	0.625	0.625	0.714	0.625	0.625	0.385	0.870	1.000	0.625	0.625	0.385
预期收益	1.000	0.571	1.000	1.000	1.000	0.500	0.500	1.000	1.000	0.571	1.000	1.000	1.000	0.500
运期机制创新能力	0.500	0.571	0.571	1.000	1.000	0.500	0.500	0.870	0.500	0.571	1.000	0.870	0.571	0.500
伙伴选择治理	0.625	0.870	0.625	0.625	0.870	0.714	0.625	0.870	0.625	0.870	1.000	0.870	0.870	0.625
运行交易治理	0.625	0.870	0.625	0.625	0.870	0.714	0.625	0.870	0.385	0.870	1.000	0.625	0.625	0.714
资产专用性治理	0.625	0.870	0.625	0.625	0.625	0.714	0.714	0.870	0.625	0.625	1.000	0.625	0.870	0.714
交易频率治理	0.625	0.870	0.870	0.714	0.870	0.714	0.714	0.870	0.625	0.870	1.000	0.870	0.870	0.714
不确定性治理	1.000	0.571	0.571	0.500	0.571	0.500	0.333	0.571	1.000	0.571	1.000	1.000	0.571	0.500
形式主义治理	1.000	0.571	1.000	1.000	0.571	0.500	0.500	0.571	0.500	0.400	1.000	0.571	1.000	0.500

续表

二级指标	T_1	T_2	T_3	T_4	T_5	T_6	T_7	T_8	T_9	T_{10}	T_{11}	T_{12}	T_{13}	T_{14}
项目退出治理	0.500	1.000	1.000	0.500	1.000	0.500	0.500	1.000	0.500	0.571	1.000	0.571	1.000	1.000
敲竹杠治理	0.625	0.870	0.870	0.625	0.870	0.714	0.714	0.870	0.625	0.526	1.000	0.870	0.870	0.625
逃避责任治理	0.833	0.690	0.690	0.833	0.690	0.556	0.833	0.690	0.455	0.769	0.625	0.690	0.690	0.833
拒绝适应治理	0.714	0.870	0.870	0.714	0.526	0.417	0.714	0.870	0.714	0.526	1.000	0.870	0.870	0.714
搭便车治理	0.500	0.571	0.400	0.500	0.400	0.333	0.500	0.400	0.500	0.400	1.000	0.571	0.571	0.500

225

利用 $Z_j = \sum_{i=1}^{m}(r_{ij} \times W_i)$，求得 14 个新工科产教融合平台治理能力的综合得分，可以得出慧科综合得分为 0.987，位居第 1，说明其平台综合治理能力最高；除此之外，轩辕产教融合服务平台、新迈尔-产教融合的人才云平台、江苏振玥鑫智能科技有限公司校企云平台综合得分分别为 0.805、0.792、0.770，分别位居第 2、第 3、第 4。相对地，巨华产教融合信息服务平台的得分最低，在 14 个平台中位居最后；产教融合与校企合作服务平台、皖江智能制造产教融合联盟、全国交通运输产教融合服务平台的治理能力综合得分同样相对较低。就这 14 个样本平台而言，企业主导运行的新工科产教融合平台治理能力相对较高，其次是政府主导的平台，而高校运行的平台治理能力相对较低（见表 6-7）。

表 6-7　新工科产教融合平台治理能力综合评价结果

评价对象	综合得分	综合得分排序
T_1：全国地方高校卓越工程教育校企联盟	0.738	8
T_2：U+平台	0.766	5
T_3：德慷电子	0.750	7
T_4：集成电路产教融合发展联盟	0.681	9
T_5：江苏振玥鑫智能科技有限公司校企云平台	0.770	4
T_6：温州产教融合校企对接平台	0.680	10
T_7：全国交通运输产教融合服务平台	0.676	11
T_8：新迈尔-产教融合的人才云平台	0.792	3
T_9：巨华产教融合信息服务平台	0.637	14
T_{10}：产教融合与校企合作服务平台	0.659	13
T_{11}：慧科	0.987	1
T_{12}：轩辕产教融合服务平台	0.805	2
T_{13}：广东新工科	0.756	6
T_{14}：皖江智能制造产教融合联盟	0.668	12

小　结

威廉姆森的交易成本理论认为，治理方式的选择与资产专用性、不确定性、交易频率紧密相关，治理方式的选择应基于资产专用性、不确定性和交易频率的相对权衡。高专用性的资产、高度不确定的环境和频繁的交易可能会推动交易参与方选择内部化交易，而较为通用的资产、较低的不确定性和较低的交易频率则更适合选择市场交易。交易成本理论为不同组织形式和治理结构的选择提供了一种解释框架，并强调了交易成本对治理方式的影响。新工科产教融合平台实现了多主体知识、技术、管理、资本等异质性资源的整合利用，本书结合平台双边市场的网络创新属性，构建了新工科产教融合平台综合治理的概念模型，具体包括契约、交易成本、产权、合作行为和稳定性五个治理维度。在文献梳理和前文研究基础上，设计了包括契约治理、产权治理、稳定性治理、交易成本治理、合作行为治理 5 个一级指标的新工科产教融合平台治理能力评价指标体系。收集全国地方高校卓越工程教育校企联盟等 14 个平台的调查数据，采用组合加权灰色关联模型，利用主观和客观混合方法对指标进行赋权，开展平台综合治理能力评价的实证研究。结果表明，评价指标体系设置科学合理，能够反映新工科产教融合平台的综合治理能力。

第七章 交易成本视角下新工科产教融合平台综合治理能力提升的对策建议

从第六章可以看出，目前大致存在高校主导、企业主导和政府主导三类新工科产教融合平台，平台的综合治理能力主要体现在契约治理、产权治理、稳定性治理、交易成本治理、合作行为治理五个方面，平台的治理能力是保障平台正常运营和推动平台发展的重要因素。提升平台综合治理能力，对于深化"四链融合"、推进新工科人才培养和经济高质量发展至关重要，本章结合前文研究结论，探讨提升平台综合治理能力的对策建议。

第一节 新工科产教融合平台综合治理能力提升的总体要求

一 综合治理能力提升的指导思想和理论依据

新工科建设和产教融合是推进产业升级和经济高质量发展的重要举措，新工科建设旨在培养具备跨领域综合素质和创新能力的高级工程人才，为新兴产业的发展提供人才支撑。产教融合则是促进高等工程教育与产业需求紧密对接，提高人才培养质量和创新能力的有效途径。因此，在推进新工科建设和产教融合的过程中，利用信息技术支撑搭建多主体参与、多资源交融的集成化产教融合平台就显得非常重要。集成化产教融合平台可以解决学校和企业之间的信息不对称、资源不充分等问题，实现产教融合的深度合作，平台上的各种资源和信息可以供学校和企业共享，从而更好地培养符合产业需求的人才。建设支撑和引领新技术、新产业发展的新工科，需要高等工程教育深度推进产教融合，积极利用信息技术支撑搭建多主体参与、多资源交融的交易平台。然而，新工科产教融合平台的使命不仅体现在新工科建设本身上，而且关系产业转型升级和经济高质量发展。通过深度的产教融合合作，高等工程教育可以更好地服务于产业需求，实现人才培养和技术创新的良性互动，为经济的高质量发展提供强有力的支撑。为此，提升平台综合治理能力需要坚持以下指导思想：主动适应新时代科技创新、产业升级要求，以平台建设为抓手，推进体制机制创新，促进高等工程教育体系和行业企业体系的人才、智力、技术、资本、管理等创新资源要素深度融合，打造资源互补、利益共享、风险共担的政产学研利益共同体，为建成工程教育强国、打造工程技术人才高地、提升产业链竞争力提供有力支撑。结合前文研究，可以总结以下提升新工科产教融合平台综合治理能力的理论依据。

一是产权理论。产权理论适用于平台经济，平台本身拥有一定的产权，平台参与主体之间的权利和责任分配需要依赖产权理论来进行规范和协调，并通过产权的动态界定来保障平台参与主体的权益。在此过程中，需要考虑平台参与主体的贡献程度、风险承担和收益分配等因素，以确保平台参与主体之间的合作稳定。在平台经济中，平台的产权通常是不完全的，这意味着平台参与主体之间的权利和责任可能存在模糊不清的情况，需要通过产权的动态界定来协调各方的权益，解决可能出现的矛盾和冲突，保障平台参与主体的权益，从而确保平台经济的可持续发展。

二是创新资源理论。把平台视作创新生态系统，为了促进系统创新资源的交换和对接，需要运用资源依赖理论、资源基础理论和资源拼凑理论等创新资源理论，提升平台创新生态系统的资源利用效率，促进创新生态系统的健康发展。资源依赖理论认为，平台的成功取决于其能够获得必要的资源，且这些资源通常需要从外部获取。因此，平台需要建立有效的合作关系和伙伴关系，以便获得所需的创新资源。资源基础理论则关注平台内部的资源配置和利用，平台需要根据其自身的资源基础来确定其创新活动的方向和范围，并充分利用已有的资源来实现创新目标。平台需要对人力资源、财务资源、技术资源等进行有效的配置和整合，以最大化资源的利用价值。资源拼凑理论则强调平台需要整合不同类型的创新资源创造新的商业价值，平台可以通过合作、联合开发等方式整合不同的资源，如技术、市场、人才等，以实现更高效的创新活动。

三是教育治理理论。平台既不能照搬高校的治理体系，也不能直接沿用企业治理方式，平台的治理需要推进法治化建设，围绕平台治理体系构建和治理能力提升两个着力点提升平台的综合治理能力。在法律法规的框架下建立平台治理模式，可以使平台运营更加规范，保护平台参与者的合法权益。此外，平台治理能力的提升也是至关重要的，包括技术能力、管理能力、安全能力等方面的提升。平台需要建立健全的技术架构和数据安全保障机制，提高运营效率。

四是交易成本理论。平台的运行除了需要生产要素外，还存在契约性交易成本和制度性交易成本，即在平台运行过程中，因为合约缺失、信息不对称、制度规则不清晰等产生的交易成本。交易成本增加会降低平台的运营效率，阻碍交易的顺利进行，从而影响平台的发展和绩效。为了降低交易成本，平台需要加强对合约和制度的规范性管理，建立有效的合约和制度体系，这样才能真正提高平台的运行效益，提升平台参与者的信任度，实现平台长期稳健的发展。

二 综合治理能力提升的基本原则

(一) 统筹协调，共同推进

新工科产教融合平台的构建离不开高等工程教育资源，同时需要掌握先进技术和管理技能的行业企业的支撑。新工科产教融合平台的统筹协调和共同推进，需要各方共同努力，建立产学研合作机制，促进各方资源的有效整合和优化配置，通过成立联合实验室、共建教学基地、制定共同发展规划等方式实现；建立产学研交流平台，促进信息共享、技术对接和经验交流，通过组织学术研讨会、行业交流会、企业参观学习等方式实现；建立科学、规范的管理制度和运营模式，确保各项工作有序进行，通过制定标准化管理制度、建立评估机制、提供技术培训等方式实现；加强人才培养，为新工科产教融合平台的建设和发展提供人才支持，通过制订优秀学生培养计划、引进产业专家参与教学、开展行业合作项目等方式实现。

结合本书第二章"新工科产教融合现状及主要问题"相关结论，可以发现参与高校和行业企业在区域、产业上存在较大的不平衡。下一步需要发挥市场在资源调配中的主导作用，将市场机制作为资源配置的主要机制，通过供求关系、价格机制等方式实现资源的配置。政府则作为资源调配的协调者和监管者，通过制定政策、提供公共服务等方式，促进市场资源配置的公平、高效。同时，依靠政府统筹协调，形成各区域、各高校、各行业之间的协同推进格局。政府在资源调配中发挥统筹协调的作用，通过制定产业政策、引导资源流动、促进区域协同等方式，推动不同地区、不同行业之间的资源优化配置和有序流动。同时，市场也需要在供求关系、价格机制等方面积极响应政府政策，发挥资源配置的作用。

(二) 政策扶持，激发需求

无论是从教育系统还是产业系统方面来说，都需要新工科产教融合平台的协同创新效应。就教育系统而言，产业界可以提供实践案例、数据资源和行业信息，教育界可以提供教育资源和专业知识，通过共享资源，促进产教融合，提高教育质量。教育界可以借鉴产业界的实践经验，将理论知识与实践操作相结合，培养学生的实践能力，提高学生的就业竞争力；产业界可以为学生提供实习机会，让学生深入了解行业需求和工作内容，帮助学生更好地适应工作环境。就产业系统而言，通过与教育界合作，产业界可以直接参与人才培养，及早了解人才的培养情况，为企业的人才引进提供更多的选择；产业界还可以与教育界合作开展技术研发，将理论研究和实际应用相结合，促进技术创新和产业升级。

之所以在推进中存在较大的不平衡，除了资源禀赋等客观原因外，主要是因为相关主体没有将需要转换成需求。参与平台的需要只是客观状态，这种需要的客观状态转换为行为意向才能形成需求。例如，一家企业可能拥有一定的技术和人力资源，但它需要将这些资源整合到平台上，促进企业和教育机构之间的协作和知识共享，这是企业的客观状态。但是，企业如果真正想要在这个平台上找到合适的合作伙伴，并实现创新和增长，就必须将这种客观状态转化为行动意向和期望，并在平台上表达出来，这样才能形成需求。因此，对于参与产教融合平台这样的行为，客观状态只是一种前提条件，需要进一步转化为需求才能实现真正的价值和效益。下一步需要借助宣传引导和政策扶持，多渠道宣传新工科产教融合平台取得的社会经济效益，激发教育系统和产业系统参与新工科产教融合平台的欲望，将内在需要转化为行为意向，如提供财政支持、技术支持或其他形式的支持，以确保参与者能够更好地了解和利用该平台；使用一些激励措施激励教育系统和产业系统参与该平台，并为它们的贡献提供奖励；等等。

（三）问题导向，改革先行

正如本书前文强调的，从教育部门到人力资源和社会保障部门，从工业和信息化部到国家发展改革委，都已经完成了产教融合的顶层设计。教育部门制定相关政策和规划，促进教育资源与产业需求的有机融合，加强学校与企业的联系，实现教育和产业的良性互动；人力资源和社会保障部门根据产业发展的需要，制定相应的人才培养计划和政策，确保人才培养与产业需求相适应，协调教育部门和企业，推动产教融合的实施；工业和信息化部推进信息技术与产业的融合，加强产业技术创新和转型升级，培养高素质信息化人才，为中国的数字化转型和高质量发展提供支持；国家发展改革委通过制定产业政策和规划，引导产业与教育有机融合，推动产业升级和转型，提高人才培养水平；各省区市也均出台了相关扶持政策。

下一步需要坚持问题导向，集中力量打破体制障碍、部门界限和扶持政策之间的执行壁垒，打通新工科产教融合的"最后一公里"。提升新工科产教融合平台的治理能力，需要教育系统和产业系统共同转变观念，通过改革来解决问题。教育系统需要转变观念，加强与产业的对接，深化校企合作，积极推进产学研一体化，培养符合市场需求的人才。教育部门应当加强对新工科产教融合平台的管理，建立相应的评估机制和监管体系，确保平台的质量和效果。产业系统也需要转变观念，加大对新工科产教融合平台的支持力度，积极参与平台建设和运营，为平台提供资源和技术支持。同时，产业部门应当加强对新工科人才的培养和引进，提高人才的质量和竞争力。此外，政府可以出台相关政策和措施，建立跨部门、跨行业的协调机制，加强对新工科产教融合平台的支持和指导，推动各方共同参与，形成合力，促进新工科产教融合的深入发展。

（四）有序推进，力求实效

从第六章对14个产教融合平台综合治理能力的实证测度可以发现，相对而言，企业主导的新工科产教融合平台的综合治理能力较强，能够更好地满足学生和企业的需求，促进产学研合作，推动区域经济和社会发展。综合分析，企业主导的平台通常有丰富的行业资源和经验，可以为学生提供实践机会和职业发展指导，帮助学生更好地了解行业趋势和职业前景；还能够提供多元化的课程和培训，覆盖了从基础知识到高级技能的全面教育，帮助学生在多个领域获得更全面的知识和技能；也可以为学校提供技术和资源支持，例如实验室设备、技术支持和创新基金等，帮助学校提升教学质量和科研水平；还可以通过与政府和其他组织的合作，建立起更为完善的产业生态系统，促进学校和企业之间的深度合作，实现更高效的资源整合和优化。

前文研究发现综合治理能力包含5个一级指标、23个二级指标，其提升是一个循序渐进的过程。政府可以建立相关的监管机构，加强对平台的管理和监督，制定相关的规章制度和标准，推动产教融合平台规范化、科学化、专业化发展。产教融合平台需要依托信息化技术，建立完善的信息系统，实现产业需求和教育资源的匹配，政府可以提供相应的支持，鼓励平台进行信息化建设，并开展相关培训和推广活动，提高平台的信息化应用能力。产教融合平台需要依托产业和教育资源，积极开展产教合作和学术交流，政府可以促进不同领域、不同层次之间的交流合作，推动产教融合平台发展。产教融合平台需要剖析存在的负面清单，有针对性地补齐治理的短板，拟定治理能力提升的技术路线，解决提升资源对接、需求匹配中的具体问题。

第二节　新工科产教融合平台综合治理能力提升的路径

一　降低平台运行的交易成本

（一）加强产教融合的前期调研

企业是新工科产教融合的重要组成部分，它们有先进的生产技术和对市场需求的洞察力，可以为新工科的课程设置提供实践性的指导，为

第七章 交易成本视角下新工科产教融合平台综合治理能力提升的对策建议

学生提供实习机会、就业机会。同时，企业还可以提供资金、技术和设备等方面的支持，推动新工科的发展。学校是新工科产教融合的主要承担者，它们可以根据企业需求设置课程内容，提供教育培训和实践机会，培养符合企业需求的人才。同时，学校还可以通过与企业的合作，拓展自身的资源，提高自身的竞争力和品牌价值。科研机构是新工科产教融合的技术支撑，它们可以为企业提供技术咨询、技术支持和科研成果转化等方面的服务，帮助企业提高技术水平和市场竞争力。同时，科研机构还可以与学校合作，共同开展科研项目和教育培训，提高自身的研究水平和学术影响力。因此，新工科产教融合平台真正的主体是企业、学校和科研机构，但是离不开政府的引导和支持。

产教融合有助于填补产学研之间的资源空缺，促进产业技术的进步和优化人才培养体系，是经济发展的重要趋势之一。产教融合中存在"合作诱惑"，主要是由于产业界和教育界可以通过合作实现资源的共享和优化。产业界可以获得教育界的专业知识和研究成果，提高自身的创新能力和竞争力；教育界可以通过与产业界合作，获得实际应用场景和技术需求，提高教学和研究的质量和实效性。产教融合中也存在"联姻顾虑"，相关主体担心投入资源的产权不能得到有效保护，会遭受合作伙伴的机会主义侵害。产业界担心知识产权被侵犯，教育界担心产学合作影响研究的独立性和学术自由。因此，在产教融合中，需要建立起合作伙伴间的信任机制，制定清晰的合作协议，确保双方权益得到保护。只有建立起良好的合作机制和保护机制，才能实现共赢和可持续发展。

选择不当的合作伙伴可能会带来很多负面影响，如资源浪费、合作失败等。为了降低这些风险，增加产教融合前期的伙伴选择投入成本是非常必要的。在进行伙伴选择时，需要充分搜寻相关信息，了解合作伙伴的业务能力、技术水平、市场地位等方面的情况，以便进行科学合理的决策，这可以通过调查研究、实地考察等方式进行。此外，开展合作方的资格认证和风险评价工作也是很重要的。资格认证可以通过对合作方的营业执照、税务登记证、资质证书等资料的审核来实现，以确认其合法经营。风险评价则需要考虑到各种因素，如合作伙伴的信用状况、经济实力、管理水平、技术能力和市场前景等，以便在选择合作伙伴时进行科学决策。

产学研主体还需要尽可能充分探讨合作事宜，确定各自的职责和义务，明确合作的目标和范围，制定明确的计划和时间表，并达成共识。此外，它们还应该就知识产权、机密保护、经费分配和成果共享等关键问题进行深入讨论和协商，以确保合作的公平、合法和透明。在办理必要的审批手续时，产学研主体应该根据相关法律法规和规章制度，遵循程序和规定，开展审批和备案等工作。这有助于确保合作的合法性和规范性，避免合作过程中出现违法违规的行为，减少事后的机会主义行为。

(二) 规范产教融合的业务运作

产教融合利益共同体是一个涉及产业、教育、政府等多个领域的复杂组织形态。在实际运作中，由于各方利益不同，可能会产生产权属性、行为观念、功利诉求等方面的冲突，需要通过机制创新保证共同体的高效运作。机制创新包括制定明确的规章制度、建立有效的沟通渠道、加强监督和管理等，机制的建立和运作需要各方的共同努力和配合，由此会带来必要的制度交易成本。在产教融合利益共同体中，制度性交易成本可能包括时间、资金、人力等。通过机制创新，可以降低交易成本，提高效率，使得共同体的运作更加高效。本书论证了产教融合主体进行的一系列的交易和沟通活动，如协商、签约、履行合同等，都需要耗费时间和资源，也会产生一定的成本。如果这些成本能够得到有效的管理和控制，就可以提升合作双方之间的信任和合作意愿，从而避免机会主义行为的发生，即运行交易成本正向影响合作行为并有助于规避机会主义行为。究其原因是在产学研合作中，可能存在双方利益不一致或信息不对称等问题，从而导致道德风险和逆向选择问题的产生，为了避免这些问题，需要建立科学的治理体系，包括明确的权责分配、有效的监督机制、合理的激励机制等，以确保合作双方能够真正实现利益共享。产教融合不仅离不开必要的监督成本、决策成本，而且离不开必要的争议解决成本和违约成本，这样才能妥善处理产学研合作中的冲突和纠纷，确保合作过程的顺利进行和利益的最大化。

需要补充的是，规范产教融合的业务运作不仅不会降低产学研利益共同体的活力和柔性，还可以促进形成更高效、更有序、更稳定的合作关系。企业、高等教育机构和科研机构组成产学研利益共同体，这些实体的合作通常是为了实现共同的目标，如创新、研发、推广等。但是，由于实体之间的结构、文化、目标等因素存在差异，合作关系可能会出现难以协调的问题，因此规范产教融合的业务运作可以帮助产学研利益共同体更好地管理合作关系，释放协同创新效应。例如，通过资源融通，各实体可以共享资源，如设备、技术、知识等，从而提高研发效率；通过利益融合，各实体可以在创新成果的分配上达成共识，避免利益冲突；通过产权界定，各实体可以明确创新成果的归属，避免知识产权争端。这些途径和方法可以帮助实体建立稳定、可持续的合作关系，同时充分释放协同创新效应，推动产学研的协同发展。

（三）降低产教融合的资产专用性

产学研等主体投入产教融合利益共同体的资产必然带有不同程度的专用性，特别是实践教学设备设施、共性技术研发投入一旦发生就很难转为他用。在共性技术研发投入等方面，可以尽量采用通用的技术和标准，以实现不同领域和场景的共用。产学研等主体可以采用开放式创新模式，与社会各界广泛合作，共同研发和利用资产，促进产业和社会的发展。对于实践教学设备设施等专用资产，需要加强管理和维护，确保其正常使用和延长使用寿命，减少闲置和浪费，在保证使用效果的前提下，实现共享和多元化利用，促进产教融合利益共同体的协同发展。前文研究证实了资产专用性显著负向影响合作行为并会引发合作主体的机会主义行为，导致产学研合作陷入集体主义困境。具体来说，资产的专用性指的是某些资产只能用于特定的目的，难以转移或共享。在产学研合作中，当某个研究机构或企业拥有特定的资产，而其他合作方需要使用这些资产时，这些合作方就可能会面临无法获得资产或者需要支付较高的费用才能使用资产的情况。这可能会导致合作方不愿意参与合作，或者在合作中采取机会主义行为，例如拖延时间、不履行承诺等，从而阻碍合作的进行，即陷入"集体主义困境"。所有合作方都需要承担一定的成本和风险，但每个合作方都有动力尽可能减少自己的成本和风险，从而导致整个合作项目的效率和效果受到影响。为了避免这种困境，合作方需要建立良好的合作机制和制度，确保资产使用的公平性和透明度，并通过协商和协调等方式解决合作中的问题。

在产教融合推进过程中，本书主张降低投入资源在人力、时间、场地、用途等方面的专用性，以此降低企业投入资源的"套牢"概率。本书建议根据产教融合利益共同体的实际控制权权衡投入资产的相对专用性，即处于强势地位的主体应投入专用性较强的资产，处于弱势地位的主体则投入专用性较弱的资产，以此减少合作中可能遭受的要挟或敲竹杠。如果强势主体投入的资产不够专用，那么处于弱势地位的主体在合作中可能会被其要挟或敲竹杠，导致合作关系被破坏。处于弱势地位的主体则应该降低投入资产的专用性，以降低其在合作中被要挟或敲竹杠的概率。弱势主体可能无法承担过多的专用性资产投入，如果过度投入，可能会导致其在合作中处于不利地位。在产教融合利益共同体中，各方应该权衡投入资产的相对专用性，以实现合作关系的平衡和稳定。同时，政府应该通过政策引导，促进各方之间的合作，实现共赢。

（四）提高产教融合的准租金攫取成本

尽管产教融合不可避免地存在事后剩余权的争夺，即在产教融合中，由于合作方之间在合作前难以准确估算各自的贡献，所以在事后的利益分配中容易产生争议。处于主导地位的主体往往会非法攫取其他合作主体的正当权益，造成产学研合作主体的权益受损和不公平感知，这是产教融合集体主义困境产生的重要原因。本书证实了准租金攫取成本能够有效促进合作行为，主张在产教融合中有必要提高准租金攫取成本。原因在于，一是准租金攫取成本是为了确保资源的有效使用，是资源使用者必须承担的成本。例如，在产教融合中，企业提供教学实习场所和设备，而学校或学生使用这些资源进行实习或学习。如果企业无法获得适当的准租金或其他形式的报酬，它们可能会减少或停止提供这些资源。因此，提高准租金攫取成本可以确保企业能够获得适当的回报，从而促进它们提供更多的资源和进行更广泛的合作。二是准租金攫取成本也可以激励学校或学生更加珍惜这些资源的使用，提高资源利用效率，以达到更好的教学或实习效果。例如，如果学生不付出任何代价就可以使用企业的设备和场地，他们可能会对资源的使用漫不经心，浪费和损坏资源的可能性会增加。因此，收取适当的准租金，可使学生更加珍惜这些资源，提高利用效率。事实上，准租金攫取成本的提高意味着提高了利益主体背叛合作的机会成本，有利于规避机会主义行为。

由于产教融合的产权和契约都是不完全的，会导致一些合作方的正当权益受到侵犯，本书主张除了提高准租金攫取成本外，产学研合作主体在合作过程中，还需要通过不断地协商，明确各方的权利和义务，并确定合理的资源分配和责任承担机制。通过动态界定产权，合作方可以更好地了解彼此的利益和需求，并协商出合适的合作方式和合同条款，这有助于减少合作方之间的摩擦和争议，保护合作方的正当权益，促进合作的顺利开展。

二 加快以产权为核心的体制机制创新

(一) 以产权为核心保障平台相关主体的权益

平台应该建立明确的产权制度，包括产权的归属、转让、保护等方面的规定，而且这些规定应该被写入相关的协议和条款中，以便平台相关主体了解自己的权利和义务。具体表现为：平台应该积极维护相关主体的产权，确保它们的权益不受侵犯，可以采取技术手段加强产权保护，如数字水印等，避免知识产权被侵犯；平台可以采取一系列措施，鼓励平台相关主体进行知识产权创新，这些措施包括对于知识产权的认可和奖励，例如专利、版权和商标等，以及相关的财务和非财务激励措施；平台还应该建立有效的纠纷解决机制，包括在线调解、仲裁和诉讼等，以便平台相关主体的产权纠纷问题能够及时得到解决。

第三章已经论证了新工科产教融合平台产权的不完全性，这一产权特性会导致各方在平台上的利益诉求和责任义务不清晰，影响平台准租金争夺和合作收益分配，进而影响平台的运作和治理效率。为了提高平台的综合治理能力，增强平台的竞争力和合作力，需要以产权为核心推进体制机制创新。下一步需要尽量明确平台相关利益主体，包括平台的开发者、投资者、合作伙伴、用户等为平台投入的各种创新资源，如知识、技术、信息、管理等。为了保障这些主体的权益，需要建立一套评价机制，对这些资源进行评估和分配。该评价机制需要考虑不同资源的异质性特点，例如，知识和技术可能需要较高的专业技能和较多的经验才能进行评估，而信息和管理则需要更多的定量数据和指标来评估。因此，评价机制需要针对不同资源的特点，采用相应的评估方法和指标。为了确保各利益主体的权益得到保障，可以采用契约形式来规定平台相关主体之间的权利和义务。契约可以明确各方投入的资源数量、分配方式、绩效评估标准等内容，从而确保各方的权益得到平衡和保障。平台需要建立创新资源的评价机制，掌握关键资源合作方的信息。为了减少敲竹杠、薅羊毛等不当利益攫取行为，平台需要尽量限制公共领域的产权行为，如加大对用户的监管力度，及时发现并处理不当利益攫取行为。监管可以包括人工审核、自动化审核、风险提示等方式，以减少不当利益攫取行为的发生。例如，平台建立主体信用评级体系，对于表现良好的主体给予相应的奖励，对于违规的主体给予惩罚。这样可以提高用户的责任意识和信用度，降低不当利益攫取行为的发生率。平台可以引入第三方机构，对产权行为进行审查和监督，提高产权行为的透明度和公正性，减少不当利益攫取行为的发生，以维护相对弱势地位主体的权益。

（二）建立平台契约的完善机制

正如前文所述，新工科产教融合平台的契约始终是不完全的，新工科产教融合平台涉及的合作主体较多，涵盖不同的学科领域、不同的企业和学校，以及不同的利益关系，提高契约的完备程度有助于解决多主体的合作纠纷，为此需要建立平台契约的持续完善机制。首先，要在契约中明确规定双方的权利和义务，包括双方在合作关系中的掌控权和分配权。如解决剩余控制权划分问题，限制掌握谈判优势的合作方对另一方的要挟行为，减少契约不完全下的不当攫取行为。其次，要在契约中明确解决方案。例如，通过协商、仲裁或法律程序来解决争议。这可以帮助双方避免争端，同时，也可以限制剩余控制权的滥用。此外，前文第三章"Shapley值法合作收益分配的算法修正"中揭示了风险分担责任同样影响平台主体合作，因此，需要在契约中明确每个合作方在合作过程中的风险分担责任，包括任何可能出现的财务、法律、技术或其他类型的风险。最后，要以产权为核心，建立契约的完善机制，即针对新工科产教融合平台契约中存在信息不对称和合同不完备的情况，导致一些主体之间存在利益冲突和风险，通过持续的完善机制动态界定相关主体的产权。例如，为了解决信息不对称问题，可以采取提高信息透明度和信息公开的措施，建立完善的信息披露机制，让所有参与者都能够获得平台运作的相关信息，同时建立监管机制，确保平台的公开透明。为了解决合同不完备问题，可以建立更加细化和完善的契约机制。例如，针对各类主体制定具体的责任和义务，并将其写入契约。同时，为了防止一方过度受益或被剥削，可以建立风险分担和补偿机制，保障各方的利益。例如，当平台上的情况发生变化时，可以通过协商和调整契约，动态调整各方的权利和义务。同时，如果发生纠纷，可以通过仲裁和诉讼等方式来解决，确保各方权益得到有效保护。

（三）以产权为核心完善资源的保护和开发机制

新工科产教融合平台具有实践教学、技术研发、创新创业、产业培育等职能，对教育系统和产业系统投入的创新资源采取保护措施，目的是通过保护明确相关主体的产权。为此，平台的建设应该依法依规进行，并且需要制定相关的知识产权保护措施，防止被侵权和抄袭。同时，平台应该建立起科学合理的产权分配机制，保障每一个参与者的合法权益，确保平台的长期稳定发展。此外，平台还应该建立起完善的监管机制，对知识产权的保护进行有效监管，确保平台的可持续发展。这些措施不仅可以促进新工科产教融合平台的建设，还可以促进教育和产业的良性发展，为国家经济和社会发展做出积极的贡献。

平台搭建的根本目的是通过资源共有共享实现协同创新效应，这对推动科技创新和经济发展具有重要意义，为此需要进一步完善科技成果转化、创业企业孵化、共性技术开发等体制机制，包括建立科技成果转化的政策框架、完善知识产权保护和管理制度、鼓励和支持创新创业的人才和团队以及提供资金和资源支持等。同时，也需要加强共性技术的研发和推广，以提高技术应用的普及率和效益。因此，在下一步推进过程中，需要厘清新工科产教融合平台、新工科高校、行业企业、科研院所之间的知识产权保护与开发制度，一方面坚持依法治理，在知识产权保护与开发方面，遵守国家和地方法规。相关各方应当明确各自的权利和义务，并在知识产权交易和转让过程中，遵守法律程序和规定，确保知识产权的合法性和有效性。另一方面积极通过体制机制创新，大胆探索著作权、智力成果权、知识产权质押、知识产权融资等前沿问题，通过知识产权质押和融资等方式，促进知识产权的开发和转化。相关各方应当在法律的框架内，创新性地探索这些前沿问题。新工科产教融合平台应建立健全知识产权保护体系,以防范侵犯知识产权的行为;还可以通过合作研究、知识产权转让等方式,鼓励知识产权的共享,促进科技创新和产业升级。

(四) 以产权为核心探索教育服务外包模式

教育服务外包原意指高校将 IT 设备维护、后期保障、人事代理等非核心业务转交给校外机构提供[①],以提高教育效率、降低成本、提高服务质量等。在教育服务外包中,产权是一个非常重要的问题,因为它涉及服务机构和教育机构之间的合作方式和合作期限。近年来,我国体制外教育服务外包机构已经在数量和质量两个层面得到了迅速提升,涌现出北京博导前程、慧科教育科技集团等高等教育服务机构,百度教育商业服务平台、阿里新商业学堂、腾讯课堂的出现则标志着互联网巨头进入了教育服务外包领域。这些承担教育服务外包职能的企业搭建了教育服务平台,渗透至高校教育教学核心领域。

为此,新工科产教融合平台治理能力的提升,可以借鉴教育服务外包模式,创新新工科高校的培养产权,以产权为核心探索教育服务外包模式。一是共同所有权模式。在共同所有权模式下,服务机构和教育机构共同拥有外包服务的产权。该模式可以保证服务机构的利益,也可以保证教育机构对服务的掌控权,双方共同分享收益。但是,共同所有权模式需要双方长期合作,合作期限较长。二是专属所有权模式。在专属所有权模式下,服务机构拥有外包服务的产权。该模式可以提高外包服务的质量和效率,但是也可能导致服务机构过于强势,教育机构无法保持对外包服务的掌控。三是租赁模式。在租赁模式下,教育机构将外包服务的使用权租给服务机构。该模式可以保证教育机构对外包服务的掌控权,同时也能让服务机构通过支付租金获得使用外包服务的权利。但是,租赁模式需要双方长期合作,合作期限较长。总之,应鼓励利用体

---

① 王连华:《高等教育机构服务外包良性发展研究》,《开放教育研究》2007 年第 5 期,第 55~60 页。

制外教育服务机构的关键资源和关键能力，以产权为核心探索教育服务外包模式，共同打造新工科人才培养高地。

三 探索"契约"与"关系"的混合治理

巴泽尔是新制度经济学的代表人物之一，提出了契约理论，在巴泽尔看来，契约是产权分析的核心内容，因为产权是决定经济资源配置的关键因素。在经济活动中，不同的人拥有不同的产权，产权的不确定性会影响经济主体的决策和行为。而契约就是为了解决产权不确定性而存在的，通过签订契约，经济主体可以达成共识，明确彼此的权利和义务，减少产权的不确定性，从而促进经济资源的有效配置。巴泽尔认为，不同的组织形式可以通过契约来描述，包括市场、公司、政府等。市场是通过价格机制实现契约的，公司则是通过内部契约组织起来的，政府则是通过法律契约来实现对社会资源的调配。因此，巴泽尔的契约理论强调了契约在经济活动中的重要性，强调了产权对经济资源配置的影响，并对不同的组织形式进行了分类和解释。前文第三章"新工科产教融合平台交易契约的不完全性"部分论证了契约的不完全性，相关主体只能将彼此认可的产权关系写进契约，而将未能预见或不能认可的产权置于公共领域，可见契约治理是平台治理的主要策略。与此同时，第三章"产教融合平台的准租金"部分发现，物质资源、人力资本与外部环境因素均可能影响准租金产生。新工科建设是国家发展的重要战略之一，其实施需要政府引导和政策支持。产教融合平台的建设需要政府在财税、土地、工商注册、技术转让、知识产权保护等方面提供相应政策的支持和保障。因此，平台直接参与主体均有必要加强公共关系治理，与政府、各行业组织、企业、学校等合作伙伴建立良好的合作关系，获取更多的资源和支持，为平台的发展打下坚实的基础。

具体来说，平台需要通过以下方式加强公共关系治理：一是积极开展与政府相关部门的沟通和合作，及时了解政策动向和政策变化，以便在政策层面上做好相应的调整和应对；二是与各行业协会、商会等组织建立良好的合作关系，加强与社会各界的联系，获取更多的资源和支持，为平台的发展提供更多的机会和帮助；三是通过举办各类专业性的论坛、研讨会等活动，提高平台的知名度和影响力，吸引更多的优质企业和高水平人才参与平台建设；四是加强对企业和学校等合作伙伴的管理和维护，与它们保持良好的关系，增强彼此的信任和合作意愿。更进一步，平台主体需要管理平台内部的关系，以实现资源共享的协同效应，由于平台的产权和合同都是不完全的，因此平台主体需要通过有效的关系治理来解决平台内部可能出现的矛盾和合作问题。在关系治理中，平台主体需要把握彼此的关系质量，如平台主体之间的信任程度、互动频率和沟通效果等；关系强度，如平台主体之间的关联程度、交互程度和相互依赖程度等；关系持久度，如平台主体之间的关系稳定性、可持续性和发展潜力等。通过合理的关系治理，平台主体可以实现资源的有效配置和协同效应的提升，从而提高平台的整体竞争力和生产效率。因此，关系治理是平台治理的重要辅助策略，可以帮助平台主体解决内部合作和矛盾问题，实现平台治理的良性循环。

正如契约理论强调的契约可以研究所有交易和制度，新工科产教融合平台本身是异质性主体谋求优势互补的资源交易与合作共享平台，决定了平台的治理离不开契约机制，即一方面通过事前的契约促进产教融合，另一方面通过事后的产权持续界定明确决策权和控制权。Benítez-Ávila 等在公私合作项目中指出，契约治理是项目顺利推进的根本保障，但既定的契约有时缺乏柔性，需要发挥关系治理的辅助作用，提高项目的整体效率。[1] 就新工科产教融合平台而言，政府是高等工程教育的委托方，高等院校则扮演代理人角色，政府在推进高等院校的产教融合中

---

[1] Benítez-Ávila C., Hartmann A., and Dewulf G., "Contractual and Relational Governance as Positioned-Practices in Ongoing Public-Private Partnership Projects," *Project Management Journal* 50 (2019).

具有引导和促进作用,由此必须考虑两者关系在资源获取、产教融合推进中的作用。特别是,产教融合平台搭建了双边市场,一方数量的变化会影响另一方数量的变化。对于智能车间改造、生产工艺优化、产品线规划等临时性重要技术服务项目,无论是前期的合作伙伴选择、中期的协同技术攻关还是最终的结果均充满了不确定性,需要在"契约"治理基础上,通过合适的治理措施,有效降低项目构建的制度成本。

具体措施有以下三个。首先,在前期的合作伙伴选择过程中,应该注重选择那些与项目目标和价值观相符合的合作伙伴。合作伙伴之间应该建立良好的合作关系,并签署合适的合作协议,以明确各自的责任和义务,为契约治理奠定基础。其次,在中期的协同技术攻关阶段,合作伙伴之间需要协同工作,共同解决技术难题。这需要建立一种协作文化,促进信息共享和协同创新。同时,应该建立奖励机制,以激励各方积极参与和贡献。最后,在项目完成后,需要建立声誉机制和诚信体系,以确保各方遵守契约和诚实守信。这样可以增强各方的信任,为未来的合作打下坚实的基础。

四 提高平台运行的综合效率

(一)着力解决主体之间的信息不对称

新工科产教融合平台是将高校与企业紧密结合,共同打造的教育培训、科研创新和产业应用的综合性平台。在这样的平台中,校企之间或校企与平台之间存在信息不对称,会导致各种交易成本的出现。

首先,校企之间的信息不对称可能会导致事前交易成本的增加。这是因为在谈判和协商阶段,由于信息不对称,双方需要花费更多的时间和精力来沟通,了解彼此的需求和限制。这可能会导致交易谈判时间延长、交易费用增加,从而增加了事前的交易成本。其次,校企与平台之间的信息不对称也可能会导致事中交易成本的增加。平台作为中介机构,需要了解校企的需求和限制,同时向双方提供信息和服务。如果平台无法及时、准确地了解校企的需求，或者无法向校企提供准确的信息和服务，那么交易可能会受到阻碍，导致事中的交易成本增加。最后，信息不对称也可能会导致事后交易成本的增加。如果交易双方的信息不对称，可能会导致一方无法获得预期的收益，从而引发纠纷和争议。此时，双方需要花费时间和精力来解决纠纷和争议，这也会增加事后的交易成本。

因此，为了降低交易成本，校企和平台应该加强信息沟通和交流，增加对彼此的了解和信任。Al-Ghamdi 等指出，知识交易型平台能够有效克服时间限制，实现知识技术供需之间的有效匹配[1]；前文第六章"交易成本治理维度的案例研究"同样证实，校企云平台正是凭借信息交换的优势，极大地提高了创新资源的交易和对接效率。下一步，一方面需要借助传统沟通协调机制，解决平台运行中可能存在的纠纷，促进合作主体进一步投入创新资源；另一方面需要利用平台的双边市场优势，着力解决主体之间的信息不对称问题，促进资源需求与供给之间的精准对接，降低平台运行的交易成本。

（二）提高平台运行的控制能力

新工科产教融合平台主体的利益诉求存在差异，而且平台的契约和产权都是不完全的，需要提高契约的控制能力确保平台按照约定的权责推进合作项目，以便更好地激励高校、科研机构和企业参与产教融合。综合分析平台的四大职能可以发现，平台是"准学校、准企业"的利益共同体，这决定了平台的建设既要沿袭院校行政管理体制的精髓，又要秉承新公共管理的理论、思想和方法，强调经济、效率和效益的绩效目标导向。

沿袭学校管理精髓包括以下几个方面：一是注重学术研究，学校是教学和研究机构，平台建设中也应该注重学术研究，提升研究能力和水

---

[1] Al-Ghamdi A., Harbi D. A., Alarfaj N., et al., "Developing and Implementing a Web-Based Platform for Skills and Knowledge Exchange," *Science and Technology* 6 (2019).

平,以推动学术发展;二是强调教学质量,平台作为教育机构,应该强调教学质量,提升学生的学习效果和综合素质,为社会培养优秀人才;三是建设师资队伍,学校非常注重师资队伍的建设,平台也应该注重招聘和培养优秀的教师,提高教学水平和质量。借鉴新公共管理理论、思想和方法,可以从以下角度开展:一是强调效率和效益,新公共管理强调政府和公共机构的效率和效益,平台建设也应该强调经济效益和绩效目标导向,以提高平台的管理效率和运营效益;二是实行市场化运营,新公共管理倡导将公共机构的管理方式向市场化方向转变,平台也可以采用市场化运营的方式,引入竞争机制,提高平台的竞争力和吸引力;三是强调用户体验,新公共管理注重公众服务的用户体验,平台建设也应该注重用户体验,提供高品质的服务,满足用户需求,增强用户黏性。

具体而言,实践教学需要体现产品的公共性,由高校主导运行,即教学活动需要关注社会需求,强调学生实践能力的培养,并鼓励学生参与社会实践项目。高校可以通过与企业和社会组织合作,将教学与实践结合起来,提高教学质量和社会贡献度。技术研发与创新创业由高校、科研机构和企业合作运行,可以形成一个生态系统,通过共享资源、知识和技术,促进技术创新和创业。在此模式下可成立相应的董事会、理事会、监事会等,明确各方权利与义务,以确保合作的顺利进行。产业培育由企业主导运行,需要建立公司制运行模式,在此模式下企业可以通过创新、投资和合作,促进产业发展,提高产品和服务的质量,提高平台的运作效率,增强市场竞争力。在这个过程中,政府可以提供相应的支持并进行监管,确保产业的健康发展。

(三)提高平台的协调能力

新工科产教融合平台具有实践教学、技术研发、创新创业、产业培育等功能,因为它是一个创新性的平台,需要不断地进行尝试和实验,以发掘新的教学、研究和创业方法,存在不确定性。这种不确定性会给平台的成本和收益带来很大的影响，使得传统会计方法难以准确评估平台的经济效益。当合作主体之间的信息不对称时，某一合作主体可能会利用其所知道的信息获得更多的利益，不考虑其他合作主体的利益，从而引发机会主义行为，导致集体主义困境，并挫伤其他合作主体的信心。解决这个问题，首先是要提高信息的透明度，使每个合作主体都能够获得平台运行的相关信息，通过共享数据和透明的决策过程来实现。当所有合作主体都有相同的信息时，它们更有可能采取协同行动，而不是采取机会主义行为。其次是要建立有效的奖励机制，以激励合作伙伴采取有利于整个合作关系的行动。例如，实行奖励合作和惩罚机会主义行为的政策，可以鼓励合作伙伴为整个合作关系的利益而努力。最后是要建立完善的监管机制和合同法律框架，以帮助减少机会主义行为的发生，并保护合作主体的利益。因此，必须提高契约的协调能力，及时解决技术研发、创新创业、产业培育过程中的权益、资金、风险等合作纠纷，降低协同育人的交易成本。另外，平台同样存在构建失败或正常解散的可能，需要建立退出过程中信息的沟通与交流机制，确保信息沟通的真实、准确、完整和及时，协调解决合作纠纷和目标冲突。建立退出过程中信息的沟通与交流机制是合作伙伴之间保持良好合作关系的关键，明确的合作协议、有效的信息沟通机制、适当的信息沟通方式，可以确保平台的合作关系在退出过程中不受影响。

（四）加大主体中途违约惩治力度

不完全契约理论认为，合同是不完备的，因为人们无法预见所有可能的情况和变化，也无法在合同中规定所有细节。这就意味着，在签订合同之前，当事人无法完全预测未来发生的一切。因此，当事人必须依赖信任、沟通和合作来弥补合同的不完备性。在产教融合中，企业投入的资源可能会因为技术变革、市场变化、政策调整等发生根本性转变，这意味着企业可能无法履行最初的承诺，或者需要重新谈判，这会给企业带来不确定性和风险，可能会导致企业的投资被套牢，因此企业可能不愿意深度参与产教融合。除此之外，产教融合涉及多个利益相关者，包括企业、学校、政府等，它们之间的目标、利益和文化等存在差异，这也增加了产教融合中合作的不确定性和难度，可能会导致企业不愿意深度参与产教融合。

当前，加快建设支撑和引领新技术、新产业发展的新工科，需要高等工程教育积极、主动深度推进产教融合，因此有必要加大中途违约惩治力度，建立适当让渡企业利益的退出机制，鼓励企业成为合作办学主体。在退出情景方面，应该明确何时需要退出，比如当某一方无法履行合同义务或发生重大分歧时等。此外，应该建立评估机制，确保退出是有充分理由的，而不是一时冲动所致。在退出流程方面，应该明确退出的程序和步骤，例如如何通知对方、如何进行谈判、如何制定退出协议等，确保整个过程是透明、公正的，避免任何一方因不明确的流程而遭受不公正待遇。在违约责任方面，应该对违约行为进行明确的定义和制定相应的惩罚措施。企业在退出产教融合项目时，应该承担相应的责任和损失，而非将所有责任转嫁给高等教育机构。

另外，对于产业学院、创业创新等产教融合项目，可以适当提高资源专用性，增加主体的退出成本。资源专用性的提高可以使得产业界和教育界在项目中更加专注于自己的领域，从而提高项目的效率。如对于以教育为主导的项目，可以提高教学资源的专用性，包括师资力量、教学设备、教学材料等，从而更好地服务于教育目标的实现。同样地，对于以产业为主导的项目，可以提高产业资源的专用性，包括生产设备、技术支持、市场资源等，从而更好地服务于产业的发展。主体退出成本的增加可以鼓励参与项目的主体更加认真地参与到项目中，提高项目的质量。如果主体退出成本较低，参与者可以轻易地退出项目，可能会导致项目中的专业知识和技术无法得到传承，从而影响项目的推进。如果主体退出成本较高，参与者就会更加谨慎地考虑是否参与项目，从而使得项目中的专业知识和技术能够得到更好的保留和传承。

在第五章"参与主体演化博弈的稳定性"分析中,已经证明了设置较高的"中途退出"违约成本有助于提高平台的稳定性,原因在于这样可以减少用户轻率地退出导致的交易流失。如果用户轻易退出,平台的交易流量和活跃度都会受到影响,从而影响平台的运营效率。而如果设置较高的"中途退出"违约成本,则可以有效地约束用户的行为,让用户更加谨慎地考虑是否退出,从而减少用户的流失率,保持交易流量和活跃度。此外,较高的"中途退出"违约成本还可以鼓励用户更加认真地履行合约,提高平台交易的安全性和稳定性。如果用户违约退出,则其需要支付一定的成本,这会让用户更加谨慎地考虑风险和收益,从而提高用户的合规性和信用度,促进平台用户的健康发展,提高平台的长期绩效和价值。因此,设置较高的"中途退出"违约成本是提升平台稳定性和运行效率的一种有效手段。当然,这需要平衡用户的利益和平台的利益,制定合理的规则和措施,从而实现平台的可持续发展。

第三节　新工科产教融合平台综合治理能力提升的政策建议

一　科学利用投融资激励政策

新工科产教融合平台的构建,一方面需要前沿信息技术支撑,另一方面需要汇集众多异质性创新资源,只有通过投融资激励才能更快更好抢抓发展机遇。下一步需要按照统筹协调、共同推进原则落实投融资激励政策。有效提高平台的投融资治理水平,需要注意以下几个问题。一是遵循优化布局、区域协作思想,梳理各地新工科产教融合平台建设的重点方向。建设新工科产教融合平台需要加强产教融合,推进专业建设,推动教学改革,建设创新平台,加强行业交流,以最大限度地兼顾新工科人才培养、转型升级和高质量发展。二是分析各主体财务资本，结合各地教育经费投入、社会资本参与程度，客观分析投融资限制因素。在产教融合中，投融资限制因素主要是政策、资金和人才等方面的限制因素。政策限制主要体现在政策法规和政策执行方面，需要加大政策解读和执行力度；资金限制主要体现在资金来源和资金使用方面，需要加强对产教融合的资金支持和引导资金的有效使用；人才限制主要体现在人才培养和人才流动方面，需要加强产教融合中人才的培养和流动，以提高人才的素质和能力。因此，在产教融合的过程中，需要综合考虑各方面的因素，制定合理的政策和措施，以实现产教融合的良性循环和可持续发展。三是争取政府财政支持。陶丹在高校产学研协同创新机制研究中强调，协同创新需要构建主体系统、支撑系统和环境系统，财政补贴是政府发挥引导作用的重要方式[①]；政府可以通过出台财政支持政策，为高校、企业和科研机构之间的协同创新提供必要的保障。例如，政府可以设立专项基金，鼓励高校与企业合作开展创新项目，或者给予税收优惠等支持，鼓励企业参与高校产学研协同创新。同时，政府还可以通过加强高校、企业和科研机构之间的沟通与协调，推动它们建立起长期稳定的合作关系，形成协同创新的良好氛围和合作机制。在这个过程中，政府作为中介和桥梁，发挥着重要的引导和协调作用。在实际操作中，政府还需要根据不同地区、不同行业的具体情况，制定相应的政策和措施，为协同创新提供更加有力的支持。四是根据平台的投资收益特征，分析股权融资、银行贷款、融资租赁、债券融资、PPP模式等常规投融资模式的适用性，积极利用产教融合政策性资金探索引导资金的基金化运作模式，通过引导资金撬动行业企业资本，以达到促进产教融合平台良性发展的目的。

---

① 陶丹：《地方高校产学研"I-U-R"协同创新机制研究》，博士学位论文，西南大学，2019，第5页。

二 积极利用招商引智政策

人才是新工科产教融合平台最为重要的创新资源之一,因为这个平台需要有专业知识和技能的人才来推动和支持它的发展。同时,人才还需要有创新意识和创业精神,以应对快速变化的市场需求和技术发展。各地区应该将新工科产教融合平台建设作为提升产业链竞争力的战略性任务,并且坚持人才是第一资源的理念。这意味着需要优先发展和吸引高素质的人才,提供良好的培训和发展机会,以及建立良好的激励机制,以激励人才创新创业。此外,创新也是新工科产教融合平台发展的第一动力,因为只有通过不断创新,其才能在市场竞争中保持优势。各地应该鼓励企业、高校和科研机构加强合作,共同开展研究和创新活动,以促进技术创新和产业升级。

下一步需要积极利用招商引智政策,充分利用人才资源提升平台综合治理能力。一是要高起点设计平台运行系统架构,因为平台汇集了资金、信息、供需匹配、运行控制等子系统。该架构应该具有良好的可扩展性、高可靠性和安全性,并且具有能够实现优化的性能和易于维护的特点,能够为平台长期持续开放、稳健运行奠定信息系统基础。二是针对平台软件部分开发周期长、持续迭代投资、应用交叉互联等特点,分析制约平台软件治理能力提升的人力与知识资源瓶颈,瞄准国际工科人才培养高地,积极拓展国际化人才培养渠道,与国际高校、科研机构等建立合作关系,吸引和培养具备全球视野和跨文化交流能力的人才,同时建立完善的国际化人才培养体系,为企业的国际化发展提供支持和保障。三是提升现有人才综合素养。除了利用招商引智政策外,新工科产教融合平台还可以通过开展各类人才工程项目,提高高校教师的知识水平和创新工程教育教学水平。同时,还可以帮助教师更好地理解和应用新技术,将这些新技术应用到教育中去。除了教师,新工科产教融合平台还可以面向行业企业开展工程技术创新,提升制造业产业链整体竞争力，帮助企业更好地理解和应用新技术，提高生产效率和质量，推动产业升级和转型发展。四是各地可以通过制定各种人才引进政策，来吸引各类人才落户，包括学历型人才、技能型人才和资格型人才。这样一来，可以有效增加新工科产教融合平台的人才储备，提高平台的竞争力和创新力，夯实新工科产教融合平台建设的人才基础。对于学历型人才，各地可以通过住房补贴等方式吸引他们落户；对于技能型人才，各地可以通过提供实习机会、培训计划、专业认证等方式吸引他们加入平台；对于资格型人才，各地可以通过税收优惠政策等吸引他们来到平台。

三 贯彻财税用地优惠政策

新工科产教融合平台是以高校为依托，以产业和市场为导向，实现产学研一体化的创新创业平台。政府为了支持新工科产教融合平台的建设，推出了财税用地优惠政策，旨在降低企业建设成本，提高企业的生产效率和竞争力。国家发展改革委等6部门印发《国家产教融合建设试点实施方案》，就产教融合的推进进行了新的部署，明确了给予试点城市、行业和企业的相关支持政策。新工科产教融合平台需要充分利用好财税用地优惠政策，通过治理水平的提升最大限度地释放政策红利。

一是利好用科研人员依法取得的"科技成果转化奖励收入不纳入绩效工资"政策。该政策不将科技成果转化奖励收入纳入绩效工资，从而科研人员的奖励不受绩效工资总量限制，可以鼓励他们更加专注于科技研究和创新。此政策的出台有助于提高科技成果转化的效率，缩短科技成果的市场化时间。政策通过激发科研人员的创新热情和积极性，促进科技成果转化和应用，提高科技创新的整体水平和核心竞争力。此外，还有助于改善高校和科研机构的人才流失问题，提高科技人员的薪酬待遇，增强他们的归属感和荣誉感，吸引更多的人才投身科技创新领域。二是利用好产教融合型企业"投资额30%的比例抵免当年应缴教育费附加"政策，鼓励行业标杆企业积极主动参与新工科产教融合平台。此项政策旨在促进产业界与教育界的合作，通过行业企业参与教育培训、实践等活动，为学生提供实践和培训机会，同时也有助于行业企业提升自身技术和管理水平，实现共赢。三是通过政策中的"划拨用地"优惠政策，降低新工科产教融合平台建设中的用地成本，提高项目的经济效益。同时，企业可以通过自愿出让、租赁等方式取得土地，降低平台资源的专用性，提高资源的利用效率和运营效率，实现降低交易成本和提高治理能力。四是利用产教融合型企业认证政策，争取获得"金融+财政+土地+信用"的政策支持，为新工科产教融合平台创造良好的治理环境。该政策可以通过认证方式对企业的产教融合情况进行评估，评价企业在产教融合领域中的贡献和表现，并给予相应的政策支持。政策支持主要包括金融、财政、土地、信用等方面的支持，以促进企业在产教融合领域中的发展和创新，提高企业的治理能力和经营水平。因此，产教融合型企业认证政策对于新工科产教融合平台的发展至关重要。

四　强化产业和教育政策引

前文第四章分析了新工科产教融合平台嵌入国家创新体系的高质量生态系统，政府需要主导推动产业与教育的深度融合，营造良好的发展环境和政策体系，为平台的发展提供保障。同时，产教融合平台也需要从资源要素驱动的发展模式转向注重内涵、强化治理的发展模式，注重提高平台的治理能力和管理水平，提升平台的内在价值和核心竞争力。只有这样，新工科产教融合平台才能真正嵌入国家创新体系的高质量生态系统，为国家的创新和发展做出更大的贡献。由于平台实现了教育系统和产业系统的有机融合，下一步需要在融合的基础上进一步加强双方优势互补、资源协同的互动，通过强化产业和教育政策牵引提高平台的综合治理能力。

一是鼓励行业企业通过多种形式加强与高校在教育教学核心职能上

的互动，如冠名班、校中厂、跨企业培训中心、产业学院、现代学徒制等。通过这些方式，行业企业可以将一线的工程技术研发需求融入高校，将一线的工作场景融入课堂，加强产教融合，实现教育与产业的有机结合。这种互动不仅可以提高学生的实践能力和就业竞争力，还可以为企业提供人才培养和技术创新的支持，加强产业与教育的合作，实现互利共赢。同时，也可以促进产学研深度融合，推动行业技术水平的提升和产业升级。二是促进教育系统和产业系统工程技术人员的互聘，通过这样的方式，可以最大限度地激发工程技术人员的隐性知识交流，进一步促进产业和教育之间的融合和协同。同时，对于有条件的企业，可以探索"招生招工"一体化模式，进一步缩短新工科人才培养与企业用工之间的距离，更好地满足企业的需求。这种互聘机制不仅可以促进知识的交流和共享，还可以加强产业与教育之间的联系，为产业发展提供更为有力的人才支持。同时，"招生招工"一体化模式可以提高新工科人才培养与企业用工之间的对接效率，缩短人才培养周期，提高新工科人才的适应性和就业质量。因此，促进教育系统和产业系统工程技术人员的互聘和探索"招生招工"一体化模式是推动新工科产教融合的有效措施。三是开展以新工科建设为导向的教育教学绩效评价，鼓励教师开展工程技术转化，面向行业需求开展共性技术开发；探索建立促进新工科产教融合高质量发展的评价体系。针对这些目标，可以制定一系列措施，例如可以通过建立教师工作量考核指标体系，激励教师积极开展工程技术转化和共性技术研发；同时，增强教师知识产权保护机制，保证教师的创新成果和知识产权受到充分保护，鼓励更多教师参与新工科产教融合。此外，应该探索建立促进新工科产教融合高质量发展的评价体系，强化产业和教育政策牵引。评价体系可以围绕新工科产教融合的目标、成果和效益进行设计，充分考虑产业需求、技术发展趋势、人才培养成果等因素，从而推动新工科产教融合的高质量发展。总之，以新工科建设为导向的教育教学绩效评价是促进新工科产教融合的重要手段之一。

五 加快推进国家产教融合试点实施方案

新工科产教融合平台治理不仅可以参照较为完善的产教融合顶层设计，还可以充分利用好中央和地方的扶持政策。中央政府可以制定产教融合政策，促进产业和教育的深度融合，支持新工科产教融合平台的建设和发展。地方政府也可以通过用地政策等，为新工科产教融合平台提供支持和保障，从而推动平台的发展和治理。同时，政府还可以加强对新工科产教融合平台的监管和指导，促进平台的规范化发展。下一步需要充分利用好《国家产教融合建设试点实施方案》明确的扶持政策，结合各地教育资源禀赋、社会经济发展实际，努力打造特色鲜明的新工科产教融合平台。

一是秉承前文总结的统筹协调、政策扶持、问题导向等原则，帮助新工科产教融合平台实现良性循环。通过统筹协调、有序推进和力求实效，确保各个方面的要素能够协同配合，提高整体治理能力和绩效水平。在此过程中，产教融合型城市、行业和企业的建设试点可以作为典型，为新工科产教融合平台提供宝贵的借鉴和参考。二是政府在新工科产教融合平台治理中扮演着至关重要的角色。新工科产教融合平台治理不仅不可避免地会面临合作利益分配、集体主义困境等内部问题，而且可能会面临知识产权保护、信息技术监管、跨区域人才流动、职称评审认定、土地财税金融政策衔接等外部问题。政府可以通过出台政策、提供资金、推动法规制度建设、优化土地财税金融政策等为新工科产教融合平台提供支持。在治理新工科产教融合平台时，政府需要发挥"引领、协调、服务"等职能作用，促进各利益主体之间的协作，构建合理的利益分配机制和产学研合作机制，确保新工科产教融合平台的健康发展。三是积极参与产教融合认证评比，帮助新工科产教融合平台全面了解自身的优劣势，掌握市场需求，了解其他行业和企业的先进经验，并寻求合作机会。认证评比可以使新工科产教融合平台与其他试点城市、行业、企业进行横向比较，发现不足之处，并在实践中不断改进和创新，不断提升平台的综合治理能力。此外，认证评比的结果也可以用来吸引更多的科研机构、行业企业、学校加入新工科产教融合平台。

小　结

新工科产教融合平台综合治理能力提升，对于实现"四链融合"，即产业链、人才链、技术链、创新链的深度融合具有重要意义。同时，也可以有效推进新工科人才培养和经济高质量发展，促进产业升级和经济转型。因此，各方应该共同努力，加强协作，不断完善新工科产教融合平台治理体系，为实现可持续发展做出贡献。当前需要明确综合治理能力提升的总体要求，包括指导思想，以及统筹协调、共同推进，政策扶持、激发需求，问题导向、改革先行，有序推进、力求实效的原则。

加快以产权为核心的体制机制创新，是提高新工科产教融合平台综合治理能力的重要路径之一。传统的政府主导式管理模式已经不适应现代产业发展的需求，产权机制成为推动产业发展的重要手段。在新工科产教融合平台建设中，应当明确和保护产权，鼓励知识产权创新和转化，促进产教融合平台的协同创新。此外，可以探索"契约"与"关系"的混合治理，平台内部可以通过契约制约实现协同，同时也可以通过建立良好的关系网络来加强合作和信任。另外一条提高平台运行的综合效率的路径是利用现代科技手段。现代科技手段能够帮助平台实现信息共享、数据分析等方面的提升，进而提高平台的工作效率和管理效能。例如，通过建立云平台、大数据分析平台等数字化平台，平台成员可以实现信息共享，便于快速响应和处理问题；同时，利用人工智能、物联网等技术手段，可以提高生产效率，减少资源浪费，从而降低平台的运行成本。最后，加强政策引导和产业支持也是提高平台综合治理能力的必要途径。政策引导可以促进产教融合平台有序发展,降低市场风险,鼓励更多的企业和高校参与其中。同时,产业支持可以为平台提供技术、资金和市场等方面的支持,提高平台的技术水平和经济效益。

下一步,需要充分利用投融资激励政策、招商引智政策等外部扶持政策,为新工科产教融合平台的建设和治理提供支持。此外,还需要进一步深入贯彻财税用地优惠政策、加强产业和教育政策的衔接,以及加快推进国家产教融合试点实施方案,帮助新工科产教融合平台提高综合治理能力,促进新工科人才培养和经济高质量发展。

结　语

在当前全球经济竞争日益激烈、技术变革加速的背景下，高等教育界普遍认为，传统的工科教育模式已经不能满足现代产业对工程人才的需求。而"新工科"模式可以更好地适应当前产业发展的需要，提升人才培养质量和水平，促进经济发展和社会进步。在推进"新工科"建设与发展的过程中，高校应坚持以实践为主、以创新为核心的教学理念，注重课程设置的针对性和实效性，推行"产、学、研"一体化人才培养模式，强化师资队伍建设，注重学生的实践能力和团队合作能力培养，加强与企业、科研机构等实践基地的合作，提高教育教学质量和人才培养水平。"新工科"建设与发展是一个系统工程，只有高校、政府、企业、社会各方面共同参与和支持，才能够实现对工程人才培养模式的全面改革和提升。因此，建设与发展"新工科"既是当前社会产业升级与发展的必然要求，也是深化高校工程教育范式改革、促进国家产业经济发展的现实需求。

新工科产教融合平台是高校与企业、产业等合作的一种平台，通过共建、共享、协同发展，将产业需求、教育资源和科技创新紧密结合，为人才培养和产业发展提供支撑和保障。推进新工科产教融合平台建设，有助于促进人才培养供给侧和产业需求侧结构要素全方位融合；由于有限理性、不确定性、交易频率、产权不完全、契约不完全等诱因，平台不可避免地存在交易成本，进而导致参与主体之间、参与主体与平台运行方之间存在不同目标诉求下的演化博弈、剩余所有权争夺，影响平台的稳健运行。本书依据交易成本理论、创新资源理论、产权理论和教育治理理论，以交易成本视角贯穿平台的产权治理、合作行为治理、稳定性治理，最终落脚到平台的综合治理，紧扣主题完成了既定研究任务，现就主要结论、创新点和研究不足总结如下。

一 主要结论

本书的主要结论可以归结为以下六个方面。

第一，总结了新工科产教融合的现状，提出了采用平台经济模式推进产教融合，明确了交易成本治理是平台高质量推进的关键问题，具体结论有以下几个。一是采用描述性统计分析了教育部10283项产学合作协同育人项目，结果表明产学合作项目在行业、企业、高校、地域之间的分布极不均衡，整体呈现不可持续深入推进的突出问题。二是论证了需要借助平台经济模式推进新工科产教融合，构建集实践教学、技术研发、创新创业、产业培育于一体的综合性平台，推进新工科产教融合向深度和广度两个方向发展。三是借助Salop模型框架进行分析，发现主体加入平台的成本受平台为产学研主体提供服务的平均单位成本、需求差异性造成的距离成本、用户黏性和交叉网络外部性强度共同影响；平台存在合适的规模，双边网络外部性的增强和平台构建固定成本的增加均会导致平台数量的减少，而平台间的差异程度和用户黏性则会正向影响平台数量。四是平台主要面临降低交易成本和化解集体主义困境两大治理难题，当前需要摒弃传统的财务资本治理范式，将智力资本治理范式作为平台治理的主导范式。为了实现平台价值最大化的治理目标，需要解决交易成本治理、产权治理、合作主体行为治理和平台稳定性治理等具体问题。

第二，剖析了交易成本视角下新工科产教融合平台的产权特性，论证了产权不完全下的准租金争夺与合作收益分配，提出了产权治理对策，具体结论有以下几个。一是新工科产教融合平台需要产学研主体投入知识、技术、资本、管理等异质性创新资源，这决定了平台产权的交融性。二是运用新制度经济学交易成本理论、不完全契约理论，论证了平台产权的不完全性，进而采用数理推导探讨了产权不完全情形下准租金的配置与分割。三是产权是平台的核心问题，必须依据主体投入产权的相对重要程度决定其合作收益的分配，经典 Shapley 值法模型可以有效解决产教融合的合作收益分配问题。由于现实过程中产教融合同样存在风险，并且有时无法确定具体的合作收益，因此需要探讨基于产教融合风险的算法修正和基于创新收益不确定性的算法修正。研究表明，这些算法可以有效解决平台参与主体的合作收益分配问题，破解产权不完全性的潜在负面影响。四是提出需要从两个方面加强平台的治理：其一，积极发挥政产学研等不同主体在产权治理中的作用；其二，通过持续界定平台的产权、限制平台公共领域的产权和注重知识产权开发和保护等举措，持续推进平台产权治理的机制创新。

第三，分析了交易成本视角下新工科产教融合平台参与主体的行为策略，提出了主体行为策略的多维治理路径，具体结论有以下几个。一是构建了平台参与主体行为策略的分析框架，指出"关系建立 → 协同创新 → 价值获取"是新工科产教融合平台主体行为策略选择的内在逻辑。二是借助"行为—环境范式"分析发现，机会主义行为主要包括隐性和显性两种类型：隐性机会主义行为主要包括逃避职责、拒绝适应、搭便车三种行为；显性机会主义行为则包括违背契约和要挟两种行为。三是提出了伙伴选择成本、运行交易成本、资产专用性成本、准租金攫取成本对主体行为策略影响的研究假设，并且实证研究表明伙伴选择成本、运行交易成本、准租金攫取成本均正向影响产教融合平台的合作行为，同时负向影响机会主义行为；资产专用性成本负向影响合作行为，同时正向影响机会主义行为。四是主体行为策略的治理有两条路径：其一，依据经典交易成本理论，根据资产专用性、不确定性和交易频率选择治理方式；其二，依据平台创新生态系统属性，从任务复杂性、团队合作质量两个维度入手促进平台主体之间的合作。

第四，分析了交易成本视角下新工科产教融合平台的稳定性，据此提出稳定性治理的对策,具体结论有以下几个。一是提出新工科产教融合平台稳定性的内涵体现在三个方面,构建包括交易成本、不完全契约两大因素的平台稳定性概念模型,指出平台参与主体的相互博弈影响了平台的稳健运行。二是就产教融合平台参与主体之间的合作稳定性而言,主要形成产研机构与高校之间的博弈,双方存在"维持合作"与"中途退出"两种策略;论证了设置较高的"中途退出"违约成本、降低交易成本和增加预期收益有助于平台参与主体选择"维持合作"策略,进而提高平台的稳定性。三是就参与主体与产教融合平台的合作稳定性而言,探讨了不同参数条件下演化博弈系统的5个局部均衡点,发现具体的稳定演化策略需要结合不同的情形分别进行讨论。但无论哪种情形,均能证实在创新资源投入成本相同的情形下,预期收益与交易成本之差成为策略选择的关键所在。四是平台的稳定性治理主要有两条路径:其一,打造促进平台稳定性提升的创新生态系统,提高主体之间的资源供给、需求的对接效率;其二,依据资源依赖理论、资源基础理论、资源拼凑理论,实现差异化的有效治理。

第五,开展了交易成本视角下新工科产教融合平台的综合治理研究,构建了综合治理能力评价指标体系,测度了平台的综合治理能力,具体结论有以下几个。一是依据经典交易成本理论和新工科产教融合平台治理的案例研究,构建了包含契约、交易成本、产权、合作行为和稳定性五个维度的综合治理概念模型。二是综合前文研究结论,结合文献梳理,设计了包括5个一级指标、23个二级指标的新工科产教融合平台综合治理能力评价指标体系。三是收集全国地方高校卓越工程教育校企联盟等14个平台的调查数据,采用组合加权灰色关联模型,利用主观和客观混合方法对指标进行了赋权,开展平台综合治理能力评价的实证研究,验证了模型的科学性与可行性。

第六,总结了提升新工科产教融合平台综合治理能力的总体要求,指明了提升的具体路径,强调需要充分释放产教融合扶持政策红利。具体包括：一是需要明确提升综合治理能力的指导思想，秉承统筹协调、共同推进，政策扶持、激发需求，问题导向、改革先行，有序推进、力求实效的原则；二是通过降低平台运行的交易成本、加快以产权为核心的体制机制创新、探索"契约"与"关系"的混合治理、提高平台运行的综合效率四条路径，切实提升平台综合治理能力；三是需要科学利用投融资激励政策、积极利用招商引智政策、贯彻财税用地优惠政策、强化产业和教育政策牵引、加快推进国家产教融合试点实施方案，以充分释放扶持政策的红利。

二 创新点

本书研究的创新主要体现在以下四个方面。

第一，借助 Salop 模型确定了新工科产教融合平台的最优市场结构，克服了以往研究主要集中在行业企业参与不足、地域分布极不均衡等方面，而忽视了平台市场结构的探究问题。从平台交叉网络外部性、需求差异性和用户黏性等双边市场特点出发，根据"统筹协调、共同推进"等平台综合治理原则，剖析了平台市场结构变化的两大影响因素：一是产学研主体加入平台的成本；二是特定区域内平台竞争的均衡数量。以此确定恰当的市场结构，为下一步产教融合平台构建和治理提供了新的理论和方法支撑。

第二，提出产权不完全情形下新工科产教融合平台的利益分配解决方案。以往新工科产教融合平台研究主要集中于教育教学领域，本书从交易成本视角，论证了平台产权的不完全性。借助数理推导验证了产权是利益分配的治理难点；采用 Shapley 值法和改进模型探讨利益分配，强调需要将资源的数量、资源的质量和主体风险承担三个因素作为收益分配的依据，解决了主体资源投入难以定量且难以约定情形下的利益分配难题。据此提出平台产权治理的两条路径：一是凸显不同主体在产权治理中的地位；二是持续界定平台的产权、限制平台公共领域的产权和注重知识产权开发和保护。研究为多主体合作下的利益分配难题提供了新的解决思路。

第三，采用演化博弈方法分析新工科产教融合平台的稳定性。新工科产教融合平台的多主体性、运行的多阶段性等属性，决定其不宜开展传统的绩效分析。本书通过阐述平台稳定性内涵，创建平台稳定性概念模型，并将稳定性划分为平台参与主体之间演化博弈的合作稳定性和参与主体与平台运行主体之间演化博弈的合作稳定性，分别构建演化博弈模型展开相应的稳定性分析，总结促进平台稳定性的参数条件设置，论证了预期收益与交易成本之差成为策略选择的关键所在。演化博弈方法弥补了过往研究大多采用绩效静态评价的不足，揭示了主体行为策略对平台运行的内在影响，为复杂创新系统稳定性提供了动态博弈治理思路。

第四，构建了新工科产教融合平台的综合治理模型。以往产教融合治理大多基于教育系统提出具体对策建议，没有兼顾产业系统视角。本书认为，新工科产教融合平台治理需要适应知识经济、协同创新特点，摒弃传统的财务资本治理范式，将智力资本治理范式作为平台治理的主导范式。在理论研究、案例研究基础上创建了平台综合治理的五维模型。运用全国地方高校卓越工程教育校企联盟等 14 个新工科产教融合平台样本数据，构建了包含 5 个一级指标、23 个二级指标的平台综合治理能力评价指标体系；采用组合加权灰色关联模型进行了指标赋权、实证测度，验证了模型的科学性与可行性，为平台综合治理提供了新的借鉴。

三 研究的不足之处

本书研究的主要不足体现在以下三个方面。

第一，新工科产教融合平台微观层面的治理对策还不够具体。本书虽然针对平台的交易成本、产权、合作主体的行为策略、稳定性等方面分别探讨了治理对策，并且构建了综合治理评价模型，但这些治理对策还不够具体，既没有针对具体的平台类型，探讨其治理要点和治理的技术路线；也没有针对工科优势高校、综合性高校、行业性高校和一般地方高校四类高校，提出新工科产教融合平台推进的差异化策略。

第二，不同产权对新工科产教融合平台治理的影响分析还不够深入。本书虽然分析了新工科产教融合平台契约的不完全、产权的不完全，论证了两者的相互关系，但依据马克思的产权理论，产权可以进一步分为所有权、使用权、收益权、处置权、分配权等一系列权利束，由于产权是平台构建、运行、治理的关键要素，不同类型的产权必然给平台的构建、运行、治理带来不同的影响，也必然产生不同的交易成本，这同样保留了研究的提升空间。

第三，新工科产教融合平台微观治理能力的提升研究不够突出。本书侧重于产教融合主体、行为、结果、环境等要素探讨平台的治理，即侧重于治理体系现代化视角探讨新工科产教融合平台的治理问题。教育治理现代化包括教育治理体系现代化与教育治理能力现代化两个方面，本书相对忽视了如何突破校企壁垒、如何创新平台治理机制、如何激发主体资源融合积极性等具体治理能力问题。

四　未来研究方向

未来还需要从以下方面进一步深入研究。

第一，针对具体的交易成本进一步探讨新工科产教融合平台的治理。交易成本是多主体、跨系统合同绕不过的核心问题，新工科产教融合平台的高质量运行同样需要通过体制机制创新来降低交易成本。根据产教融合演进的时间顺序，存在交易前、交易中和交易后的成本；根据产教融合交易成本的类型，存在伙伴选择成本、准租金攫取成本、资产专用性成本等。未来可以针对具体的交易成本，开展更为深入的研究。

第二，从其他理论视角进一步分析新工科产教融合平台的治理。本书侧重于从交易成本视角进行了相关研究；事实上，新工科产教融合平台促进了产学研等主体异质性资源的融合，还可以从社会交换理论、动机理论、计划行为理论、社会资本理论、社会认知理论、知识生产理论等众多视角进一步开展研究，揭示新工科产教融合平台微观层面的治理机制，探讨平台体制机制的创新。

第三，结合具体的新工科产教融合平台职能探讨治理对策。新工科产教融合平台职能也从原来单一的实践教学拓展为包括协同育人、技术服务、创新创业、产业培育、成果转换、咨询服务等多个方面。由于各职能的计划、组织、领导、控制、创新等管理属性存在差异，所以平台知识、技术、管理、资本等异质性资源的整合利用同样存在差异。未来可以根据平台的具体职能，探讨差异化的治理对策。

附录一：调查问卷1

新工科产教融合平台参与主体行为策略影响因素调查问卷

尊敬的女士/先生：

您好！

新工科产教融合平台是指产学研主体共同投入场地、知识、技术、资本、管理等创新要素，共同搭建的集实践教学、师资培养、技术研发、创新创业、产业培育等于一体的综合性平台。本问卷聚焦"平台参与主体行为策略的影响因素"，所收集的数据仅供研究之用，不会对您和您的企业造成任何负面影响。请就以下问题选择最符合您本意的选项，所有回答无对错之分。

感谢您的大力支持！

第一部分：问卷填写说明

1. 请再次确认贵单位是否参与新工科产教融合平台项目。如果是请填写问卷，如果不是则终止调查。

2. 该问卷由贵单位负责产教融合平台项目的管理者填写，填写完毕后请确认签字或加盖部门印章。

3. 选择最符合您本意的选项，并在相应的选项打"√"。

第二部分：背景资料

1. 您单位参与产教融合平台项目的年限

（1）1年（2）2年（3）3年（4）4年（5）5年（6）6年

(7) 7年 (8) 8年 (9) 9年 (10) 10年 (11) 11年 (12) 12年 (13) 13年 (14) 13年以上

2. 您单位的性质

(1) 高校 (2) 企业 (3) 科研机构 (4) 其他

3. 您单位所在地

(1) 上海 (2) 苏州 (3) 南京

第三部分：行为策略的影响因素

请根据您单位的情况，选择一个相对最符合情况的选项。其中，1代表"完全不符合"，2代表"基本不符合"，3代表"说不清楚"，4代表"基本符合"，5代表"完全符合"。

测量题项		符合情况			
SE_1：搜寻评估潜在伙伴的成本	1	2	3	4	5
SE_2：与合作伙伴谈判的成本	1	2	3	4	5
SE_3：签订产教融合契约的成本	1	2	3	4	5
BU_1：必要的监督成本	1	2	3	4	5
BU_2：业务的决策成本	1	2	3	4	5
BU_3：运行事项的争议解决成本	1	2	3	4	5
BU_4：运行可能的违约成本	1	2	3	4	5
CA_1：已经投资或改变的人力资产专用性成本	1	2	3	4	5
CA_2：设备设施使用地点专用性成本	1	2	3	4	5
CA_3：设备设施使用用途专用性成本	1	2	3	4	5
CA_4：技术攻关研发经费专用性成本	1	2	3	4	5
CA_5：产业培育前期专项成本	1	2	3	4	5
QU_1：如果合作伙伴利用产教融合专用性资产寻求不当利益，它将失去潜在合作伙伴	1	2	3	4	5
QU_2：如果合作伙伴利用产教融合契约缺陷进行不当要挟，我单位会采取有效反击行为	1	2	3	4	5
QU_3：如果合作伙伴无故要求重新谈判或退出契约，它将付出很大代价	1	2	3	4	5

续表

测量题项	符合情况				
QU_4：如果合作伙伴采取敲竹杠行为，它的声誉损失将使它得不偿失	1	2	3	4	5
CO_1：愿意承担产教融合相应的职责	1	2	3	4	5
CO_2：愿意分享产教融合的信息	1	2	3	4	5
CO_3：愿意参与制定产教融合的目标	1	2	3	4	5
CO_4：愿意参与制定产教融合的规范性制度	1	2	3	4	5
CO_5：愿意听取合作伙伴有助于产教融合的建议	1	2	3	4	5
OP_1：以自我为中心拒绝合作方请求	1	2	3	4	5
OP_2：为了得到想要的利益经常改变事实	1	2	3	4	5
OP_3：经常逃避职责	1	2	3	4	5
OP_4：经常违背正式或非正式的协议	1	2	3	4	5
OP_5：经常试图利用合作关系来为自己谋取利益	1	2	3	4	5
OP_6：经常让其他合作方承担额外的责任	1	2	3	4	5

附录二：调查问卷 2

新工科产教融合平台治理能力调查问卷

尊敬的女士/先生：

您好！

新工科产教融合平台是指产学研主体共同投入场地、知识、技术、资本、管理等创新要素，共同搭建的集实践教学、师资培养、技术研发、创新创业、产业培育等于一体的综合性平台。平台的治理能力主要体现在契约治理、交易成本治理、产权治理、合作行为治理、稳定性治理五个方面。本问卷聚焦"产教融合平台治理能力测评"，所收集的数据仅供研究之用，不会对您和您的单位造成任何负面影响。请就以下问题选择最符合您本意的选项，所有回答无对错之分。

感谢您的大力支持！

第一部分：问卷填写说明

1. 请再次确认贵单位是否主持运行新工科产教融合平台项目。如果是请填写问卷，如果不是则终止调查。

2. 该问卷由贵单位负责产教融合平台项目的管理者填写，填写完毕后请确认签字或加盖部门印章。

3. 选择最符合您本意的选项，并在相应的选项打"√"。

第二部分：平台综合治理能力

请根据您平台的情况，就每个选项对平台综合治理能力进行评价。其中，1 代表"很低"，2 代表"低"，3 代表"说不清楚"，4 代表

"高",5代表"很高"。

测量题项	能力评价				
A_1:契约控制能力	1	2	3	4	5
A_2:契约协调能力	1	2	3	4	5
A_3:契约完备程度	1	2	3	4	5
A_4:中途违约惩治	1	2	3	4	5
B_1:产权保护能力	1	2	3	4	5
B_2:资源重要性界定能力	1	2	3	4	5
B_3:资源数量界定能力	1	2	3	4	5
B_4:风险分担界定能力	1	2	3	4	5
C_1:资源融合程度	1	2	3	4	5
C_2:供需匹配程度	1	2	3	4	5
C_3:预期收益	1	2	3	4	5
C_4:运行机制创新能力	1	2	3	4	5
D_1:伙伴选择治理	1	2	3	4	5
D_2:运行交易治理	1	2	3	4	5
D_3:资产专用性治理	1	2	3	4	5
D_4:交易频率治理	1	2	3	4	5
D_5:不确定性治理	1	2	3	4	5
E_1:形式主义治理	1	2	3	4	5
E_2:项目退出治理	1	2	3	4	5
E_3:敲竹杠治理	1	2	3	4	5
E_4:逃避责任治理	1	2	3	4	5
E_5:拒绝适应治理	1	2	3	4	5
E_6:搭便车治理	1	2	3	4	5

参考文献

白逸仙、王华、王珺：《我国产教融合改革的现状、问题与对策——基于103个典型案例的分析》，《中国高教研究》2022年第9期。

别敦荣：《工科、工科教育及其改革断想》，《中国高教研究》2022年第1期。

陈解放：《合作教育的理论及其在中国的实践——学习与工作相结合教育模式研究》，上海交通大学出版社，2006。

陈昆玉、张权、吕淑芳：《企业大学的共建与运营——基于"协同共生、产教融合"的视角》，《中国高校科技》2020年第6期。

陈星、张学敏：《依附中超越：应用型高校深化产教融合改革探索》，《清华大学教育研究》2017年第1期。

刁丽琳、朱桂龙：《产学研合作中的契约维度、信任与知识转移：基于多案例的研究》，《科学学研究》2014年第6期。

杜安国：《构建产教深度融合协同机制的探索》，《中国高等教育》2022年第8期。

方德英：《校企合作创新——博弈、演化与对策》，中国经济出版社，2007。

丰凤、廖小东：《资源流动、产业积聚与产业竞争力》，《经济与管理》2007年第12期。

耿乐乐：《发达国家产学研协同育人模式及启示——基于德国、日本、瑞典三国的分析》，《中国高校科技》2020年第9期。

何郁冰：《产学研协同创新的理论模式》，《科学学研究》2012年第2期。

〔美〕克莱顿·M. 克里斯坦森、亨利·J. 艾琳:《创新型大学:改变高等教育的基因》,清华大学出版社,2017.

李强、顾新、胡谍:《产学合作渠道的广度和深度对高校科研绩效的影响》,《软科学》2019年第6期。

李文娟、朱春奎:《国际产学研合作研究进展与展望》,《管理现代化》2020年第2期。

林健:《培养大批堪当民族复兴重任的新时代卓越工程师》,《中国高教研究》2022年第6期。

林健、耿乐乐:《现代产业学院建设:培养新时代卓越工程师和促进产业发展的新途径》,《高等工程教育研究》2023年第1期。

马文聪、叶阳平、徐梦丹等:《"两情相悦"还是"门当户对":产学研合作伙伴匹配性及其对知识共享和合作绩效的影响机制》,《南开管理评论》2018年第6期。

施莉莉:《日本国立大学推进产学合作研发机制研究——以名古屋大学为例》,《外国教育研究》2020年第3期。

童卫丰、张璐、施俊庆:《利益与合力:基于利益相关者理论的产教融合及其实施路径》,《教育发展研究》2022年第17期。

王辉:《校企协作助推产教融合:美国社区学院校企协作"项目群"的兴起》,《高等教育研究》2012年第3期。

王路炯:《加拿大产学合作教育的实践及其启示》,《大学教育科学》2021年第2期。

王文亮、肖美丹:《校企合作创新网络运行机制研究》,科学出版社,2014。

王晓红、张奔:《校企合作与高校科研绩效:高校类型的调节作用》,《科研管理》2018年第2期。

王晓红、张少鹏、张奔:《产学合作对高校创新绩效的空间计量研究——基于组织层次和省域跨层次的双重视角》,《经济与管理评论》

2021 年第 1 期。

郄海霞、廖丽心、王世斌：《国外典型高校产学合作教育模式比较分析——兼论对我国"卓越工程师教育培养计划 2.0"的启示》，《高等工程教育研究》2019 年第 5 期。

姚昊、叶忠、卢红婴：《大学生创新创业教育支持体系运行机制研究——基于江苏省 25 所高校的实证分析》，《重庆高教研究》2019 年第 6 期。

姚奇富、朱正浩：《从"陌路人"到"深度合作者"：基于组织"边界跨越"的产学合作路径探索》，《教育发展研究》2021 年第 19 期。

张慧颖、连晓庆、方世杰等：《产学合作障碍：全景式解释模型》，《大学教育科学》2016 年第 2 期。

张庆民、顾玉萍：《链接与协同：产教融合"四链"有机衔接的内在逻辑》，《国家教育行政学院学报》2021 年第 4 期。

郑蕴铮、郑金洲：《教育行动研究：成效、问题与改进》，《教育发展研究》2020 年第 4 期。

Bekkers R., Bodas F. I., "Analysing Knowledge Transfer Channels between Universities and Industry: To What Degree Do Sectors also Matter," *Research Policy* 37 (2008).

Bosse D. A., Coughlan R., "Stakeholder Relationship Bonds," *Journal of Management Studies* 53 (2016).

Bruneel J., D'Este P., and Salter A., "Investigating the Factors That Diminish the Barriers to University-industry Collaboration," *Research Policy* 39 (2010).

Bundy J., Vogel R. M., and Zachary M. A., "Organization-Stakeholder Fit: A Dynamic Theory of Cooperation, Compromise, and Conflict between an Organization and Its Stakeholders," *Strategic Management Journal* 39 (2017).

Calcagnini G., Favaretto I., "Models of University Technology Transfer: Analyses and Policies," *Journal of Technology Transfer* 41 (2016).

Carlile P. R., "A Pragmatic View of Knowledge and Boundaries: Boundary Objects in New Product Development," *Organization Science* 13 (2002).

Carlile P. R., "Transferring, Translating, and Transforming: An Integrative Framework for Managing Knowledge Across Boundaries," *Organization Science* 15 (2004).

Dutr N. G., De Fuentes C., and Torres A., "Channels of Interaction between Public Research Organisations and Industry and Their Benefits: Evidence from Mexico," *Science & Public Policy* 37 (2010).

Fornell C., Larcker D. F., "Evaluating Structural Equation Models with Unobservable Variables and Measurement Error," *Journal of Marketing Research* 66 (1981).

Goldstein H., Bergman E. M., and Maier G., "University Mission Creep? Comparing EU and US Faculty Views of University Involvement in Regional Economic Development and Commercialization," *Annals of Regional Science* 50 (2013).

Granovetter M., "Economic Action and Social Structure: The Problem of Embeddedness," *American Journal of Sociology* 91 (1985).

Grimpe C., Hussinger K., "Resource Complementarity and Value Capture in Firm Acquisitions: The Role of Intellectual Property Rights," *Strategic Management Journal* 35 (2014).

Helmers C., Rogers M., "The Impact of University Research on Corporate Patenting: Evidence from UK Universities," *Journal of Technology Transfer* 40 (2015).

Li J. J., Poppo L., Zhou K. Z., "Relational Mechanisms, Formal Contracts, and Local Knowledge Acquisition by International Subsidiaries," *Strategic Management Journal 31 (2010).

Link A. N., Siegel D. S., and Bozeman B., "An Empirical Analysis of the Propensity of Academics to Engage in Informal University Technology Transfer," Industrial and Corporate Change 16 (2007).

Looy B. V., Ranga M., Callaert J., et al., "Combining Entrepreneurial and Scientific Performance in Academia: Towards a Compounded and Reciprocal Matthew-Effect," Research Policy 33 (2003).

Lumineau F., Henderson J. E., "The Influence of Relational Experience and Contractual Governance on the Negotiation Strategy in Buyer-Supplier Disputes," Journal of Operations Management 30 (2012).

Pennaforte A., Pretti T. J., "Developing the Conditions for Co-Op Students' Organizational Commitment through Cooperative Education," Asia-Pacific Journal of Cooperative Education 16 (2015).

Perkmann M., Tartari V., Mckelvey M., et al., "Academic Engagement and Commercialisation: A Review of the Literature on University-Industry Relations," Social Science Electronic Publishing 42 (2013).

Pisano G. P., "Knowledge, Integration, and the Locus of Learning: An Empirical Analysis of Process Development," Strategic Management Journal 15 (1994).

Rau C., Neyer A. K., and Möslein K. M., "Innovation Practices and Their Boundary Crossing Mechanisms: A Review and Proposals for the Future," Technology Analysis & Strategic Management 24 (2012).

Reagans R., Mcevily B., "Network Structure and Knowledge Transfer: The Effects of Cohesion and Range," Administrative Science Quarterly 48 (2003).

Ren J., Wu Q., Han Z., et al., "Research on the Education of Industry-Education Integration for Geological Majors," Educational Sciences:

Theory & Practice 18 (2018).

Sauermann H., Stephan P., "Conflicting Logics? A Multidimensional View of Industrial and Academic Science," *Organization Science* 24 (2013).

Steinmo M., "Collaboration for Innovation: A Case Study on How Social Capital Mitigates Collaborative Challenges in University-Industry Research Alliances," *Industry & Innovation* 22 (2015).

Wang Y., Hu D., Li W., et al., "Collaboration Strategies and Effects on University Research: Evidence from Chinese Universities," *Scientometrics* 103 (2015).

后 记

2019年3月，国家发展改革委、教育部联合发布《建设产教融合型企业实施办法（试行）》，指出要深化产教融合、校企合作，充分发挥企业在技术技能人才培养和人力资源开发中的重要主体作用。2019年7月，中央全面深化改革委员会第九次会议审议通过《国家产教融合建设试点实施方案》，提出深化产教融合，促进教育链、人才链与产业链、创新链有机衔接，是推动教育优先发展、人才引领发展、产业创新发展、经济高质量发展相互贯通、相互协同、相互促进的战略性举措。党的二十大报告也着重强调，"统筹职业教育、高等教育、继续教育协同创新，推进职普融通、产教融合、科教融汇，优化职业教育类型定位"。产教融合的本质是校企组建的协同创新利益共同体，主要涉及产业学院、战略联盟、现代学徒制、产业技术创新联盟、应用型工程技术项目、生产性实习实训基地、集成化平台建设等实践进路，关键在于知识、技术、资本、管理等资源要素的"真正融合"。产教融合是新时代高等教育面临的一个重大时代课题。培养适应和引领现代化产业发展的高素质应用型、复合型、创新型社会主义建设者，是新时代高等教育支撑社会主义市场经济高质量发展的必然要求，是推动新时代高等教育特色发展的重要战略举措。

基于此，本书运用交易成本理论、产权理论、创新资源理论、教育治理理论等，采用理论分析、数理推导、实证研究和博弈论等方法，聚焦新工科产教融合平台的产权及其治理、新工科产教融合平台主体的行为策略及其治理、新工科产教融合平台的稳定性及其治理、新工科产教融合平台的评价指标体系等，提出提升平台综合治理能力的对策建议，以期促进教育系统与产业系统的深度融合，推动新工科高质量建设并培育经济发展新动能。

本书站在新时代产教融合的宏阔视角审慎地探究新工科产教融合平台治理这一时代课题。新工科建设和产教融合是推进产业升级和经济高质量发展的重要举措。新工科建设旨在培养具备综合素质和创新能力的高级工程人才，为新兴产业的发展提供人才支撑。产教融合则是促进高等工程教育与产业需求紧密对接，提高人才培养质量和创新能力的有效途径。本书依据产权理论、创新资源理论、教育治理理论和交易成本理论，遵循统筹协调、共同推进，政策扶持、激发需求，问题导向、改革先行，有序推进、力求实效等基本原则，提出降低平台运行的交易成本、加快以产权为核心的体制机制创新、探索"契约"与"关系"的混合治理、提高平台运行的综合效率等提升新工科产教融合平台综合治理能力的路径。同时，本书提出了科学利用投融资激励政策、积极利用招商引智政策、贯彻财税用地优惠政策、强化产业和教育政策牵引、加快推进国家产教融合试点方案实施等提升新工科产教融合平台综合治理能力的政策建议。

当然，上述观点仅是我近些年对产教融合问题的一次浅尝辄止的探索性研究，未必完全妥切。"过如秋草芟难尽，学似春冰积不高。"因此，我将一如既往地勤奋研读、笔耕不辍，抱持初心，继续关注和研究产教融合这一重大现实性问题。一是顺应数字经济发展趋势，着重探讨数字经济背景下产教融合多主体投入产出转换、创新资源配置、创新绩效评估等新变化。二是进一步关注企业在产教融合中的主导地位，特别是关注京东、阿里、腾讯等互联网巨头快速推进产业学院建设所带来的新变革与新问题。依据产教融合城市创新发展所蕴含的营商环境、创新环境变化，可以预见，产教融合向产业系统、教育系统、科研系统的深层次推进必然带来一个城市、一个地区的资源重组和资源集成。产教融合已经从教育学领域向管理学、社会学、经济学领域延伸，我只能算抛砖引玉，希望有更广泛学科领域的专家关心产教融合问题。

提升新工科产教融合平台综合治理能力不能仅仅依赖宏观政策的顶层设计，也需要建立制度化、科学化和系统化的制度与机制。从推动新时代高等教育特色发展的视角看，学界同人需要弄明白提升新工科产教融合平台综合治理能力所依赖的对策建议及其理论依据，以及制度规范推动新时代高等教育特色发展的时代价值和现实意义，而这些问题恰恰也是我们在探究提升新工科产教融合平台综合治理能力时所必须高度关注与审慎研判的内容。

历时五载完成拙作，回味这五年来每一份压力、苦恼、徘徊、喜悦，虽然说不上成功，但是真的尽力了。感谢我的家人，在我落寞和脆弱的时候，你们总是给予我最大的精神支持，让我得以完成拙作的初稿和修改。感谢所有引用以及未引用却从中获得写作灵感的文献作者，于我而言，没有他们前期的关涉产教融合问题研究的积淀，要想顺利完成拙作可能会遇到诸多难以克服的困难或者至少要拖延更长的时间。特别感谢社会科学文献出版社的编辑，没有他们认真、辛苦的工作，就不会有拙作的顺利出版。

李玉倩

2023 年 6 月于南京

图书在版编目(CIP)数据

交易成本视角下新工科产教融合平台治理／李玉倩著．-- 北京：社会科学文献出版社，2023.12（2025.9重印）
ISBN 978-7-5228-3022-3

Ⅰ.①交… Ⅱ.①李… Ⅲ.①工科（教育）-人才培养-培养模式-研究 Ⅳ.①G423.02

中国国家版本馆CIP数据核字（2023）第244654号

交易成本视角下新工科产教融合平台治理

著　　者／李玉倩

出 版 人／冀祥德
责任编辑／路　红
文稿编辑／赵亚汝
责任印制／岳　阳

出　　版／社会科学文献出版社（010）59367194
　　　　　地址：北京市北三环中路甲29号院华龙大厦　邮编：100029
　　　　　网址：www.ssap.com.cn
发　　行／社会科学文献出版社（010）59367028
印　　装／北京盛通印刷股份有限公司
规　　格／开本：787mm×1092mm　1/16
　　　　　印张：18.25　字数：254千字
版　　次／2023年12月第1版　2025年9月第2次印刷
书　　号／ISBN 978-7-5228-3022-3
定　　价／118.00元

读者服务电话：4008918866

▲ 版权所有 翻印必究